Mídia e produção audiovisual
uma introdução

DIALÓGICA

O selo DIALÓGICA da Editora InterSaberes faz referência às publicações que privilegiam uma linguagem na qual o autor dialoga com o leitor por meio de recursos textuais e visuais, o que torna o conteúdo muito mais dinâmico. São livros que criam um ambiente de interação com o leitor – seu universo cultural, social e de elaboração de conhecimentos –, possibilitando um real processo de interlocução para que a comunicação se efetive.

Mídia e produção audiovisual
uma introdução

Marcia Nogueira Alves
Mara Fontoura
Cleide Luciane Antoniutti

EDITORA intersaberes

Rua Clara Vendramin, 58 . Mossunguê
CEP 81200-170 . Curitiba . PR . Brasil
Fone: (41) 2106-4170
www.intersaberes.com
editora@editoraintersaberes.com.br

Conselho editorial	Dr. Ivo José Both (presidente)
	Dr.ª Elena Godoy
	Dr. Nelson Luís Dias
	Dr. Neri dos Santos
	Dr. Ulf Gregor Baranow
Editora-chefe	Lindsay Azambuja
Supervisora editorial	Ariadne Nunes Wenger
Analista editorial	Ariel Martins
Preparação de originais	Amanda Santos Borges
Revisão de texto	Pamela da Conceição
Capa e projeto gráfico	Bruno Palma e Silva, Stefany Conduta Wrublevski
Diagramação	Jhonny Isac
Iconografia	Danielle Scholtz

Dados Internacionais de Catalogação na Publicação (CIP)
(Câmara Brasileira do Livro, SP, Brasil)

Alves, Marcia Nogueira
  Mídia e produção audiovisual: uma introdução /
Marcia Nogueira Alves, Cleide Luciane Antoniutti,
Mara Fontoura – Curitiba: InterSaberes, 2012.

  Bibliografia
  ISBN 978-85-65704-45-8

  1. Comunicação 2. Comunicação – Aspectos sociais
3. Comunicação de massa 4. Comunicação visual
5. Meios de comunicação 6. Mídia 7. Mídia – Aspectos
sociais 8. Política de comunicação 9. Recursos audiovisuais
I. Antoniutti, Cleide Luciane. II. Fontoura, Mara. III. Título.

12-06282   CDD–302.23

Índices para catálogo sistemático:
1. Mídia e produção audiovisual: Sociologia 302.23

1ª edição, 2012.
Foi feito o depósito legal.

Informamos que é de inteira responsabilidade das autoras a emissão de conceitos.

Nenhuma parte desta publicação poderá ser reproduzida por qualquer meio ou forma sem a prévia autorização da Editora Ibpex.

A violação dos direitos autorais é crime estabelecido na Lei n. 9.610/1998 e punido pelo art. 184 do Código Penal.

Sumário

Agradecimentos, 8
Apresentação, 10
Como aproveitar ao máximo este livro, 14
Introdução, 16

Parte I
Comunicação: da história ao conceito de comunicação de massa, 17

Capítulo 1   Um breve passeio pela história da comunicação, 21
Capítulo 2   Os meios tradicionais de comunicação audiovisual, 35
Capítulo 3   História da propaganda, 75
Capítulo 4   Comunicação de massa, 97
Capítulo 5   A convergência das tecnologias, 119

Parte II
Produção de imagens, 145

Capítulo 6   O que é produção de imagens?, 149
Capítulo 7   O produto criativo, 169
Capítulo 8   Recursos humanos e tecnológicos, 199

Parte III
Produção sonora, 219

Capítulo 9   O que é produção sonora?, 223
Capítulo 10   Os elementos da produção sonora, 245
Capítulo 11   A tecnologia na produção sonora: recursos humanos e materiais, 265

Parte IV

Os meios informáticos de comunicação audiovisual: multimeios e internet, 283

Capítulo 12 **Novas tecnologias e suas relações,** 287

Capítulo 13 **Publicidade** *on-line,* 309

Para concluir... 355

Glossário 357

Referências 368

Anexos 379

Respostas 396

Sobre as autoras 414

Este livro é dedicado aos nossos filhos, Guilherme, Henrique, Giulia e a recém-chegada Anna Luísa, membros de uma geração que, desde os primeiros meses de vida intrauterina, já é capaz de se comunicar audiovisualmente com o mundo exterior. A emoção desse momento, que só se tornou possível pela junção entre tecnologia, imagem e som, representa um fragmento da eternidade e nos lembra de que o universo está em ininterrupta movimentação.

Agradecimentos

Gostaríamos de agradecer primeiramente àquele que sugeriu a publicação de um livro com o tema aqui abordado – Carlos Frederico –, por indiretamente ser o responsável por essa nossa empreitada, e à equipe da Editora InterSaberes, especialmente à editora-chefe, Lindsay Azambuja, que acreditou no nosso trabalho ao nos encomendar este livro.

Dedicamos também nosso agradecimento a Francisco de Sousa, pela ajuda no levantamento bibliográfico e pelas incontáveis horas empenhadas na revisão e formatação dos textos, auxiliando-nos a juntar as partes do livro.

Pelo suporte técnico, agradecemos a Orival Alves, Álvaro Ramos e Frederico Teixeira, que, com a sua experiência, contribuíram bastante para a consecução de nosso trabalho.

Aos amigos Luiz Rogério Lucena e Marilize Donini agradecemos por nos cederem o roteiro do seu curta-metragem para que pudéssemos usá-lo como exemplo. Somos gratas também à Bronx Propaganda, por ceder um *briefing* e um dos seus criativos roteiros publicitários, bem como ao Departamento de *Marketing* do Grupo Uninter, por ter autorizado o uso de um de seus *story--boards* para ilustrar esta obra.

Agradecemos ainda ao *designer* gráfico e roteirista Gil Marcel Cordeiro e ao jornalista e roteirista Fabrício Costa, que contribuíram para a atualização do livro com sugestões de conteúdos e questões.

Aos nossos familiares e amigos, que nos deram apoio e cobertura nesse período de produção, agradecemos e prometemos de alguma forma recompensá-los.

E, para finalizar, agradecemos pela oportunidade de, com este trabalho, revisar alguns conceitos teóricos que fazem parte da nossa prática diária. Isso nos permitiu redescobrir o quanto a comunicação audiovisual é fascinante.

"Todo processo de comunicação
implica a relação entre uma
produção e uma percepção."

Luís Mauro Sá Martino

Apresentação

A comunicação audiovisual atingiu um grau de importância extremo para o indivíduo do século XXI. O homem se tornou um "ser audiovisual", no sentido literal da palavra. Desde os primeiros instantes de vida, ele pode se comunicar audiovisualmente com o mundo exterior, por meio de um exame videográfico, que mostra o bebê no útero materno e permite ouvir-lhe as batidas do coração. Depois do nascimento, sua vida inteira é permeada pelas tecnologias audiovisuais.

O fenômeno da convergência tem transformado totalmente o ambiente das comunicações. Todas as mídias, independentemente de suas características originais, estão sendo transformadas para o formato digital. As linguagens se tornaram híbridas e, da notícia do jornal à música ouvida na rádio, do filme exibido no cinema ao programa criado para a televisão, tudo pode ser acessado pelo computador. Com esse equipamento, as pessoas podem baixar músicas, fazer uma ligação de longa distância ou, ainda, disponibilizar seus próprios vídeos e criar *sites* personalizados. Da mesma forma, por meio de linhas telefônicas, podem ter acesso à internet. A infraestrutura dos serviços de telefonia tornou-se imprescindível para as comunicações.

Com tamanha repercussão na sociedade pós-moderna, entendermos o impacto da comunicação audiovisual é mais do que necessário, é fundamental. O audiovisual está presente nos mais variados campos de atuação e é difícil pensarmos em uma atividade humana, não importa o seu grau de complexidade, que não o use como instrumento.

O diálogo permanente com outras áreas – sociologia, antropologia, psicologia, filosofia, epistemologia, estética, semiótica, para citar alguns exemplos – é o que torna a comunicação audiovisual ainda mais instigante. As pessoas estão de tal modo impregnadas por signos e mensagens transmitidos por meio de imagens e sons que, para compreendermos sua percepção de mundo, é necessário adentrarmos no universo da linguagem audiovisual.

Todo esse cenário exerce influência não somente nas formas de difusão das mensagens, mas, principalmente, nos formatos de produção. E é justamente essa a abordagem principal deste livro. Inspirada nesse novo ambiente das comunicações, permeado pelas hibridações e em constante mutação, esta obra foi escrita de forma a exprimir aspectos culturais e tecnológicos das novas mídias, ao mesmo tempo que apresenta técnicas de como criar e produzir sons e imagens para os meios audiovisuais. Para tanto, o livro foi dividido em quatro partes.

Na primeira, Marcia Nogueira Alves convida o leitor a viajar no tempo por meio de uma retrospectiva histórica dos meios de comunicação. Apesar da ênfase nos meios audiovisuais, eles não podem ser vistos como um fenômeno isolado. Desse modo, a autora retrocede milênios e apresenta a trajetória humana em sua busca permanente pela comunicação com maior eficiência. Ela comenta, ainda, o impacto que a tecnologia da escrita causou na época em que surgiu e os diferentes materiais empregados para registrar documentos, livros e redigir mensagens, bem como a criação da prensa e o surgimento do jornal. Como não poderia deixar de ser, relata também os primórdios do rádio, do cinema e da televisão, meios muito importantes para a história da comunicação. Ainda sob a perspectiva histórica, traz à tona o caminho percorrido pela propaganda no Brasil e no mundo.

Para que você, leitor, entenda o fenômeno da convergência das tecnologias que se configura hoje, a autora trata de duas importantes invenções na área das comunicações; o telégrafo e o telefone, os quais relativizaram a ideia de distância entre as pessoas. Além disso, ela também aborda a história do computador e da internet, que revolucionaram o campo das comunicações. Por fim, discute o do conceito de comunicação de massa, o qual está sendo revisto devido ao crescente fenômeno da segmentação.

Na segunda parte do livro, elaborada pela mesma autora, aborda-se a produção de imagens, além uma análise sobre a concepção destas. Nessa etapa, também se apresenta uma discussão a respeito da linguagem, em várias esferas, e de como se deu a sua transposição para uma linguagem audiovisual, destacando-se a importância do seu valor estético. Além disso, são abordadas questões importantes da narrativa, como código determinante, e da temporalidade, ressaltando a capacidade quase infinita de montagem e remontagem, de inversão e recolocação de elementos que o audiovisual permite. Por último, são apresentadas as fases do processo criativo, o modo como se dá o processo de criação publicitária e técnicas para prender a atenção do espectador.

Na terceira parte do livro, Mara Fontoura discorre sobre as especificidades, as curiosidades e as técnicas de produção sonora. O texto inicia com a abordagem da importância do som como agente provocador de emoções (alegria, tristeza, raiva, espanto, curiosidade etc.) e de persuasão publicitária. A autora faz, também, uma breve descrição da história da produção sonora, desde seu período inicial até os dias de hoje, observando a evolução da tecnologia, das mídias e do processo criativo. Além disso, Fontoura comenta vários tipos de produção sonora: *jingles*, *spots*, trilhas, vinhetas, entre outros. A tecnologia de produção sonora, incluindo os recursos humanos e materiais necessários, encerra esta parte.

Na quarta e última parte do livro, Cleide Luciane Antoniutti introduz a reflexão a respeito das implicações do ambiente mutante da mídia de comunicações na sociedade e comenta o impacto das mídias interativas na atualidade, bem como o conceito de interatividade, o nível de focalização das mensagens, os anúncios personalizados para o interesse e os gostos de cada usuário e a criação de um mercado de massa, com enfoque no *marketing* direto. Antoniutti descreve, também, o cenário e a evolução da publicidade na internet e o comportamento dos consumidores *on-line*, além de discutir a medição de audiência na internet e as especificidades das mensagens para publicidade *on-line*. A autora traz, ainda, exemplos de peças publicitárias para a *web* e mostra como deslocar o cliente em potencial de sua posição de navegador para a de comprador.

Segue-se à quarta parte deste livro um glossário com alguns dos termos técnicos apresentados no texto. Aconselhamos que você faça uma leitura prévia desse glossário, pois isso contribuirá para você entender melhor os conteúdos abordados na obra.

Compreender os fenômenos da percepção, da reação e da interpretação a que o espectador está sujeito ao se deparar com um produto audiovisual (imagens e sons) possibilita compreender que esse fenômeno da comunicação, além de ter autonomia e identidade próprias, cria novas e importantes perspectivas teóricas e práticas de análise e construção.

Como aproveitar ao

Este livro traz alguns recursos que visam enriquecer o seu aprendizado, facilitar a compreensão dos conteúdos e tornar a leitura mais dinâmica. São ferramentas projetadas de acordo com a natureza dos temas que vamos examinar. Veja a seguir como esses recursos se encontram distribuídos no decorrer desta obra.

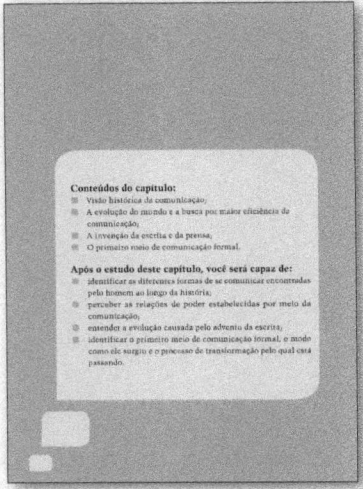

Conteúdos do capítulo

Logo na abertura do capítulo, você fica conhecendo os conteúdos que nele serão abordados.

Após o estudo deste capítulo, você será capaz de:

Você também é informado a respeito das competências que irá desenvolver e dos conhecimentos que irá adquirir com o estudo do capítulo.

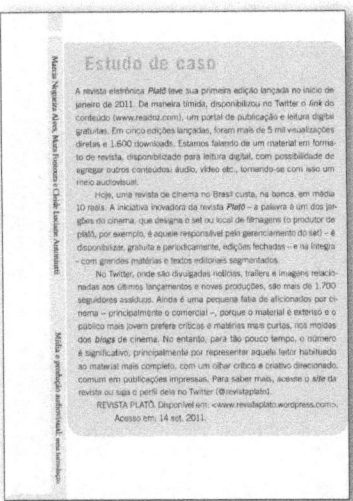

Estudos de caso

Esta seção traz ao seu conhecimento situações que vão aproximar os conteúdos estudados de sua prática profissional.

máximo este livro

Síntese

Você dispõe, ao final do capítulo, de uma síntese que traz os principais conceitos nele abordados.

Para saber mais

Você pode consultar as obras indicadas nesta seção para aprofundar sua aprendizagem.

Questões para revisão

Com estas atividades, você tem a possibilidade de rever os principais conceitos analisados. Ao final do livro, as autoras disponibilizam as respostas às questões propostas, a fim de que você possa verificar como está sua aprendizagem.

Introdução

Vivemos numa época em que o audiovisual é o modo de expressão predominante. Ele está presente em tudo: na mídia, na arte, na ciência, na tecnologia, na forma como nos comunicamos. Novas mídias audiovisuais se multiplicam, ao mesmo tempo que mídias tradicionais são convertidas em formato digital. Os canais de televisão e as rádios segmentadas se proliferam. Os efeitos especiais no cinema ficam cada vez mais sofisticados e muitas das imagens apresentadas nas grandes telas já são projetadas para visualização em 3D. Os computadores tomam conta de casas, escolas, escritórios e lugares de entretenimento, todos interligados em rede, enquanto outras tecnologias extrapolam suas utilidades básicas e suas características intrínsecas, como o telefone, que não serve mais apenas para falar com outras pessoas, pois dispõe de vários recursos de imagem e som. Mediados pela cultura do audiovisual, cada vez mais interagimos com o mundo.

Com a convergência das tecnologias e dos meios de comunicação, quase tudo pode ser feito. A realidade se tornou virtual. Afinal, que mundo é este em que vivemos? Ele realmente existe ou é uma alucinação coletiva (audiovisual)? Metáforas à parte, produzir sons e imagens é algo que exige conhecimento e metodologias eficientes.

Os métodos, as técnicas, as ferramentas e as linguagens usadas no audiovisual são muitas e atraem cada vez mais profissionais para atuar na produção sonora e imagética, além de seu produto final fascinar o público em geral. O processo de produção audiovisual tem como finalidade principal comunicar algo a alguém. Comunicar é um ato inerente ao ser humano, mas comunicar "audiovisualmente" é um ato intencional e, como tal, é um fenômeno que precisa ser amplamente analisado, discutido e aprendido. Essa é a proposta desta obra.

parte I
Comunicação:
da história ao conceito de comunicação de massa

A reconstituição histórica feita nesta primeira parte do livro nos ajuda a compreender as relações entre sociedade e comunicação. Não podemos pensar (nem repensar) a comunicação, na atualidade, sem olhar para trás. Percebemos que, da invenção do papiro ao surgimento das tecnologias digitais, o homem percorreu um longo caminho. A escrita e a alfabetização promoveram mudanças profundas e importantes nas sociedades. A possibilidade de produzir livros em larga escala acabou por inspirar, também, o conceito de *meio de comunicação*.

O jornal foi o primeiro meio de comunicação formal, mas não era, no seu início, um meio de massa, por não atingir grande parte da população. O cinema e o rádio foram os primeiros a cumprir esse papel. O telégrafo e o telefone contribuíram para a expansão geográfica das comunicações, mas foi com a chegada da televisão e, posteriormente, dos computadores que se iniciou uma verdadeira revolução.

    Hoje, vivemos a cultura informático-mediática, em que os significados das nossas relações com os meios são alterados, resultando na criação de novos formatos de comunicação. Abandonamos o modelo convencional de comunicação de massa, no qual a informação trafega em sentido único, de um emissor ativo para um receptor passivo, e passamos a adotar novas configurações, em que o receptor deixa de ser passivo e torna-se um receptor--emissor ativo, na medida em que o meio permite a sua interação durante o processo de comunicação. A convergência das tecnologias e das mídias é responsável pela maior parte dessas transformações e, por isso, na sociedade atual, *mídia* e *tecnologia* são palavras que não podem mais ser dissociadas do significado de *comunicação*.

capítulo 1
Um breve passeio pela história da comunicação

Conteúdos do capítulo:
- Visão histórica da comunicação;
- A evolução do mundo e a busca por maior eficiência da comunicação;
- A invenção da escrita e da prensa;
- O primeiro meio de comunicação formal.

Após o estudo deste capítulo, você será capaz de:
- identificar as diferentes formas de se comunicar encontradas pelo homem ao longo da história;
- perceber as relações de poder estabelecidas por meio da comunicação;
- entender a evolução causada pelo advento da escrita;
- identificar o primeiro meio de comunicação formal, o modo como ele surgiu e o processo de transformação pelo qual está passando.

Capítulo 1

1.1 Muito tempo antes

Uma das maiores conquistas da história da humanidade foi descobrir, ao longo do tempo, diferentes formas de se comunicar e de transmitir conhecimento. O homem sempre esteve em constante evolução. Quando ainda morava nas cavernas, os desenhos nas paredes eram o recurso empregado para transmitir ideias e registrar os valores sociais daquele período.

No Império Romano, os ocupantes das torres de observação tinham, além da vigília, a função de emitir sinais para lugares distantes. Para isso, acenavam bandeiras ou tochas de fogo de acordo com um código preestabelecido para transmitir as mensagens desejadas. Os chineses usavam os mesmos artifícios. Sons de tambor eram frequentemente ouvidos nas tribos africanas e os índios americanos eram mestres na arte de transmitir sinais de fumaça, indícios de uma comunicação audiovisual, mesmo que rudimentar. Assim, por um bom período de tempo, sons, luzes e fumaça foram os meios de comunicação mais utilizados.

A transmissão de mensagens também era feita oralmente, chegando a virar uma atividade formal entre incas, astecas, gregos e romanos. Na Grécia e em Roma, a profissão de carteiro-corredor era uma das mais cobiçadas. Um deles, o soldado grego Feidípedes, entrou para a história ao percorrer cerca de 40 quilômetros entre as cidades de Maratona e Atenas para anunciar a vitória sobre os persas. Após cumprir sua missão, morreu de exaustão.

Com o tempo, o ser humano buscou maneiras mais sofisticadas de se comunicar. Com o surgimento da escrita, criou-se a possibilidade de registro e perpetuação das experiências por sucessivas gerações. A comunicação deixou de ser um fato (a fala) e se tornou um objeto (a escrita, o livro). Além disso, o aparecimento da escrita está ligado ao surgimento da civilização. A oralidade era uma característica das sociedades mais rudimentares, limitadas aos mecanismos da fala e da memória para garantir sua sobrevivência. É com base nisso que podemos afirmar que a escrita foi a primeira tecnologia de pensamento e inteligência desenvolvida pelo homem e representou uma mudança de paradigma quanto ao modo de acumular os conhecimentos historicamente construídos.

Tão logo o homem começou a registrar os seus conhecimentos, mesmo que poucos tivessem o privilégio de acesso a eles, a expansão da escrita tornou-se inevitável. Tem-se registro de que em 627 a.C. já havia na biblioteca do palácio de Assurbanipal, na Assíria, uma coleção de 25 mil placas de argila com textos literários, religiosos, históricos, legais e comerciais, produzidos por escribas. As placas eram grandes e pesadas e, como apresentavam formas variadas, o critério adotado para organizar o acervo era justamente o seu formato. As placas redondas, por exemplo, continham anotações sobre determinado tema, enquanto as retangulares eram registros de outro tipo de documento.

Com a popularização da escrita, surgiu a necessidade de aperfeiçoar os materiais nos quais se registravam os textos. Até se chegar ao papel, houve muita experimentação. Os assírios, como mencionamos anteriormente, usavam placas de argila, enquanto os sumérios adotavam tijolos de barro. Os romanos usavam tábuas de madeira cobertas de cera. Em qualquer um desses casos, o mais difícil era o transporte e o armazenamento. Por volta de 350 a.C., os romanos substituíram as tábuas pelo pergaminho, em formato de rolo. Tempos depois, esses rolos se transformaram em páginas encadernadas, conhecidas como *códex*. Os egípcios usavam o papiro, que, devido ao seu tamanho, era enrolado em dois cilindros para facilitar o manuseio. Os chineses também usavam o códex, mas confeccionado com seda, e os indianos eram adeptos das folhas de bananeira. Os maias e os astecas, povos pré-colombianos, escreviam seus livros e documentos em um material retirado dos troncos das árvores.

Sabe-se que, por volta do século II, os chineses criaram uma técnica de impressão parecida com a usada para estampar tecidos, mas que só se desenvolveu a partir do ano de 105, quando inventaram o papel[*], pois o papiro era extremamente frágil e o pergaminho, muito caro. Apesar de ser o material mais adequado e promissor para o registro de livros, documentos ou mesmo mensagens, o processo de fabricação do papel demorou muito tempo para se tornar conhecido entre outros povos. Os chineses guardavam esse segredo a sete chaves e, pelo que a história relata, foram muito bem-sucedidos nesse sentido, pois somente em 610 os japoneses descobriram a técnica de fabricação desse material. Os árabes, obcecados pela ideia de descobrir o método de obtenção do papel, chegaram a capturar fabricantes chineses e, depois que finalmente o descobriram, acabaram levando a novidade para a Europa, no século XII[**].

Paralelamente à evolução dos tipos de materiais empregados no registro de documentos, o homem procurou aprimorar seus métodos de comunicação

---

[*] Tsai Lun, um eunuco chinês, teria sido o responsável por desenvolver a técnica de produção do papel. Provavelmente, o material usado para as primeiras folhas foi a casca da árvore de amora, que, depois de umedecida, era moldada com bambus.
[**] A primeira manufatura de papel foi instalada na Espanha em 1150. Primeiro, ele era fabricado artesanalmente, com trapos de linho e algodão. Além de caro, esse método era complicado. Somente no século XIX é que o papel passou a ser confeccionado com máquinas. Mais tarde, em 1880, a polpa de madeira substituiu os pedaços de tecido.

usando a escrita. Na China, existia o *tipao*, uma espécie de boletim de notícias escrito à mão, de acesso restrito aos membros mais importantes da dinastia Han. Por volta de 59 a.C., os romanos publicavam um noticiário oficial, o *Acta Diurna*, também totalmente manuscrito, porém mais popular. Depois de confeccionado, era colado no mercado público e podia ser lido pelo povo. Os analfabetos ficavam amontoados ao lado, esperando ansiosamente até que alguém lesse em voz alta as últimas notícias.

Na Idade Média, como o conhecimento da escrita era praticamente restrito aos religiosos, os livros eram escritos por monges copistas com a ajuda de aprendizes. Além da Bíblia, eles copiavam ou traduziam obras clássicas e, quando eram textos de sua autoria, geralmente tratavam de temas filosóficos ou teológicos. Como escreviam à mão, um livro demorava meses e até anos para ser concluído. Mas, por volta de 1450, Johannes Gutenberg criou a tipografia, revolucionando a produção de textos escritos, em razão da possibilidade de imprimi-los em grande escala.

O método de impressão mecânica, ou tipografia móvel, era relativamente simples, mas trabalhoso. Consistia em esculpir as letras em tipos de metal e, depois, colocá-las lado a lado para compor as palavras, até chegar a páginas inteiras de texto, que eram prensadas. O primeiro livro realizado com essa técnica ficou conhecido como a *Bíblia de Gutenberg* e foi concluído anos depois, em 1455. Em pouco tempo, a técnica ganhou mercado e várias oficinas de impressão foram abertas por toda a Europa. Em 1500, já havia registro de cerca de 9 milhões de livros impressos e, menos de um século depois, esse número mais que dobrou, chegando a cerca de 20 milhões. A impressão escrita permitiu uma maior mobilidade do conhecimento, tanto em temporalidade quanto em abrangência social. Com o hábito da leitura, as mudanças sociais, culturais e políticas foram significativas, mesmo que de maneira tímida no início, devido ao fato de que grande parte da população demorou para integrar o grupo de pessoas alfabetizadas.

Capítulo 1

O século XV marcou o início de uma revolução em termos de comunicação. Depois da invenção da prensa, vários boletins impressos surgiram na Europa. Porém, os primeiros jornais publicados com regularidade – popularmente chamados de *avisi* ou *gazetas** – ainda eram manuscritos. Foi somente no século XVI que apareceram os jornais regulares impressos, considerados os primeiros meios de comunicação formal, na região que hoje corresponde à Alemanha, à Áustria, à Holanda e à Suíça.

> A impressão escrita permitiu uma maior mobilidade do conhecimento, tanto em temporalidade quanto em abrangência social

Geralmente, tinham periodicidade semanal ou mensal. Com o jornal, o povo passou a ser mais bem informado e o conceito de opinião pública começou a tomar forma. Existem registros de que, em 1640, líderes políticos ingleses já usavam a imprensa para divulgar seus ideais e ganhar apoio público.

No Brasil, a imprensa iniciou-se no Rio de Janeiro, em 10 de setembro de 1808, mesmo ano em que a Corte de D. João VI chegou ao país. O primeiro impresso oficial, a *Gazeta do Rio de Janeiro*, saiu da Impressão Régia (futura Tipografia Nacional). O jornal trazia notícias da Corte e da Europa, além de assuntos gerais a respeito dos despachos de D. João. Antes disso, em junho do mesmo ano, passou a circular o *Correio Braziliense*, fundado por Hipólito da Costa e redigido e dirigido por ele no exílio em Londres. O jornal atacava principalmente o modelo imperial implantado na colônia e, por isso, era repudiado pela Corte e teve de se manter na clandestinidade. Esses dois periódicos tinham estilos e intenções diferenciados. A *Gazeta do Rio de Janeiro* era um jornal informal semanal, com poucas folhas e o mesmo formato que o dos órgãos impressos no período, além de preço baixo. Já o *Correio*

---

* O nome surgiu no ano de 1566, durante a guerra entre venezianos e turcos. Os comerciantes, sentindo-se prejudicados em suas atividades comerciais, reuniam-se em um recinto fechado a fim de ouvir notícias sobre a luta que se travava. Uma gazeta era o preço para ingressar em tal recinto. Ali um emissário lia em voz alta as últimas notícias da guerra. Essa moeda desapareceu, mas seu nome ficou associado ao fato de comunicar algo a alguém interessado.

Braziliense tinha edição mensal e preço elevado, constituindo-se em uma brochura de mais de cem páginas.

O *Correio Braziliense* acabou por incentivar o surgimento de inúmeras outras publicações. Em Lisboa, no ano de 1809, já circulava o *Reflexões sobre o Correio Braziliense* e, no Brasil, o próprio governo se encarregava da emissão de folhetos e documentos, além da publicação de jornais. No mesmo período, surgiram outros títulos, como *A Idade de Ouro do Brasil*, o primeiro jornal provinciano, editado na Bahia em 1811. No ano seguinte, foi a vez de *Variedades ou Ensaios de Literatura* e, pouco mais de um ano depois, de *O Patriota*.

No início do século XIX, os jornais eram artesanais e sua impressão, um monopólio da Impressão Régia. Mas o que de fato retardou o desenvolvimento da imprensa no Brasil foi a restrição da liberdade de expressão, imposta pelo governo para evitar ataques políticos. Somado a isso, a maior parte da população era analfabeta, havia poucos centros urbanos, o comércio interno era incipiente e a indústria, pouco promissora. Depois da independência, em 1822, a imprensa começou a se espalhar por vários cantos do país. No afã do momento, Cipriano José Barata lançou o *Sentinella da Liberdade*, primeiro jornal panfletário, com uma linguagem patriótica, inflamada e contestadora: surgia o pasquim. Pelo tom claramente oposicionista que adotava no jornal, Cipriano acabou sendo preso muitas vezes, em vários locais diferentes. Por essa razão, podemos encontrar na Biblioteca Nacional edições do *Sentinella da Liberdade* publicadas em diversos locais do país: da guarita do quartel-general de Pirajá, na Bahia (março de 1831), da guarita do quartel-general de Villegaignon (edições entre 1831 e 1832) e da guarita de Pernambuco (em 1832, 1834 e 1835). O estilo irônico e até grosseiro, ou seja, sem "papas na língua", dos pasquins causava impacto e acabou por servir de motivo para a perseguição e atentados a jornalistas e a figuras da imprensa durante décadas.

No mesmo período, além dos pasquins, apareceram outras publicações esporádicas, de variedades, que traziam assuntos *"philosophicos, litterarios, industriais e scientíficos"* (Ramos; Marcondes, 1995).

Capítulo 1

Entre elas, destacam-se *O Belchior Político* (1844), *A Borboleta* (1844) e *A Lanterna Mágica* (1844-1845). Quintino Bocayuva estava à frente da primeira versão de *O Globo*, que em nada lembrava o atual jornal. A publicação costumava apresentar vários romances em forma de folhetim. O mais famoso foi *A mão e a luva*, de Machado de Assis.

A fundação do Partido Republicano, em 1870, inspirou o lançamento do jornal *A República*, com edições às terças, às quintas e aos sábados. Como pertencia ao Club Republicano, a missão principal desse jornal era publicar o Manifesto Republicano, com o objetivo de mobilizar a população. Preocupado com a cultura da época, publicava romances de autores brasileiros, como *Til*, de José de Alencar (1871). Paralelamente, surgiram publicações importantes e duradouras, como a *Gazeta de Notícias*, de Ferreira Araújo, e *O Paiz*, também dirigido por Quintino Bocayuva (a folha de maior tiragem e circulação da América do Sul). No entanto, o engajamento político da imprensa não lhe confere qualquer mérito relativo à Proclamação da República, pois, nessa época, o público que lia jornal ainda era pouco significativo e a característica regionalista dos meios impedia que tivessem alcance nacional.

Apesar de todas as dificuldades, em 1879, todos os estados brasileiros já tinham jornais impressos com as características de um meio de comunicação formal, ou seja, publicação periódica, com cobertura e/ou distribuição definida em determinada praça, região ou mercado. O século XX foi definitivo para o desenvolvimento da imprensa. Logo no início, surgiram as primeiras empresas jornalísticas. A industrialização cresceu e, com ela, os meios de comunicação em massa no país. No final desse século, a popularização da internet provocou um grande impacto na mídia impressa, com a transformação dos jornais em versões *on-line*. A maior vantagem dessa nova mídia é que as notícias podem ser atualizadas instantaneamente, além de permitir a participação do leitor, por meio de comentários e enquetes.

Com essa mudança significativa do conceito de periodicidade e a possibilidade de interação, o jornal ganhou vitalidade, adquirindo novo formato, mais dinâmico e atraente. Embora muitos leitores mantenham-se fiéis à mídia tradicional, a experiência sensorial da versão digitalizada é muito mais ampla, conferindo-lhe os atributos da mídia audiovisual, pois apresenta animações, vídeos, *podcast**, entre outros recursos. O formato digital é menos rígido em termos de composição, o que permite maior criatividade da parte de quem produz o conteúdo.

Síntese

A comunicação faz parte da natureza humana. A necessidade de viver em sociedade e de interagir fez com que o homem, por sucessivas gerações, buscasse meios de aprimorar as formas de se comunicar. O próprio desenvolvimento das civilizações está diretamente relacionado com a comunicação. Seja por meio de sinais (desenhos, fumaça), seja até mesmo por meio da linguagem oral, através de mensageiros, e, mais tarde, com a escrita, observamos que em qualquer época a maior capacidade de comunicação confere poder e vantagem significativa de um povo em relação a outro. Por isso, os chineses "guardavam a sete chaves" o segredo da técnica de fabricação do papel e existiam restrições quanto ao acesso ao conhecimento da escrita.

A escrita pode ser considerada a primeira tecnologia do pensamento e da inteligência desenvolvida pelo homem, que, por meio do registro, passou a perpetuar os conhecimentos acumulados. Embora por muito tempo a escrita tenha sido mantida apenas sob domínio de alguns (principalmente dos religiosos), com a invenção da tipografia móvel, ou método de impressão mecânica, por Gutenberg (1455), sua abrangência social se alargou, promovendo uma revolução em termos

---

* *Podcast* é a distribuição de uma mídia digital por meio de um *Feed RSS*, ou seja, permite o *download* direto e automático de uma mídia digital – qualquer arquivo de mídia em formato digital (áudio, vídeo, figura ou até mesmo um texto em pdf.). Isso significa baixar um conteúdo com apenas um clique em um *link* ou digitando o caminho do arquivo na barra de endereço do navegador. A vantagem desse tipo de *download* é permitir baixar mais de um arquivo ao mesmo tempo.

de comunicação. Em 1500 já havia o registro de cerca de 9 milhões de livros impressos.

O jornal foi o primeiro meio de comunicação formal e imperou sozinho durante séculos. No Brasil, o jornal chegou com a corte de D. João VI, em 1808. O primeiro impresso oficial recebeu o nome de *Gazeta do Rio de Janeiro* e trazia basicamente notícias da corte e da Europa, além de assuntos gerais sobre os despachos de D. João VI. Pela sua história, o jornal é a mídia impressa mais tradicional. Porém, com o surgimento da internet, adquiriu um novo formato – digital –, apresentando uma configuração muito mais próxima da mídia audiovisual, e pode ainda vir a sofrer grandes transformações.

Questões para revisão

1) "A escrita foi a primeira tecnologia de pensamento e inteligência desenvolvida pelo homem" (p. 24). Você concorda com essa afirmação? Justifique a sua resposta.

2) Considerando-se todo o arsenal tecnológico que faz uso da internet atualmente – celulares, computadores, *tablets* e dispositivos móveis de comunicação –, quais são as influências e as reminiscências visíveis do modelo rudimentar de comunicação impressa (e de imprensa) que ainda se encontram presentes nesse meio? Quais características se mantêm nestas duas experiências: ler um jornal impresso e navegar por um jornal digital?

3) Procure estabelecer uma relação entre o estilo irônico, e até grosseiro, característico dos pasquins do início do século passado, com alguns *blogs* e *sites* da atualidade que, embora de outra forma, sobrevivem do sensacionalismo.

4) Com o desenvolvimento da escrita, surgiu a possibilidade de:
   a) registro e perpetuação das experiências por sucessivas gerações.
   b) surgimento das civilizações.

c) aprimoramento das sociedades rudimentares.
d) as sociedades se comunicarem de maneira mais eficiente.
e) a comunicação deixar de ser apenas oral e passar a ser manuscrita.

5) O primeiro meio de comunicação formal utilizado pelo homem foi:
a) o sinal de fumaça.
b) o carteiro-corredor.
c) a bandeira ou a tocha de fogo.
d) o jornal.
e) o som.

6) Assinale com (V) as alternativas verdadeiras e com (F) as falsas.
( ) Com a popularização da escrita, surgiu a necessidade de aperfeiçoar os materiais nos quais se registravam os textos.
( ) Os chineses inventaram o papel, mas foram os japoneses que desenvolveram a técnica de fabricação deste.
( ) O *tipao* era um boletim de notícias feito na prensa e restrito aos membros mais importantes da dinastia Han.
( ) Na Idade Média, o conhecimento da escrita era restrito aos religiosos. Por isso, os livros eram escritos por monges copistas com a ajuda de aprendizes.
( ) Os primeiros jornais publicados com regularidade – popularmente chamados de *avisi* ou *gazetas* – eram manuscritos.

Agora, assinale a alternativa que indica a sequência correta:
a) V, F, V, V, V.
b) F, V, V, V, V.
c) V, V, F, V, V.
d) V, V, F, V, F.
e) V, V, V, F, V.

7) Enumere a segunda sequência de acordo com a primeira:

Primeira sequência:
1) O primeiro livro ficou conhecido como a *Bíblia de Gutenberg* e foi concluído em 1455.
2) Em 1879, todos os estados brasileiros tinham jornais impressos com as características de um meio de comunicação formal.
3) O *Correio Braziliense* foi fundado e dirigido por Hipólito da Costa durante o seu exílio em Londres.
4) Quintino Bocayuva era o dirigente do jornal *O Paiz*.
5) A *Gazeta do Rio de Janeiro* trazia notícias da corte e falava a respeito dos despachos de D. João VI.

Segunda sequência:
( ) No Brasil, a imprensa iniciou-se no Rio de Janeiro, em 10 de setembro de 1808.
( ) Folha de maior tiragem e circulação da América do Sul.
( ) O método de impressão mecânica, ou tipografia móvel, consistia em esculpir as letras em tipos de metal e, depois, colocá-las lado a lado para compor as palavras, até chegar a páginas inteiras de texto, que eram prensadas.
( ) Jornal mantido na clandestinidade por atacar o modelo imperial implantado na colônia.
( ) Publicação periódica com cobertura e/ou distribuição definida em determinada praça, região ou mercado.

Agora, assinale a alternativa que corresponde à ordem correta:
a) 5,4,1,2,3.
b) 5,4,3,1,2.
c) 5,1,4,3,2.
d) 5,4,1,3,2.
e) 4,5,1,3,2.

Para saber mais

Produzido pela BBC em 2008, o documentário *The machine that made us*, dirigido por Patrick McGrady e conduzido por Stephen Fry, é uma recriação fiel do evento de invenção da máquina que revolucionou e moldou o Ocidente: a prensa de Gutenberg. O filme é um pouco difícil de ser encontrado, mas vale a procura!

> THE MACHINE THAT MADE US. Direção: Patrick McGrady. Produção: Stephen Fry. Inglaterra: British Broadcasting Corporation, 2008. 59 min.

Além disso, para entender melhor a evolução da comunicação e do jornalismo impresso, indicamos os seguintes títulos:

> BORDENAVE, E. D. O que é comunicação. São Paulo: Brasiliense, 2003.
>
> NOBLAT, R. A arte de fazer um jornal diário. São Paulo: Contexto, 2003.

Confira, também, a matéria a respeito da mudança definitiva do jornal *O Estado do Paraná* para a mídia digital:

> PIMENTEL, P. O Estado do Paraná em tempo real. Paraná Online, 7 fev. 2011. Disponível em: <http://www.paranaonline.com.br/editoria/cidades/news/509799/?noticia=O+ESTADO+DO+PARANA+EM+TEMPO+REAL>. Acesso em: 21 jun. 2011.

Por fim, a título de curiosidade, indicamos a leitura da matéria *Rip máquina de escrever: ultimo fabricante fecha as portas*.

> JORNAL EMPREENDEDOR. Rip máquina de escrever: último fabricante fecha as portas. Disponível em: <http://www.jornaldoempreendedor.com.br/destaques/rip-maquinade--escrever-ultimo-fabricante-fecha-as-portas>. Acesso em: 21 jun. 2011.

capítulo 2
Os meios tradicionais de comunicação audiovisual

Conteúdos do capítulo:

- História do rádio e a rápida disseminação desse meio;
- História do cinema e o esplendor da produção cinematográfica;
- História da televisão e as revoluções associadas a ela;
- Características e desenvolvimento desses meios no mundo e no Brasil.

Após o estudo deste capítulo, você será capaz de:

- analisar a história do rádio e as principais características desse meio;
- relacionar os avanços da comunicação com as estratégias de guerra;
- entender como o rádio surgiu no Brasil e sua estreita ligação com a política;
- examinar a história do cinema e todo o *glamour* que faz parte desse meio de comunicação;
- compreender a concepção do cinema como "impressão da realidade" e por que a indústria cinematográfica movimenta fortunas e arrasta multidões às salas cinema do mundo inteiro;
- determinar quando o cinema estreou no Brasil e por que o desenvolvimento da produção cinematográfica brasileira oscilou tanto ao longo do tempo;
- analisar a história da televisão e as grandes transformações provocadas por esse meio;
- perceber as diferenças básicas entre a reprodução de imagens no cinema e na televisão;
- perceber que a televisão brasileira desde o início teve um formato mais comercial e que o Brasil é considerado um dos mercados mundiais mais promissores nesse segmento.

Capítulo 2

2.1 O popular senhor rádio

Do casebre mais humilde de uma favela às casas mais elegantes de um bairro nobre da cidade, o rádio, com certeza, sempre estará presente. Podemos ouvir no rádio desde uma simples música até um daqueles programas nos quais o ouvinte participa. As pessoas falam com os locutores e sentem-se íntimas deles. Abrem os seus corações e compartilham seus problemas com milhares de outros ouvintes ou apenas jogam conversa fora para espantar a solidão no meio da noite. *Rock* pesado ou música clássica, *hit parade* ou MPB, não importa o gênero, o rádio tem música para todos os gostos. É só escolher a estação. Sem dúvida, ao longo da sua trajetória, esse meio de comunicação se tornou, entre todos os demais, o mais democrático e popular.

Quando surgiu, o rádio trouxe uma nova possibilidade de comunicação, por ser muito mais rápido e simples do que os meios até então utilizados. O telégrafo e o telefone dependiam de um emaranhado de fios para funcionar e o jornal, que já era um meio bastante utilizado na época, conservava fortes características regionais, que contribuíam para que ele ficasse restrito a determinada área geográfica. Além disso, os índices de alfabetização, na época, eram insatisfatórios. O rádio superou todas essas barreiras com suas ondas eletromagnéticas, capazes de viajar pelo espaço e de chegar quase instantaneamente a lugares distantes. Por isso, o aparelho primeiramente foi visto como um telégrafo de duas mãos ou ponto a ponto pelo ar, utilizado para negócios e atividades militares.

O primeiro passo para a invenção do rádio foi dado em 1863, em Cambridge, na Inglaterra, por James Clerck Maxwell, que demonstrou na teoria a provável existência das ondas magnéticas. Suas pesquisas despertaram o interesse de diversos cientistas, entre eles Henrich Rudolph Hertz, que acabou comprovando a existência das ondas hertzianas ou quilohertz, mais conhecidas como *ondas de rádio*. Embora o alemão tenha tido sucesso nos seus experimentos, não conseguiu completar totalmente a missão. A princípio, tratava-se da telegrafia sem fio, o que já era bastante inovador e de grande utilidade, mas ainda não se imaginavam transmissões da voz através do espaço.

Ao que tudo indica, foi o italiano Guglielmo Marconi[*] que, em 1895, conseguiu esse feito. Mas nem todos os autores atribuem a ele o desenvolvimento da tecnologia de transmissão de som por ondas de rádio. Alguns defendem a tese de que essa tecnologia teria sido desenvolvida pelo sérvio Nicola Tesla. No Brasil, na mesma época, um padre chamado Roberto Landell de Moura também fazia experiências buscando resultados semelhantes, mas a falta de incentivos impossibilitou a continuidade de suas pesquisas.

No início, Marconi ofereceu, sem sucesso, o rádio para uso militar em seu país de origem, a Itália. Acabou conseguindo apoio na Inglaterra e, mais tarde, nos Estados Unidos, onde ficou sediado. Em 1896, depois de inúmeras tentativas, Marconi conseguiu transmitir sinais a mais de 1,5 quilômetro, até que se arriscou a transmitir uma mensagem ao outro lado do Oceano Atlântico norte. Dessa forma, tornou-se possível a comunicação de duas mãos sem depender de cabos submarinos. O rádio passou a ser usado, então, para coordenar viagens marítimas. O italiano estabeleceu várias estações de rádio

---

[*] Guglielmo Marconi recebeu o Prêmio Nobel de Física de 1909 por causa do seu grande feito.

Capítulo 2

pela costa dos Estados Unidos e em alguns pontos da Europa, a fim de receber e retransmitir sinais cruzando o oceano, ou mesmo entre navios em alto--mar. Em 1913, o mercado do rádio era dominado por Guglielmo Marconi nos Estados Unidos e na Europa. A partir daí, foram aprimoradas as técnicas de transmissão e recepção. A Marinha americana foi uma das maiores incentivadoras do avanço da tecnologia do rádio. Durante a Primeira Guerra Mundial, esse meio suplantou o telégrafo na transmissão de mensagens, transmitindo também som, voz e música.

Aos poucos, alguns pioneiros começaram a se arriscar a transmitir programas sonoros. Reginald Fessenden foi o primeiro deles, em 1906. Depois veio Lee De Forest, que transmitiu o resultado das eleições em 1916. Frank Conrad, um engenheiro da Westinghouse, deu início, em 1920, a uma estação regular de rádio, ligada à sua fábrica de Pittsburgh (EUA). O programa acabou atraindo o interesse popular e da imprensa. O mesmo aconteceu com outros transmissores amadores.

No início, nenhuma empresa vislumbrou a expansão do negócio de transmissão radiofônica para receptores domésticos, até que uma loja, também da cidade de Pittsburgh, resolveu vender aparelhos de rádio para que a comunidade pudesse sintonizar o programa de Conrad. Logo em seguida, a própria Westinghouse abriu a estação de rádio KDKA, que, sem interferência de sinais concorrentes, podia ser ouvida nos Estados Unidos e no Canadá. Diante disso, empresas de eletrônica – como a RCA e a Radio Group – também foram atraídas a montar as suas próprias estações de rádio. Assim, em pouco tempo, as pessoas desejavam cada vez mais comprar aparelhos de rádio.

No mesmo período, iniciou-se a chamada Era do Rádio, assim denominada em função da rápida proliferação de emissoras radiofônicas mundo afora, bem como pela grande aceitação popular e pela importante função social, educativa e cultural desempenhada por esse meio. Como curiosidade, em 1922 havia somente quatro emissoras de rádio nos EUA. Um ano depois, eram 382 emissoras, o que reafirma aquela denominação atribuída a essa época.

A visão comercial sobre a nova mídia surgiu na estação WEAF, da AT&T, que, baseada na sua experiência com telefonia, percebeu que o rádio não sobreviveria apenas com a transmissão de programas de terceiros, mediante pagamento. A estação lançou, dessa forma, a ideia de patrocínio para os programas. Imediatamente, a iniciativa atraiu dezenas de anunciantes. Em 1922, foi transmitido o primeiro comercial de rádio, que originalmente recebeu o nome de *taxa de transmissão*, inspirado nas taxas cobradas para as ligações de longa distância na telefonia. Vislumbrando a oportunidade de monopólio e os lucros crescentes, a AT&T transformou a WEAF em uma rede de estações de rádio. Mais tarde, com o desenvolvimento do mercado do rádio, novas redes se formaram e os anunciantes, entusiasmados com o retorno em vendas, competiam pela audiência nas grades de programação. Com isso, a AT&T optou por se concentrar no seu segmento original de atuação: a telefonia.

Durante a Segunda Guerra Mundial, a força e a popularização das redes de rádio foram definitivas para o meio se firmar. Ao mesmo tempo, a indústria de aparelhos aprimorava-se continuamente. Os primeiros modelos eram grandes e pesados e, rapidamente, o rádio foi incorporado às peças do mobiliário nas casas de pessoas mais abastadas. Pouco a pouco, os aparelhos de rádio foram diminuindo de tamanho e tornaram-se portáteis, especialmente após a invenção do transistor, em 1948.

A partir do mesmo ano, com o desenvolvimento tecnológico da indústria fonográfica, que lançou o disco de vinil, de qualidade sonora e com capacidade de reprodução muito superiores às do antigo disco de goma-laca de 78 rotações, as rádios passaram a fazer acordos de selo para lançar novos gêneros de música e formatos de rádios musicais. Em contrapartida, a indústria de gravação começou a se concentrar em negociar com as rádios um maior tempo de transmissão para os trabalhos dos artistas que lançavam. Mais tarde, no final da década de 1960, o foco voltou-se para audiências específicas ou segmentadas, pois as rádios estavam perdendo cada vez mais público para a televisão, a nova mídia audiovisual de massa. As redes dividiram-se em estações especializadas na oferta de serviços, como entretenimento e informação, além das sintonias AM e FM.

2.1.1 O rádio no Brasil

O rádio foi trazido para o Brasil em 1922. A iniciativa fez parte de uma estratégia de expansão da empresa norte-americana Westinghouse, que montou duas estações de rádio em caráter experimental. A primeira transmissão radiofônica oficial deu-se no mesmo ano, na cidade do Rio de Janeiro. Tratava-se de um discurso comemorativo do centenário da Independência do Brasil, feito pelo então presidente Epitácio Pessoa.

Em 1923, Edgard Roquette-Pinto, considerado o pai do rádio brasileiro, juntamente com Henry Morize, fundou a primeira estação de rádio nacional, a Rádio Sociedade do Rio de Janeiro. Essa fase inicial, que historicamente se estendeu até 1934, foi marcada por uma programação erudita, basicamente composta por recitais, músicas clássicas e palestras. "A princípio o público elitizado determinava os objetivos puramente culturais" (Frederico, 1982, p. 32). Essa tendência prevaleceu na primeira década. Nos anos seguintes, o quadro mudou, pois as emissoras precisavam de recursos para a sua manutenção. Dessa forma, ganhou espaço a rádio comercial, na medida em que se descobriu o potencial do meio para esse fim.

Com o incremento da verba publicitária, a programação se diversificou, ficando ainda mais atraente para o público em geral. Além dos programas de auditório, bastante famosos na época, foram criados programas humorísticos, radionovelas e musicais. A popularidade que o rádio alcançou com essa programação fez com que se tornasse o primeiro meio de comunicação de massa do país. No mesmo período, a mídia impressa ainda não havia se popularizado, uma vez que 80% da população brasileira na virada do século era analfabeta[*].

---

[*] Dos 17.438.434 brasileiros registrados no Censo de 1900, somente 3.380.451 sabiam ler, enquanto 14.057.983 não sabiam ler e escrever (IBGE, 1988).

No seu início, a história do rádio no Brasil teve estreita ligação com a política; por um lado, pela discussão em torno da regulamentação da atividade. Por outro, devido às intervenções políticas na comunicação, impondo termos restritivos de liberdade de expressão e exploração comercial. Em 1931, dois decretos durante o governo de Getúlio Vargas definiram as regras de operação do meio: um dava somente ao Estado o direito de conceder os serviços de comunicação a empresas particulares, enquanto o outro liberava a exploração comercial. Foi no governo Vargas que entrou no ar, em meados da década de 1930, o programa *A Hora do Brasil*, que continua a ser apresentado até os dias de hoje. Vargas também criou, em 1937, depois do Decreto do Estado Novo, o Departamento de Imprensa e Propaganda (DIP[*]) e, em 1940, instituiu as empresas incorporadas ao patrimônio da União. Entre elas, estava a Rádio Nacional, futura porta-voz do governo. Nesse período, jornais e revistas foram fechados por determinação do Poder Executivo e cada emissora de rádio passou a ser monitorada por um censor responsável de uma sala especialmente montada para a operação.

> O rádio fala com o ouvinte e é um importante instrumento de integração social.

Apesar de toda a repressão, a fase getulista é considerada pelos historiadores como a de maior ascensão dos meios de comunicação de massa no país, com destaque para o rádio.

> Após o golpe de 1930 o rádio desenvolveu-se rapidamente, superando o cinema como instrumento de cultura de massa e a imprensa como meio publicitário, ao transmitir futebol e programas de música popular. A partir de então se tornou um poderoso meio, servindo para generalizar gostos e costumes, exercendo uma influência cultural que é preciso considerar. (Sodré, 1983, p. 92)

---

[*] Com claros objetivos ideológicos, o DIP editava livretos de propaganda que eram distribuídos em sindicatos, escolas e clubes, visando criar uma imagem favorável para o governo.

Capítulo 2

Como ocorreu na Europa e nos Estados Unidos, o rádio no Brasil seguiu a forte tendência de segmentação dos meios, que teve início no final da década de 1960 e aflorou na década de 1970, estabelecendo-se até os dias de hoje. Basta o ouvinte ligar o rádio e buscar a estação com que mais se identifica, em razão de sua faixa etária, gosto musical ou crença religiosa. O rádio fala com o ouvinte e é um importante instrumento de integração social. Além disso, a simplicidade da tecnologia do rádio tornou o meio acessível. Nesse contexto, em meados da década de 1990, emergiram as rádios comunitárias no Brasil, que estão multiplicando-se rapidamente. De dentro da comunidade, para a comunidade e feita por pessoas da comunidade, esse é o seu lema.

A rádio via internet, também intitulada *rádio on-line* ou *web rádio*, foi a última novidade no meio. Trata-se de um serviço de transmissão de áudio via tecnologia *streaming*[*], o que possibilita gerar o áudio em tempo real e transmitir a programação ao vivo ou gravada. No Brasil, a maioria das estações continua utilizando a transmissão analógica por ondas de rádio (limitada ao alcance do sinal) e incorporou a tecnologia digital, ampliando seu alcance. Porém, a internet estimulou o surgimento de várias novas rádios que atuam somente nessa modalidade. A transmissão de áudio pela internet necessita de um servidor, de codificação e da transmissão (*broadcast*) aos usuários. Geralmente os custos de produção são menores do que os de uma rádio tradicional. No entanto, a questão atrelada aos direitos autorais das músicas ainda está em discussão.

Atrás apenas dos Estados Unidos, do Canadá e do México, o Brasil deve ser o quarto país do mundo a adotar o sistema de rádio digital. O número de emissoras que atualmente operam em caráter experimental é pouco representativo e a lista de espera na Anatel pela introdução dos sinais digitais de outras emissoras é longa. Segundo

> o ministro das comunicações, Paulo Bernardo, ainda estão sendo realizados testes com os sistemas utilizados em outros países, e esses testes deverão continuar até 2012. Isso se deve ao fato de que os pa-

---

[*] Em português, *streaming* pode ser traduzido como "fluxo constante" (Lins, 2010).

íses que já implementaram o sistema digital estarem enfrentando problemas, como a diminuição do alcance do sinal e as interferências em canais próprios, além do alto custos dos equipamentos. Assim, a estratégia do governo é produzir, independentemente do modelo escolhido (americano ou europeu), os equipamentos necessários, para baratear os custos. (Rodrigues, 2011)

A exemplo da TV digital, a velocidade para decidir um padrão é incompatível com a aceleração tecnológica. Ao que tudo indica, os dois sistemas são parecidos e a questão dos *royalties*, que necessariamente terá de ser repassada para o investidor, o anunciante e o ouvinte, pode pesar no momento de decidir. Por outro lado, decisões dessa natureza não devem restringir-se ao contexto comercial; acima de tudo, a digitalização deve significar desenvolvimento para o radiodifusor.

Até então, o rádio se enquadrava na categoria dos meios audiovisuais, mesmo dispondo apenas do som. Porém, com a tecnologia digital, o meio evoluiu e transformou-se, tomando outras formas e dimensões. Com o sistema de rádio digital, a qualidade do som nas transmissões é muito superior. A rádio AM passou a ter qualidade semelhante à da FM e a rádio FM tem som de CD. A cobertura é mais ampla: qualquer emissora pode solicitar abrangência nacional se essa for sua vontade. Porém, as grandes novidades são o fato de que o ouvinte pode pausar a programação ao vivo ou ainda voltar o programa desejado ou música para o seu início – se dispuser de um aparelho receptor apropriado – e a possibilidades de outros conteúdos serem disponibilizados juntamente com o áudio transmitido, como textos, gráficos, cotações, informações de trânsito, previsão de tempo e até imagens.

Capítulo 2

2.2 O esplendor do cinema

O cinema é tido como o meio mais instigante desenvolvido pelo homem para se comunicar. Mas o que o cinema comunica? A mensagem do cinema é subliminar. Diferentemente das mensagens do rádio ou mesmo da televisão, ela permite várias interpretações, dependendo da maneira como os elementos visuais e auditivos são estruturados. Além disso, a imagem cinematográfica pode significar uma forma de experiência da realidade para o espectador. Nenhum outro meio conseguiu a proeza de contar e recontar muitas histórias a ponto de confundir realidade e ficção como o cinema.

> O cinema parece se caracterizar pela constituição de uma "impressão da realidade" e pela perturbadora capacidade de apresentar qualquer coisa (até a mais fantástica e inverossímil) com aparência de realidade, de maneira retórica e impositiva, enfeitiçante, fetichizante, assumida e descaradamente mentirosa. (Cabrera, 2006, p. 37)

Ao longo da história, é possível desvendarmos indícios do registro de imagens em movimento. Mesmo estáticos, os desenhos nas paredes das cavernas sugeriam uma ação quando representados em pequenas sequências. O teatro de sombras, que surgiu na China há dezenas de séculos, também foi uma forma original de trabalhar com a ideia de imagem em movimento. As histórias eram contadas por meio da projeção de figuras humanas, de animais ou de objetos manipulados sobre paredes ou telas de linho.

Muito tempo depois, no século XV, foi desenvolvida a câmara escura, o primeiro aparelho com a intenção de projetar imagens. O crédito não pode ser dado a um único inventor, mas, entre eles, destacam-se o genial Leonardo da Vinci e o físico napolitano Giambattista Della Porta, que aprimorou o invento no século XVI. A câmera escura consistia em uma caixa fechada, com um pequeno orifício coberto por uma lente, no qual entravam e se cruzavam os raios refletidos pelos objetos exteriores, projetando a imagem invertida no fundo da caixa. Na metade do século XVII, foi utilizado o princípio inverso da câmara escura para criar a lanterna mágica, outro tipo de caixa, porém cilíndrica, iluminada a vela, que projetava as imagens desenhadas em uma lâmina de vidro, segundo escritos do alemão Athanasius Kircher*.

Animados com as novas possibilidades, muitos inventores passaram a se concentrar na tarefa de projetar imagens, e vários aparelhos foram construídos. Inicialmente, todos os inventos tiveram como base o fenômeno da persistência retiniana ou visão persistente – fração de segundo em que a imagem permanece na retina –, descoberto pelo inglês Peter Mark Roger, em 1826. Basicamente, o cinema consiste em projetar imagens fotográficas em uma tela a determinada velocidade. É convencionada a projeção de 24 imagens fotográficas por segundo. A essa velocidade, não é possível percebermos cada imagem separadamente, pois uma imagem não desaparece da nossa retina antes que outra apareça, fazendo com que o indivíduo perceba um movimento contínuo.

Os nomes dos novos aparelhos eram os mais esdrúxulos possíveis: *fenacistoscópio* (Joseph-Antoine Plateau, 1832); *praxinoscópio* (Émile Reynaud, 1877); *fuzil fotográfico* (Étienne-Jules Marey, 1878); *cronofotografia* (Étienne-Jules Marey, 1887); *cinetoscópio* (Thomas Edison, 1891); até chegar ao *cinematógrafo* (Auguste e Louis Lumière, 1895). Partindo de princípios técnicos similares, todos esses inventores buscavam a possibilidade de captar e reproduzir imagens. Paralelamente, os avanços alcançados na fotografia por Louis-Jacques Daguerre e Joseph Nicéphore Niepce e as pesquisas de captação e análise do movimento acabaram também contribuindo para o desenvolvimento das técnicas para conseguir imagens em movimento.

Numa viagem a Paris, Louis Lumière, tendo contato com o cinetoscópio de Edison, ficou fascinado pelo aparelho e acabou comprando

---

* Athanasius Kircher (1601-1680) foi um jesuíta, alquimista e inventor famoso por seus conhecimentos em matemática e física.

Capítulo 2

um exemplar. Ele o levou para Besançon, no interior da França, onde morava com seu irmão, Auguste, e seu pai, fotógrafo e proprietário de uma indústria de filmes e papéis fotográficos, o que, de certa forma, justifica o seu interesse imediato pela invenção. Basicamente, o cinetoscópio funcionava por meio de pequenas rodas dentadas que faziam com que uma película de celuloide perfurada de 35 milímetros de largura passasse diante de uma fonte de luz. Porém, apesar de ser um equipamento impressionante, as imagens tremiam muito, tornando a experiência desagradável, levando Louis e Auguste a aperfeiçoarem tecnicamente a invenção, idealizando, então, o cinematógrafo.

Em 28 de dezembro de 1895, no Grand Café, em Paris, foi realizada a primeira apresentação pública de imagens projetadas pelo cinematógrafo. Esse momento foi o marco que deu início à história do cinema. Imagens da saída dos operários das usinas Lumière, do mar, do almoço de um bebê e da famosa chegada do trem na estação foram alguns dos filmes apresentados.

Inovadores como sempre, os irmãos Lumière selecionaram, em 1896, alguns fotógrafos e os enviaram a vários outros países da Europa, equipados com cinematógrafos, para captarem imagens diversas. Esses profissionais ficaram conhecidos como "caçadores de imagens". Dessa forma, a técnica do cinema se espalhou e Louis Lumière acabou por se tornar o primeiro cineasta realizador de documentários curtos. Nessa época, o cinema oferecia aos espectadores basicamente a reprodução de imagens captadas em contextos reais, ou seja, uma espécie de documentário curto a respeito da vida cotidiana. Essas produções tinham cerca de dois minutos de projeção e eram filmadas ao ar livre.

Apesar de ter tido seu marco inicial na Europa, o cinema se desenvolveu mais rapidamente nos Estados Unidos, onde tomou ares de indústria. Em 1900, Thomas Edison estava numa disputa acirrada de patente pelo seu invento, agora aperfeiçoado, com a Vitagraph e a Biograph, até que finalmente conseguiu fazer um acordo, em 1909, para obter participação em um fundo da empresa Motion Picture Patents Company (MPPC). Na época, a MPPC cobrava uma taxa de cada filme exibido nos Estados Unidos e repassava parte da verba arrecadada para os inventores, aplicando como valor de base o número de patentes que cada um detinha. Dessa forma, controlava a indústria americana cinematográfica.

Paralelamente, uma nova indústria estava se formando em Hollywood, atraindo alguns produtores independentes, desgostosos com o sistema. Muito antes de 1920, a MPPC já havia perdido o controle do mercado no país; Hollywood prosperou e em pouco tempo tornou-se o maior pólo de estúdios cinematográficos do mundo. Atualmente, a Índia é o país que mais produz filmes por ano, ultrapassando os números de Hollywood. Porém, isso se refere apenas ao volume de produção, pois, até os dias de hoje, os filmes hollywoodianos são imbatíveis em termos de qualidade, distribuição e bilheterias mundiais.

Com o incremento das produções, as técnicas de cinema evoluíram, surgindo a ideia de não apenas capturar e transmitir imagens, mas de contar uma história, com personagens e roteiro. Entre os primeiros filmes americanos realizados com esse modelo, vale a pena citarmos os clássicos *Viagem à Lua* (1902), de Georges Méliès, e *O grande roubo do trem* (1903), de Edwin S. Porter.

A partir de então, os cineastas começaram a fazer filmes mais bem elaborados do ponto de vista artístico. Surgiram, assim, algumas técnicas de linguagem. Foi o caso de *O nascimento de uma nação* (1915), de D. W. Griffith, que apresentou, pela primeira vez, tomadas em movimento (*travelling*) e *close-ups*. As cenas impressionantes de batalha de campo mobilizavam o público e, por mais de 20 anos, esse foi o filme mais popular nos Estados Unidos. Com as mudanças promovidas pelos filmes com narrativas (*feature films*), as películas começaram a se tornar mais longas, pois tinham uma história complexa para contar, com começo, meio e fim. Surgiram, então, os filmes conhecidos como *longas-metragens*.

Com a Primeira Guerra Mundial, a produção europeia enfraqueceu e os Estados Unidos passaram a dominar o mercado cinematográfico mundial. Os anos entre 1919 e 1960 marcaram a Era do Estúdio nos Estados Unidos, período em que houve grande proliferação de estúdios e produções. Atores e atrizes famosos atraíam multidões para as salas de cinema, tanto que nomes como o de Charles Chaplin, Rodolfo Valentino e Lillian Gish apareciam em maior destaque nos cartazes de cinema do que os próprios títulos dos filmes. Sendo assim, os principais estúdios de cinema tinham interesse em fechar contratos de anos com a mesma equipe de atores, diretores e roteiristas, visando garantir o sucesso. Além de produzirem os filmes, os estúdios controlavam a distribuição e a exibição nas salas de cinema. Os mais famosos eram United Artists, Paramount, Metro Goldwyn Mayer-MGM, 20th Century Fox, Warner Brothers, Universal, Columbia e RKO.

Em 1927, foi lançado o primeiro filme falado, O cantor de jazz, criando um verdadeiro furor tanto nas plateias quanto no meio cinematográfico, além de provocar importantes mudanças nas artes cênicas. A interpretação, no cinema falado, é muito menos exagerada e estilizada que no cinema mudo. Além disso, a voz dos atores, mesclada com os efeitos sonoros e a música em sincronia, ajuda a compor todo um clima para a encenação. A mudança teve grande impacto no meio artístico. A sonorização dos filmes também acabou por inspirar a produção de grandes musicais, com canções inéditas acompanhadas de coreografias espetaculares. Com isso, muitos atores migraram da Broadway para o cinema. Foi o caso de Fred Astaire, James Cagney e Spencer Tracy. Em pouco tempo, antes mesmo de 1930, praticamente todos os filmes já eram falados. Nesse período, o incremento no cinema ficou por conta das grandes produções, das grandes histórias, dos grandes elencos, dos grandes cenários. Tudo era exuberante para encher os olhos do espectador.

Aos poucos, outros gêneros começaram a ganhar as telas dos cinemas, entre eles os filmes de aventura, as comédias e os policiais. Também os épicos históricos se firmaram como um gênero da preferência do público. *E o vento levou* (1939), que contava a história da Guerra Civil dos Estados Unidos, foi visto com sucesso por várias gerações seguintes em todo o mundo e até hoje lidera a lista dos filmes de maior bilheteria de todos os tempos.

Nesse mesmo período, surgiu um novo estilo na roteirização dos filmes produzidos em Hollywood e algumas histórias deixaram de ser tão lineares, passando a ser menos previsíveis. Além disso, o conceito de linguagem cinematográfica começava a ganhar forma nos estúdios americanos. Um exemplo desse tipo de filme é *Cidadão Kane* (1941), de Orson Welles. A história é contada por meio de *flashbacks* e, como as peças de um quebra-cabeça, o filme vai aos poucos sendo montado. Outra novidade foram filmes de detetive, como *Relíquia macabra* (1941), dirigido por John Huston, que marcaram o início de um novo gênero, conhecido como filme *noir* (do francês, "filme negro"). Nesse tipo de filme, personagens no estilo anti-heróis ganharam a cena. Outros exemplos são *Pacto de sangue* (1944), *Fuga do passado* (1947) e *Mortalmente perigosa* (1952).

Hoje, a indústria do cinema movimenta grandes fortunas e arrasta multidões aos cinemas do mundo inteiro. Uma prova da vitalidade da indústria cinematográfica americana é que a lista dos dez filmes de maior faturamento é composta por obras lançadas nas duas últimas décadas. Entre eles, estão *Titanic* (US$ 1.843.201,268), *O Senhor dos Anéis: o retorno do rei* (US$ 1.119.110,941) e *Piratas do Caribe: o baú da morte* (US$ 1.066.179,725), todos com lucro acima de um bilhão de dólares.

A última parte da saga *Harry Potter*, lançada em meados de 2011, está, atualmente, em terceiro lugar no *ranking* das maiores bilheterias de todos os tempos, com invejáveis US$ 1.326,9 arrecadados. O primeiro luga da lista é ocupado por *Avatar*, de James Cameron, que, em 2009, desbancou *Titanic* (do mesmo diretor), atingindo US$ 2.782,3 em todo mundo (Box Office Mojo, 2011).

O épico de ação e aventura *Avatar* trouxe, definitivamente, a tecnologia 3D para as salas de cinema e o diretor Peter Jackson (da trilogia *O Senhor dos Anéis*) está produzindo, este ano, O *Hobbit*, trazendo outra inovação: o longa está sendo rodado em 48 quadros por segundo, enquanto, tradicionalmente, os filmes são feitos em 24 quadros por segundo, Jackson atribui a decisão pela mudança ao fato de a ação parecer mais realista (principalmente em 3D), além do conforto na hora de se assistir ao filme. A única adaptação ainda necessária é a dos projetores: eles precisam estar aptos a projetar um filme a 48qps. Para Jackson, o *upgrade* será mais barato – e rápido – que a onerosa

Capítulo 2

implementação de projetores 3D nas grandes redes e multiplexes: basta apenas uma atualização de *firmware*. As novidades nessa área com certeza não vão parar por aí. Arte e tecnologia se misturam em produções denominadas mais do que merecidamente de *cinematográficas*. Quem ganha com isso são os espectadores, que, deslumbrados entre ficção e realidade, vivenciam experiências incríveis.

2.2.1 O cinema no Brasil

A estreia do cinema no Brasil ocorreu no Rio de Janeiro, poucos meses depois da exibição realizada pelos irmãos Lumière em Paris. O equipamento de projeção, porém, era um *omniographo*. A primeira sala fixa[*] de exibição recebeu o nome de *Salão de Novidades Paris* e pertencia a Paschoal Segreto, um imigrante italiano.

A novidade agradou a todos e, em 1907, já havia vinte salas de cinema só no Rio de Janeiro, provocando, além da ampliação do fluxo de importações de filmes, o início da produção cinematográfica local, normalmente feita por equipes de filmagens pertencentes às próprias salas de cinemas. A exemplo do início do cinema internacional, as produções brasileiras da época, denominadas *naturais*, também eram registros documentais de eventos.

Os primeiros filmes com roteiro tiveram como base crimes divulgados na imprensa e ficaram conhecidos pelo nome de *posados*, pelo modo como as reconstituições eram feitas. *Os estranguladores* (1906), de Francisco Marzullo, foi considerado o primeiro sucesso e teve mais de 800 exibições no Rio de Janeiro, em dois meses. *O crime da mala* (1908), de Francisco Serrador, e *Noivado de sangue* (1909), de Antonio Leal, também marcaram o período. *Nhô Anastácio chegou de viagem* (1908), de Marc Ferrez, inaugurou o gênero *comédia*. Uma curiosidade da época eram os filmes cantados. Eles eram dublados ao vivo pelos próprios atores, que ficavam escondidos atrás da tela.

---

[*] Diz-se *sala fixa* porque, na época, era comum cineastas itinerantes saírem pelo país captando imagens para depois exibi-las em tendas armadas nas feiras livres das cidades.

A partir de 1911, distribuidoras americanas se fixaram no Brasil, visando ampliar a exportação de filmes. Desse momento em diante, passaria a existir um conflito de interesses entre os setores de produção e exibição no país. "Em 1921, do total de 1.295 filmes exibidos no Rio de Janeiro, 923 eram de procedência americana, posicionando o Brasil no quarto lugar entre os países importadores de filmes dos Estados Unidos. Em 1925, essa tendência se acentuou" (Simis, 1996, p. 74).

No mesmo ano, foi criada a primeira rede brasileira de cinema, por Francisco Serrador, com salas de exibição em São Paulo, Rio de Janeiro, Niterói, Belo Horizonte e Juiz de Fora. Em 1911, também começaram as produções de adaptações literárias, normalmente encabeçadas por imigrantes italianos, que, desde o final do século anterior, estavam chegando em grandes grupos ao Brasil e viriam ter uma participação relevante no setor cinematográfico brasileiro. Várias obras de José de Alencar e Luiz de Barros foram filmadas. Porém, a distribuição dos filmes locais era difícil, não conseguindo competir com a experiente indústria cinematográfica americana. O cinema nacional passou, então, a investir nas produções de cinejornais semanais chamados de *cavação*, que exibiam notícias importantes, eventos, futebol, entre outros conteúdos populares. Entre 1916 e 1951, foram realizados 51 cinejornais no país.

Há pouco mais de 20 anos, ainda era comum exibir esse tipo de cinejornal antes do filme nas salas de cinemas espalhadas por todo o Brasil. Inesquecível para muitas gerações, o Canal 100 enchia os olhos dos espectadores de cinema com os principais eventos da semana e imagens da grande paixão nacional: o futebol. Muitos dos craques da época conquistaram sua legião de fãs graças aos momentos espetaculares registrados pelas câmeras do Canal 100, que foi batizado com esse nome pelo seu criador, o cineasta carioca Carlos Niemeyer, numa referência aos canais de televisão, que, na época, eram mais conhecidos pelo número do que pelo nome. O Canal 100 durou de 1959 a 1986 e chegou a ter um acervo cinematográfico de aproximadamente 70 mil minutos de imagens, um verdadeiro tesouro da memória nacional. Mas, com a falta de incentivo por parte do governo federal, que decidiu proibir a propaganda comercial nos cinejornais, o Canal 100 acabou tendo de encerrar suas atividades.

Os ciclos regionais iniciaram na mesma fase dos cinejornais. Eram realizados por produtores independentes espalhados por várias cidades do país, ou seja, também desvinculados das salas de cinema. O primeiro longa brasileiro, *O crime dos banhados* (1914), dirigido por Francisco Souza, foi filmado nesse período, em Pelotas. No final da década de 1920, Luiz de Barros realizou o primeiro filme brasileiro falado, a comédia *Acabaram-se os otários*. Nesse período, a produção voltou a se concentrar no eixo Rio-São Paulo e surgiram as produtoras Cinédia, de Adhemar Gonzaga, e Brasil Vita Filmes, de Carmen Santos. Momentaneamente, os filmes locais ganharam força diante da dificuldade da plateia com os filmes falados em outro idioma. No entanto, com a introdução da legenda, os filmes americanos voltaram a ser mais prestigiados. Diante disso, a Cinédia resolveu investir em produções no mesmo estilo dos filmes americanos da época, produzindo uma série de filmes de carnaval, como *Alô, alô, Brasil* (1935), protagonizado por Carmen Miranda, que mais tarde acabou indo para Hollywood.

Outra produtora de destaque da época foi a Vera Cruz, criada em 1940. Nos moldes dos estúdios americanos, tinha um elenco fixo, encabeçado por diretores europeus. Em cinco anos, realizou 18 filmes de diversos gêneros, mas depois foi à falência pelo mesmo problema de distribuição que assolou tantas outras produtoras locais. Ainda na década de 1940, a Atlântida Cinematográfica investiu nas chanchadas, que se tornaram sua marca registrada. Esse tipo de comédia musical foi bem aceita pelo público e alguns nomes, como Oscarito, Grande Otelo, Ankito e Mesquitinha, todos comediantes, além de Emilinha Borba, Marlene e Silvio Caldas, que eram cantores, entre outros, migraram do rádio para o cinema nesse período. Depois de fazer sucesso por duas décadas, as chanchadas se esgotaram e seus principais artistas foram trabalhar na televisão.

A produção, a partir de meados dos anos 1950, tomou outro rumo e tornou-se mais realista. Foi o chamado *Cinema Novo*, que trouxe à tona temáticas populares por meio de narrativas mais densas. O estilo foi retratado por Ruy Guerra em *Os fuzis*, por Glauber Rocha em *Deus e o diabo na terra do sol* e por Nelson Pereira dos Santos em *Vidas secas*, todos filmados em 1963.

No final dos anos 1960, foi inaugurado o *Cinema Marginal*, que levou esse nome pela radicalidade com que eram tratados os temas. Na verdade, esse movimento refletia a insatisfação pela repressão militar vivida desde o golpe militar de 1964, ao mesmo tempo que fazia uma forte crítica à soberania americana no mercado cinematográfico brasileiro. Já os anos 1970 foram mais amenos e as pornochanchadas, uma espécie de chanchada com elevada dose de erotismo, e os filmes infantis dos Trapalhões, incentivados pela Embrafilme, foram as produções de destaque. Foi também um momento de transição para o cinema brasileiro: a participação dos filmes nacionais passou de 14% em 1971 para 35% em 1982. Alguns títulos adultos contribuíram significativamente para isso, como *Dona For e seus dois maridos* (1976), de Bruno Barreto, com um público recorde de 11 milhões de espectadores, *A dama da lotação* (1978), de Neville d'Almeida, e *Lúcio Flávio, o passageiro da agonia* (1977), de Hector Babenco.

Com a crise econômica dos anos 1980, a produção nacional deu lugar aos curtas-metragens, mais rápidos e baratos de produzir. Além disso, estavam amparados pela Lei nº 6.281/1975, conhecida como *Lei de Obrigatoriedade*, que determinava a exibição de curtas nacionais antes de longas estrangeiros. Na próxima década, logo no seu início, vários órgãos ligados ao cinema foram extintos, provocando uma forte recessão na produção cinematográfica local. Numa tentativa de reverter o quadro, o Ministério da Cultura criou, em dezembro de 1992, a Secretaria para o Desenvolvimento do Audiovisual, visando liberar recursos para a produção de filmes, por meio do Prêmio Resgate do Cinema Brasileiro. A iniciativa animou os cineastas e Carla Camuratti inaugurou a série de novos filmes brasileiros com *Carlota Joaquina, princesa do Brasil* (1995), que alcançou 1,2 milhão de espectadores.

Capítulo 2

A partir daí, o cinema brasileiro passou a escrever outra história e tornou-se mais ousado em termos de produção. A plateia, por sua vez, passou a enxergar de outro modo a produção nacional, sentindo-se motivada a frequentar as salas de cinema. Em 1996, *O quatrilho*, de Fábio Barreto, com base no romance de José Clemente Pozenato, que narra a saga de imigrantes italianos em terras brasileiras, chamou a atenção do público e de Hollywood. No mesmo ano, Bruno Barreto lançou *O que é isso, companheiro?*, inspirado no livro de Fernando Gabeira, outro filme que fez sucesso pela qualidade do roteiro e do trabalho com as imagens. Apesar do relativo sucesso desses títulos, coube a Walter Salles Jr. a grande ressurreição do cinema nacional, ao lançar *Central do Brasil* (1998), vencedor do Urso de Ouro no Festival de Berlim em 1998 e indicado ao Oscar nas categorias Melhor Filme Estrangeiro e Melhor Atriz (Fernanda Montenegro).

O novo século trouxe novos ares para o cinema nacional. Por um lado, lançaram-se algumas comédias leves, com roteiros simples, previsíveis, mas prazerosos de assistir. Algumas foram transposições de títulos da televisão, como *Os normais – o filme* (2003), de José Alvarenga Jr., *Casseta e Planeta – a taça do mundo é nossa* (2003), de Lula Buarque de Hollanda, e *A grande família – o filme* (2007), de Maurício Farias. Mas apareceram também filmes mais realistas, com conteúdo denso e impactante, como *Carandiru* (2003), de Hector Babenco. Além disso, a pós-produção ganhou muito em qualidade de imagens, efeitos e sonorização. O maior destaque nesse sentido foi *Cidade de Deus* (2002), de Fernando Meirelles, que teve grande repercussão internacional e recebeu quatro indicações ao Oscar: direção, roteiro adaptado, montagem e fotografia. No elenco, atores profissionais, como Matheus Nachtergaele, e garotos de comunidades do Rio de Janeiro. *Tropa de elite* (2007), de José Padilha, fez páreo nas bilheterias brasileiras com as produções estrangeiras, além de vencer o Urso de Ouro no Festival de Berlim de 2008. Mais tarde, mais de 11 milhões de espectadores foram assistir ao filme *Tropa de Elite 2* que registrou a maior bilheteria do cinema nacional até hoje.

Assim, resta respondermos às questões: Será que finalmente o cinema brasileiro vai se firmar? Encontrou, enfim, uma identidade própria e uma forma de produção genuinamente brasileira? Isso ainda é uma incógnita. O momento vivido atualmente pode simplesmente representar mais uma tentativa de afirmação ou uma mudança radical em termos de posicionamento do Brasil no mercado mundial cinematográfico.

2.3 A revolucionária televisão

A invenção da televisão trouxe o mundo para dentro das casas. Ou melhor, o universo, algo até então inimaginável. Com ela, pudemos acompanhar o astronauta americano Neil Alden Armstrong no momento que marcou para sempre o seu nome na história do século XX, ao ser o primeiro homem a pisar na Lua, como comandante da missão Apollo 11, em 20 de julho de 1969. Provavelmente, a emoção desse acontecimento não teria sido a mesma se não tivéssemos visto e ouvido, por meio da câmera de TV externa do ML Eagle, Armstrong pisando na Lua e dizendo sua frase épica: "Este é um pequeno passo para o homem, mas um grande passo para a humanidade".

Hoje em dia, no entanto, cenas como essa não causam mais o mesmo impacto. Da poltrona da sala podemos assistir a todo tipo de imagens, da mais fantástica e inusitada à mais deprimente. Cenas de guerras, fome, miséria e catástrofes podem se tornar tão banais pela televisão que muitas vezes nem mais nos comovem. Paradoxalmente, podemos nos "desmanchar em lágrimas" vendo cenas das telenovelas. O fato é que a televisão é um meio audiovisual impressionante, que foi incorporado ao nosso dia a dia, conseguindo influenciar tão fortemente as nossas opiniões e o nosso modo de vida a ponto de ser extremamente criticada.

O passo inicial para o surgimento da televisão foi a descoberta do selênio, em 1817. Percebeu-se que a incidência da luz sobre esse elemento produz uma corrente elétrica. Esse foi o princípio usado pelo americano George Carey para criar, em 1875, um aparelho de transmissão de imagens. Depois de inúmeros testes e pesquisas, evoluiu-se para o sistema de varredura – imagens são transformadas em linhas e

Capítulo 2

transmitidas, uma a uma, em alta velocidade. Mais tarde, em 1884, o alemão Paul Nipkow usou como base o mesmo método para patentear o primeiro sistema de televisão eletromecânica*. Entretanto, a imagem apresentava muitas distorções.

Os problemas do sistema de Carey foram parcialmente resolvidos em 1906 por outro norte-americano, Lee De Forest (o mesmo que transmitiu o resultado das eleições pelo rádio em 1916). A válvula de três polos (tríodo) criada por ele permitiu amplificar os sinais elétricos, mas a televisão desenvolveu-se tecnologicamente em grande parte devido aos inventores independentes Philo Farsnsworth e Allen Dumont, além de um grupo de engenheiros liderados pelo russo naturalizado norte-americano Vladimir Zworykin, nas décadas de 1920 e 1930.

Em 1922, Farsnsworth lançou a ideia de rastrear imagens em uma série de linhas e, em 1923, Zworykin criou o iconoscópio – um aparelho com tubos de raios catódicos. Ambos acabaram por desenvolver, separadamente, a tecnologia essencial para uma câmera de televisão operar: um sistema de rastreamento eletrônico**. Essa descoberta rendeu uma guerra de patentes entre eles que durou anos. Já Dumont desenvolveu a tecnologia essencial para criar um tubo receptor de imagens.

Paralelamente, a televisão prosperava e ganhava o mundo. A primeira transmissão de imagens foi realizada na Inglaterra, em 1935, pela também primeira emissora de televisão do mundo, a British Broadcast Corporation, a conhecida BBC de Londres. Ainda no mesmo ano, imagens passaram a ser

---

* Usando como base o sistema de varredura, no sistema de televisão eletromecânica a câmera é formada por um disco giratório com pequenos orifícios que permitem a passagem de luz, possibilitando que a imagem seja decomposta numa sequência de linhas paralelas. Os sinais luminosos de cada linha atingem uma célula fotoelétrica e transformam-se em impulsos elétricos, conduzidos por um circuito. Uma espécie de lâmpada localizada no receptor recebe esses impulsos e reproduz os sinais luminosos de cada linha, projetando a luz num disco semelhante ao do transmissor. Por meio do processo inverso, a imagem é recomposta.

** O rastreamento eletrônico ilumina, por meio de um feixe eletrônico, certo número de linhas por quadro de imagem.

veiculadas na Alemanha, na França, na União Soviética e nos Estados Unidos. As primeiras imagens transmitidas para os norte-americanos foram de um jogo de beisebol entre Yale e Harvard, em 1939.

A Segunda Guerra Mundial afetou profundamente o setor. Além da interrupção das transmissões em muitos países, várias empresas deixaram de fabricar televisores para ajudar na fabricação de material bélico. Na retomada do setor, os investidores estavam indecisos em relação a uma série de questões que envolviam tecnologia e padronização do sistema. Mesmo assim, a segunda metade da década de 1940 marcou a expansão da indústria mundial. Além da melhoria dos equipamentos de captação e transmissão de imagens, conseguida com os avanços tecnológicos das câmeras e com o desenvolvimento de cabos coaxiais, a produção de televisores passou a ser realizada em larga escala.

Depois de 1945, três grandes redes de televisão norte-americanas começaram a se formar a partir das redes de rádio NBS, CBS e ABC. A experiência profissional desses primeiros empreendedores propiciou uma transição da programação do rádio para a televisão e também a transferência de muitos roteiristas, técnicos, atores e músicos de um meio para o outro.

Além disso, a exemplo das produções radiofônicas, a maior parte da programação televisiva era constituída, no início, de produções ao vivo e por filmes antigos de Hollywood, pois a tecnologia de produção gravada, além de cara, ainda era incipiente na época, e as equipes técnicas que estavam se constituindo ainda não dominavam a nova mídia.

Desde o princípio, a indústria do cinema lutou contra a televisão. Os filmes produzidos após 1948 tinham até mesmo cláusulas nos seus contratos que proibiam sua liberação para a televisão. Essa determinação acabou por impulsionar a produção televisiva. Ao passo que os estoques de filmes foram se limitando, a NBS e outras empresas passaram a produzir filmes para a televisão. Em 1954, os Estúdios Disney também começaram a produzir filmes especialmente para

Capítulo 2

a TV e, logo, outros estúdios seguiram seus passos. Todo esse cenário contribuiu para a audiência aumentar, as verbas publicitárias engordarem e a televisão se tornar uma forte concorrente da indústria de filmes.

Em 1961, findou o boicote da indústria cinematográfica. A mídia televisiva já havia se firmado em termos de audiência, superando todas as expectativas, e a indústria do cinema, por sua vez, compreendeu que não adiantava continuar a impor uma relação hostil entre as mídias, uma vez que o seu espaço não havia sido afetado como tinha inicialmente suposto. Dessa forma, assumiu uma atitude mais cooperativa. À medida que o público da televisão foi aumentando, a demanda por algo diferente do que era produzido para o cinema começou a crescer. Logo no início da década de 1960, os seriados entraram em cena e rapidamente caíram no gosto popular. Mais leves, geralmente cômicos e com personagens até um pouco caricatos, serviam para entreter o espectador.

Em 1962, foi realizada a primeira transmissão via satélite. A partir desse momento, o mundo nunca mais seria o mesmo. A nova tecnologia permitiria, dali para a frente, a integração de diversas pessoas, culturas, credos e países numa mesma sintonia. A segmentação foi outra forte tendência que, como ocorreu no rádio, atingiu a televisão nos anos de 1970, com o advento das TVs a cabo, as quais serviram como alternativa às redes tradicionais, especialmente com o lançamento, em 1975, da *Home Box Office*, hoje conhecida simplesmente por *HBO*.

No final da década de 1970, começaram as discussões sobre a substituição da televisão analógica pela digital. A nova tecnologia de transmissão de sinal de TV inicialmente se utilizou de métodos da tecnologia analógica, permitindo, aos poucos, a transição. Associada aos conceitos de alta definição, compressão de sinal, *information highway*, a digitalização começou a desenhar a TV do futuro, que hoje já se apresenta como realidade tanto na transmissão como na produção de imagens.

Com a tecnologia cada vez mais acessível, talvez o assunto mais interessante que passou a fazer parte do universo televisivo é o formato de alguns programas. Na última década, a comercialização de novos formatos se tornou um grande negócio internacional. No ar anualmente pela TV Globo, desde

2002, o *Big Brother Brasil* é um dos formatos de sucesso da produtora holandesa de televisão Endemol, especializada em *reality shows*. No entanto, o formato mais lucrativo da emissora é o *Deal or not to deal* (*Topa ou não topa*, no Brasil, exibido pelo SBT), vendido para mais de 100 países. Outros programas de sucesso adaptados para a televisão brasileira nos últimos anos foram o *Fear Factor* (*Hipertensão*) e o *Dancing with the stars* (*Dança dos famosos*).

Outra vendedora de formatos é a produtora FremantleMedia, que detém os direitos dos originais dos programas *American Idol* (*Ídolos*) e *The Apprentice* (*O aprendiz*). Essa concessão de direitos tem se mostrado uma opção tão rentável que a Fremantle instalou uma sede em São Paulo para agilizar as negociações com as emissoras. De olho nos números, a Globo participa desse mercado, exportando programas e quadros criados pela própria emissora. Os pacotes são oferecidos na Natpe (*National Association of Television Program Executives*), uma das maiores feiras de TV do mundo, que acontece anualmente em Las Vegas. Os últimos itens vendidos pela emissora foram o *Lata Velha*, o *Soletrando* e o *Video Game*.

2.3.1 A televisão no Brasil

O Brasil foi o primeiro país da América Latina a ter uma emissora de TV. Assis Chateaubriand, dono dos Diários Associados, fundou em 1950 a TV Tupi, em São Paulo. A programação era veiculada pelo Canal 4 e o primeiro telejornal exibido chamava-se *Imagens do Dia*. No ano seguinte, nasceu a TV Tupi Rio. Se o rádio começou no Brasil com propósitos mais culturais, a televisão teve, desde o início, um formato mais comercial. Em pouquíssimo tempo, tornou-se o principal veículo de campanhas publicitárias das multinacionais. No final do primeiro ano de operação, as verbas publicitárias na televisão já eram muito maiores do que as do rádio.

Apesar de os investimentos crescerem vertiginosamente, a maior parte da programação era "enlatada" – nome popular que se dá para

Capítulo 2

uma programação importada, geralmente composta por seriados policiais americanos de baixo custo e qualidade –, pois a produção local era cara. Os primeiros programas produzidos localmente seguiam o popular modelo radiofônico: eram basicamente programas de auditório, humorísticos e telenovelas*. A telenovela *Sua vida me pertence* inaugurou o gênero na televisão brasileira, no mesmo ano do surgimento desse meio no Brasil. Em 1953, foi lançado na versão televisiva o famoso *Repórter Esso*, que marcou o horário nobre dos telejornais.

Em 27 de setembro de 1953, a TV Record entrou no ar com a exibição de um programa musical. A tecnologia avançada de que a emissora dispunha chamou a atenção da mídia e do público. Fazendo jus ao sucesso de seu lançamento, os musicais continuaram a ser a grande atração nos primeiros anos de programação. O programa da Record que ficou mais popular foi *Grandes Espetáculos União*, apresentado por Blota Jr. e Sandra Amaral. A emissora também produzia telejornais, mas acabou por destacar-se pela programação esportiva.

No governo de Juscelino Kubitschek (1956-1961) foi dado grande incentivo à industrialização de produtos voltados para o consumo de massa, incluindo os aparelhos de TV. "Calculava-se em pouco mais de um milhão os aparelhos de TV em uso no Brasil no início dos anos 1960, evidentemente distribuídos entre as camadas sociais mais abastadas" (Santoro, 1981, p. 135), o que contribuiu para a expansão desse meio de comunicação.

A política de controle da radiodifusão no país foi uma das prioridades do governo seguinte. Quando Jânio Quadros assumiu a presidência, em 1961, diminuiu-se o prazo das concessões de cinco para três anos. Depois de sua renúncia, em agosto do mesmo ano, empresários do setor se uniram e fundaram a Associação Brasileira das Emissoras de Rádio e Televisão (Abert), com o firme propósito de pressionar o governo a dilatar o prazo das concessões para 15 anos.

---

* Primeiramente as novelas eram feitas ao vivo. A partir de 1962, começou a ser usado o videoteipe, ou seja, as imagens passaram a ser gravadas.

Como o rádio, a televisão também começou a ser usada como instrumento político. Carlos Lacerda ficou conhecido como o primeiro político a descobrir as vantagens do meio em campanhas. Em 1955, o governo lançou uma regulamentação sobre a propaganda política pela TV, tentando coibir seu uso para esse fim. No entanto, os generais que assumiram o poder em 1964 logo perceberam que um dos sustentáculos da sua política autoritária era manter o controle das telecomunicações. No período da censura imposta pela ditadura militar, todas as produções do rádio e da televisão eram rigorosamente submetidas a aprovação prévia, com exceção da transmissão de partidas de futebol. Dessa forma, esse esporte foi elevado à condição de principal atração na tela da televisão.

No ano 1965, entrou no ar a TV Globo do Rio de Janeiro. Aos poucos, a Rede Globo de Televisão começou a se formar, com a entrada de mais emissoras, entre elas as de São Paulo, Belo Horizonte, Brasília e Recife. O *Jornal Nacional*, lançado em 1969, marcou o início da transmissão da Globo em rede nacional. Desde então, ela se tornou pioneira no Brasil no setor de telecomunicações, primeiro com as transmissões internacionais, como a Copa do Mundo de Futebol na Inglaterra, em 1966; depois, na cobertura do lançamento da nave espacial Apollo 11, em 1969; e, em seguida, na implantação da TV em cores no país, em 1972. Esse pioneirismo lhe garante a liderança de audiência absoluta até hoje.

Pertencente à família Marinho, a Rede Globo de Televisão conta atualmente com 122 emissoras – 117 delas afiliadas – espalhadas por todo o território nacional, cobrindo 98,44% dos municípios brasileiros. A Central Globo de Produção (CGP), em Jacarepaguá, no Rio de Janeiro, com seus 1,65 milhão de metros quadrados, é o maior centro de produção da América Latina (Gomes, 2010). Em apenas um ano, a Globo grava diversas novelas, minisséries, especiais, *shows*, programas infantis e humorísticos, eventos e telejornais, somando mais de 4.420 horas de produção própria, o que lhe concede o título de *maior produtora de programas televisivos do mundo*. Desde a segunda metade da década de 1970, a Divisão International (DVI) da TV Globo lucra com a venda de programação para o exterior, com ênfase para as telenovelas e as minisséries.

Em 1976, Silvio Santos assumiu a operação do Canal 11 do Rio de Janeiro, denominado TVS, com uma programação de filmes e desenhos, juntamente com o início da produção de um programa apresentado por ele. Em 19 de agosto de 1981, o governo federal deu a Silvio Santos a concessão de mais quatro emissoras da Rede Tupi, dando início ao Sistema Brasileiro de Televisão – SBT. Em apenas um ano, o SBT alcançou participação de 24% no mercado e, na década de 1980, consolidou sua posição de segundo lugar na preferência dos telespectadores, principalmente os de baixa renda, com atrações populares, como programas de auditório apresentados pelo próprio Silvio Santos. Atualmente, essa rede conta com 110 emissoras afiliadas* em todo o Brasil e está presente em 97% dos domicílios com televisão (SBT, 2011).

Hoje, o cenário da televisão brasileira vive um período de mudança. Depois que Edir Macedo Bezerra, empresário e bispo da Igreja Universal do Reino de Deus, adquiriu a Rede Record, na década de 1990, a emissora gradativamente passou a apostar em novos formatos. Aumentou os investimentos em produções próprias e compôs uma programação mais variada. Com isso, a partir de 2000, começou a disputar o segundo lugar da audiência com o SBT, conseguindo finalmente superá-lo no segundo semestre de 2007. A promessa, agora, é disputar o primeiro lugar, um plano ousado, mas não impossível, que os telespectadores brasileiros vão testemunhar nos próximos anos.

Desde o final do século passado, o Brasil é considerado um dos mercados de TV mais promissores do mundo. Em 1998, 92,6% dos lares brasileiros já tinham aparelhos de televisão. Nas classes A e B, 100% desses aparelhos eram em cores; na C, 98% e, nas D e E, 81%. Nas classes A e B, 85% dos domicílios dispunham de dois ou mais televisores em cores e 88% destes eram equipados com controles remotos (Barelli, 1998).

---

* Esses dados são de 2008, podendo sofrer alterações.

Além disso, o Brasil desponta como um mercado promissor de TV por assinatura. Grandes conglomerados da indústria televisiva estrangeira têm ficado de olho nesse mercado brasileiro. A configuração segmentada dos canais da TV paga e os novos formatos possibilitam parcerias na produção de programas e séries. Esse é o caso de *Mandrake*, um seriado exibido na *HBO* e produzido pelo estúdio Conspiração Filmes, com um orçamento de 6,5 milhões de dólares, com base em histórias de um detetive saído da literatura de Rubem Fonseca. Outro exemplo é *Donas de Casa Desesperadas*, uma versão da série americana *Desperate Housewives*. Com direção de Bruno Barreto, a série foi gravada na Argentina, em parceria com a Disney, e contou com elenco brasileiro. Apesar de a investida ser positiva, abrindo portas para um novo cenário de produção de séries televisivas no Brasil e na América Latina, o seriado não emplacou. O motivo apontado é o fato de a produção ter saído idêntica à original: o visual emprestado e o texto eram praticamente os mesmos, e apenas os nomes dos personagens foram adaptados (Susan Mayer, a protagonista da versão americana, por exemplo, passou a se chamar Suzana Mayer na adaptação). O grande problema talvez tenha sido a falta de identidade, pois as histórias retratadas em nada lembraram donas de casa ou famílias brasileiras.

As emissoras de TV aberta também têm se mostrado mais receptivas às produtoras independentes. O *Multishow* (um canal do grupo Globosat) apresenta em sua grade de programação vários programas terceirizados, como o *Cilada*, o *Morando Sozinho* e o *Geleia do Rock*. Outros canais que apostam no formato independente para renovar gêneros são a HBO e o GNT. A própria TV Globo, aos poucos, vem abrindo espaço para produções dessa natureza. Nos últimos anos, diversos títulos foram desenvolvidos fora do núcleo de produção da emissora (o PROJAC): *Som e Fúria* (projetado pela O2 Filmes, de Fernando Meirelles), *Decamerão – A Comédia do Sexo* (com o selo da Casa de Cinema de Porto Alegre) e *As Cariocas* (produzido pela

Capítulo 2

Lereby, de Daniel Filho). É o prenúncio de novos tempos para a produção de séries televisivas no Brasil e na América Latina.

A abertura das comunicações no Brasil começou, formalmente, com a Lei nº 8.977/1995[*], que enquadrou a TV paga como telecomunicações e não como radiodifusão. A NET Brasil, pertencente às Organizações Globo, cresceu 65% em número de assinantes em 2007, totalizando uma base de usuários de 2,47 milhões de domicílios, número 16% mais elevado do que o registrado no ano anterior. O aumento de assinantes com miniparabólicas também tem incrementado esse novo mercado. A Sky, que em julho de 2007 fundiu-se com a DirecTV, alcançou a meta de 1,6 milhão de usuários no final do mesmo ano e teve um crescimento 40% maior do que o apresentado em 2006. A vantagem significativa para o anunciante é que, devido à segmentação, na TV paga é possível identificar com precisão o público-alvo, além de os custos de veiculação serem inferiores.

Apesar de toda a evolução da televisão e do aparecimento de novas modalidades de televisão (aberta, a cabo, *web* TV, por satélite, comunitária, local), o universo da televisão não deixa de ser uma incógnita. Ele nunca se esgota, pois, de tempos em tempos, apresenta algo totalmente inédito e revolucionário. A convergência das tecnologias de telecomunicações e computadores, juntamente com o conceito de TV digital, é a prova disso. Os primeiros aparelhos de alta definição chegaram ao mercado brasileiro em 1998. Hoje, mais de dez anos se passaram e essa conversão total está cada vez mais próxima. O advento da TV digital trouxe mudanças extremas, como a alta definição de imagem e som e a interatividade. Contudo, desde a implantação do sinal digital em todas as capitais do país, ainda existem muitas dúvidas, pois o consumidor, embora saiba que a tecnologia oferece muito mais qualidade, ainda não reconhece as suas vantagens.

Para entendermos melhor, primeiramente é necessário sabermos como funciona essa tecnologia. A TV analógica trabalha com uma escala de *pixels*

---

[*] Para ver essa lei na íntegra, acesse o *site*: <http://www.planalto.gov.br/Ccivil_03/LEIS/L8977.htm>.

de 720×480 e a digital com 1920×1080. Isso proporciona um salto significativo na qualidade de som e imagem. Outra vantagem da TV digital é a possibilidade de ver filmes no formato *widescreen* (o mesmo exibido nas salas de cinema), sem o incômodo de perder resolução ou diminuir a tela devida a imagem panorâmica da TV digital.

É importante ressaltarmos, ainda, que todas essas mudanças não se processam apenas em termos de tecnologias, mas afetam profundamente todo o conceito de criação e produção audiovisual. Este precisa ser revisto e adaptado, a fim de atender à nova demanda, o que envolve questões de direção de câmera e planificação, pois os formatos de captação e transmissão – analógica e digital – são completamente distintos. Nessa perspectiva, as estruturas, do roteiro ao produto final, deixam de ser lineares e passam a ser multifacetadas, de modo semelhante ao que ocorre com o hipertexto da internet. Desde a primeira transmissão, o homem continua a ficar surpreso e encantado diante da tela da televisão, hipnotizado pela magia desse meio de comunicação audiovisual, que aguça os sentidos por meio do som e da imagem.

Síntese

O surgimento dos meios tradicionais de comunicação audiovisual – rádio, cinema e televisão – alterou significativamente o próprio conceito de meio. Até então, o jornal, que era tido como o principal meio de comunicação formal, possuía um caráter meramente informativo. Com o surgimento do rádio e depois do cinema e da televisão, novas possibilidades se abriram e a comunicação passou a configurar também a faceta do entretenimento, bem como adquirir uma importante função social, educativa e cultural.

A princípio, o rádio foi usado como instrumento para coordenar viagens marítimas e auxiliar nas estratégias de guerra; somente mais tarde foi visto como um poderoso meio de comunicação de massa. A rápida proliferação das estações radiofônicas pelo mundo e o fácil

Capítulo 2

alcance fizeram crescer a popularidade desse meio. No Brasil, o início da história do rádio teve estreita ligação com a política, visando à regularização da atividade, bem como do conteúdo divulgado (liberdade de expressão). Apesar do avanço tecnológico e do surgimento de outras mídias mais sofisticadas, o rádio ainda é um meio de comunicação de massa eficiente, com altos índices de audiência. Com a chegada da tecnologia de transmissão digital, o meio passa a dispor de outros recursos acoplados ao áudio, além de uma qualidade de som muito superior em qualquer uma das faixas AM e FM e abrangência maior.

O cinema trouxe algo inusitado e ao mesmo tempo assustador: a capacidade de apresentar a realidade, ou a "impressão de realidade", em diferentes tempos e lugares. Sua linguagem subliminar permite várias interpretações, alterando a forma de percebermos o mundo ao redor. Foi um caso de "amor à primeira vista". De cara, o público se apaixonou pelo cinema, que, até os dias atuais, é considerado o meio de comunicação mais sofisticado e atraente, levando milhares de espectadores para as salas de cinema em todo o mundo. Apesar de ter surgido na Europa, foi nos Estados Unidos que o cinema construiu as bases do seu esplendor, mais especificamente em Hollywood, onde está concentrado o maior polo mundial de estúdios cinematográficos. Porém, em termos de volume de produção, a Índia é o país que mais se destaca.

A história do cinema no Brasil oscila entre períodos de prosperidade e decadência. A produção nacional nunca alcançou o reconhecimento esperado do público. Não se pode atestar que isso seja merecido, uma vez que houve momentos de glória com a Atlântida Cinematográfica e a Vera Cruz, ainda, como algumas leis de incentivo que propiciaram um incremento na produção cinematográfica nacional. No entanto, essas medidas não implicaram necessariamente maior qualidade da produção, não sendo bem sucedidas na maioria das vezes. No final do século passado, a esperança ressurgiu para o cinema nacional, que vislumbrou o cobiçado Oscar pela primeira vez com *Central do Brasil* (1998) e mais tarde com *Cidade de Deus* (2002). Nenhum deles trouxe a estatueta para casa, mas contribuíram para criar um ambiente novo nesse cenário, fazendo ressurgir o interesse pelo cinema nacional por parte do público. *Tropa de Elite*, nas duas produções, a primeira em 2007 e a segunda em 2010, foi um grande sucesso de bilheteria.

Logo de início a televisão despertou o ciúme do cinema, fosse pela sua capacidade de entrar na casa das pessoas e fazer parte das suas vidas de maneira incontestável, fosse pela sua "simplicidade", pois, em termos de artefatos tecnológicos, a produção televisiva era muito menos sofisticada que a cinematográfica. Entretanto, era muito mais ágil. Por um período, os estúdios cinematográficos tentaram boicotar a televisão, não permitindo a liberação dos filmes para exibição no novo meio; contudo, isso só serviu para impulsionar a produção televisiva, que se tornou cada vez mais diversificada, conquistando definitivamente o público. A primeira transmissão via satélite aconteceu em 1962 e foi um marco na história da comunicação. Atualmente, os "formatos" de programas constituem uma moeda de troca poderosa na produção televisiva mundial.

Com a fundação da TV Tupi, em 1950, o Brasil ocupou a primeira posição do ranking entre os países da América Latina a terem uma emissora de TV. Se o rádio, no início, tinha um formato mais cultural, a televisão, desde o princípio, apresentou um formato mais comercial. Em pouco tempo, tornou-se o principal veículo de propaganda do país, com verbas publicitárias vultosas. A princípio, a programação da TV buscou inspiração no rádio, reproduzindo os programas de auditório, humorísticos e telenovelas. Como o rádio, a televisão passou a servir de instrumento político, além de vir a sofrer forte repressão durante o período da censura imposta pela ditadura militar. Em 1965, a TV Globo passou a operar na cidade do Rio de Janeiro, marcando o início da formação de uma das maiores redes de televisão do mundo, além de lhe serem conferidos importantes créditos na área de produção televisiva. A vocação do Brasil para esse meio é inegável, figura entre os mercados mais promissores do mundo, incluindo mais recentemente o segmento de TV por assinatura.

Em relação à TV digital, os primeiros aparelhos de alta definição chegaram ao mercado brasileiro em 1998 e, apesar de terem se passado

Capítulo 2

mais de dez anos, a sua implantação ainda não foi consumada. Porém, os processos de captação e transmissão de imagens vêm sofrendo drásticas mudanças para se adaptarem às exigências da tecnologia.

Questões para revisão

1) Da exibição no Grand Café Boulevard às inovações tecnológicas do novo século (principalmente nas últimas duas décadas), o modo de ver cinema passou por diversas adaptações. Hoje, um filme pode ser visto por qualquer pessoa por meio de diversas plataformas: cinema (a clássica), televisão (aberta ou a cabo), aparelho de DVD ou *blu-ray*, no computador, *notebook*, celular ou diretamente na *web*, via *sites* de *streamings on-line*. Você acredita que a definição pura de *cinema* ainda permanece ao se assistir a um filme numa dessas novas plataformas que não seja a sala escura? O estado de cinema* ainda resiste nessa experiência? Em que grau?

2) Considerado o meio mais democrático e prático do século passado, o rádio tem, como uma de suas características principais, a instantaneidade, ou seja, o *feedback* imediato. Atualmente, essa mídia popular se utiliza também de recursos tecnológicos e da linguagem interativa. Com isso, esse meio pode continuar em renovação e destaque em meio à sociedade moderna? Por quê?

3) Desde a descoberta do selênio até a tecnologia HDTV utilizada atualmente, qo que mudou em relação à captação e à transmissão analógica e digital da televisão?

---

* Hugo Mauerhofer cunhou a expressão *estado de cinema* para designar a imersão do inconsciente na falsa realidade do cinema. O autor propõe o uso da expressão quando uma pessoa penetra num ambiente diferente de seu habitat cotidiano. Na sala de cinema, tudo escurece e imagens começam a surgir. Estas incidem sem amarras lógicas ou cronologia real, envolvendo o espectador até o fim da projeção (Pereira, 2011).

4) Assinale com (V) as alternativas verdadeiras e com (F) as falsas.
( ) Henry Morize é considerado o pai do rádio brasileiro por ser fundador da primeira estação de rádio nacional, a Rádio Sociedade do Rio de Janeiro, em 1923.
( ) A televisão, mais do que qualquer outro meio, por sua incrível capacidade de levar informação, entretenimento e cultura, é uma forma de experiência da realidade para o espectador.
( ) A câmara escura foi o primeiro aparelho criado com a intenção de projetar imagens.
( ) A transmissão de voz através do espaço só foi possível por meio de ondas eletromagnéticas.
( ) No Brasil, os primeiros filmes feitos com roteiros foram baseados em crimes divulgados na imprensa da época e o modo como as reconstituições eram feitas ficou conhecido pelo nome de *posados*.

Agora, assinale a alternativa que indica a sequência correta.
a) F, V, V, V, V.
b) F, V, F, V, V.
c) V, F, V, V, V.
d) F, F, V, V, F.
e) F, F, V, V, V.

5) Assinale com (V) as alternativas verdadeiras e com (F) as falsas.

A Era do Rádio foi um período assim denominado em função das:
( ) da rápida proliferação de emissoras radiofônicas mundo afora.
( ) dos programas criativos apresentados nas rádios.
( ) da grande aceitação popular desse meio.

( ) da importante função social, educativa e cultural desempenhada.
( ) da estratégia de comercialização do meio.

Agora, assinale a alternativa que indica a sequência correta:
a) V, F, V, F, F.
b) V, F, V, V, F.
c) V, F, F, V, F.
d) F, F, V, V, F.
e) V, V, V, V, F.

6) Assinale com (V) as alternativas verdadeiras e com (F) as falsas.

A produção cinematográfica brasileira, no final dos anos 1960, ficou conhecida como *Cinema Marginal*, pelo modo radical com que retratava os temas:
( ) por causa da repressão militar vivida desde o golpe militar de 1964.
( ) pela densidade dos temas tratados.
( ) por copiar o modelo das produções americanas da época.
( ) porque criticava abertamente a soberania americana no mercado cinematográfico brasileiro.
( ) pela radicalidade com que eram tratados os temas.

Agora, assinale a alternativa que indica a sequência correta.
a) V, F, F, V, V.
b) V, V, F, V, V.
c) V, F, V, F, V.
d) V, F, V, V, V.
e) V, F, F, V, F.

7) Assinale com (V) as alternativas verdadeiras e com (F) as falsas.

Inicialmente, a indústria cinematográfica se posicionou contra a televisão porque:

( ) se sentia ameaçada pelas verbas publicitárias existentes na televisão.
( ) temia perder público para a televisão. Por isso, após 1948, os filmes produzidos para o cinema tinham cláusulas nos seus contratos que proibiam sua liberação para a televisão.
( ) a produção televisiva é mais barata do que a produção cinematográfica.
( ) exibir os mesmos filmes no cinema e na televisão poderia tirar o brilho da produção cinematográfica.
( ) queria garantir bilheteria.

Agora, assinale a alternativa que indica a sequência correta:
a) F, V, V, V, F.
b) F, V, F, V, F.
c) V, F, V, F, V.
d) F, V, V, F, V.
e) V, V, F, F, V.

Nas questões a seguir, assinale a alternativa que corresponde à respectiva descrição dos três meios de comunicação examinados neste capítulo.

8) É o meio mais instigante desenvolvido pelo homem para se comunicar, uma vez que permite várias interpretações, dependendo da maneira como os elementos são estruturados:
a) Rádio.
b) Televisão.
c) Cinema.
d) Jornal.
e) Internet.

9) O princípio da transmissão de imagens consiste na incidência da luz sobre esse elemento e produz uma corrente elétrica.

a) Rádio.
b) Televisão.
c) Cinema.
d) Jornal.
e) Internet.

10) Esse meio suplantou o telégrafo na transmissão de mensagens.
a) Rádio.
b) Televisão.
c) Cinema.
d) Jornal.
e) Internet.

Para saber mais

Desde sua disseminação e aceitação como um dos meios de comunicação de massa mais eficientes, o rádio pautou a sua história na disseminação da informação e na divulgação de produtos, principalmente do varejo. Atualmente, essa mídia vem sendo repaginada, deixando de ser apenas um veículo e passando a ser, também, um produto. Um exemplo dessa transição é a *Rádio Oi*. A sacada de comunicação da empresa de telefonia foi o lançamento de uma rádio *web* exclusiva, que em algumas capitais também funciona na frequência FM, o que elevou a imagem e a popularidade da marca. Com o *slogan* "Livre, plural e interativa", a rádio foi criada para atender aos gostos de um público amplo, pois toca vários gêneros musicais. Porém, ao mesmo tempo, consegue atuar de forma segmentada, na medida em que o ouvinte participa de várias maneiras da programação e é livre para baixar músicas, criar um *playlist*, receber o conteúdo e as músicas em seu celular, além de dedicar a música que está tocando em tempo real para um amigo via SMS, entre outros recursos. A Rádio Oi pode ser acessada pelo *site* oficial.

    RÁDIO OI. Disponível em: <www.oifm.com.br>. Acesso em: 13 set. 2011.

Além disso, dentro da temática vista neste capítulo, indicamos as seguintes leituras:

MORAIS, F. Chatô: o rei do Brasil. São Paulo: Companhia das Letras, 1994.

SOBRINHO, J. B. de O. 50 anos de TV no Brasil. São Paulo: Globo, 2000.

capítulo 3
História da propaganda

Conteúdos do capítulo:
- História da propaganda;
- Desenvolvimento da propaganda no mundo e no Brasil;
- Produção publicitária para os meios específicos;
- Atividade da propaganda.

Após o estudo deste capítulo, você será capaz de:
- analisar a história da propaganda e o conceito intrínseco a ela, fundamentado na necessidade do homem de trocar mercadorias, presente desde os primeiros tempos da humanidade;
- relacionar os conceitos e a interdependência entre produção em massa, economia de escala, consumo em massa e, consequentemente, comunicação de massa, que resultou na atividade da propaganda;
- examinar os eventos atrelados ao desenvolvimento da propaganda como atividade formal;
- verificar o início da propaganda no Brasil e as relações existentes entre os diversos meios de comunicação e a produção publicitária no país;
- conferir como o Brasil se destaca desde a década de 1970 entre os países mais criativos da propaganda mundial;
- identificar os atores principais dessa atividade visionária e inovadora, focada na competitividade do mercado, e entender os papéis que cada um desempenha;
- ver como as agências se adaptam para atender às exigências de criação e produção para internet.

Capítulo 3

3.1 O surgimento da propaganda

O desenvolvimento da tecnologia industrial, que permitiu a produção em massa, fez com que as empresas começassem a se preocupar com vendas e distribuição. Elas precisavam encontrar uma maneira mais rápida de escoar sua produção e aumentar seus lucros. A propaganda nasceu, portanto, da necessidade de concretização de uma economia em escala, visando ao consumo em massa. Mas, vista da ótica da comunicação, em que significa, segundo alguns historiadores, "tornar uma informação comum", ela surgiu bem antes, desde o momento em que os homens precisaram trocar entre si bens que possuíam.

Apesar dessa suposição poética, segundo relata o autor inglês Henry Sampson, em seu livro *A History of Advertising from The Earliest Times: Illustrated by Anecdotes, Curious Specimens and Biographical Notes* (1874), na história da propaganda, consta que provavelmente o primeiro anúncio tenha sido feito pelos egípcios. Essa informação tem por base um fragmento de papiro, datado do ano 1000 a.C. e conservado no Museu de Londres, que relata a fuga de um escravo e oferece uma recompensa para quem o encontrar.

Segundo o mesmo autor, como a oralidade predominava nas primeiras civilizações, os grandes oradores poderiam ser considerados os garotos-propaganda da época. Temos registro de que os oradores gregos, pela sua facilidade de persuasão, eram pagos para fazer discursos com objetivos políticos e apresentar mercadorias e serviços nos eventos públicos. Em Roma, havia os pregoeiros, que costumavam anunciar produtos nas dependências do fórum romano. Os romanos também usavam painéis com informações sobre as lutas de gladiadores e alguns reclames, possivelmente de "patrocinadores" do evento. Na mesma linha dos oradores dos tempos antigos, existia, na Inglaterra, a figura do arauto, que, além de ser um porta-voz do governo, divulgando notícias e apregoando doutrinas políticas, também era responsável por anunciar alguns produtos comerciais.

É importante ressaltarmos que a história da propaganda foi inicialmente levantada por autores ingleses, que destacavam alguns eventos e circunstâncias históricas ocorridos na Inglaterra como indícios de propaganda. Entre eles, citavam, por exemplo, a bandeira hasteada nas casas de teatro para anunciar o dia de espetáculo durante o reinado de Elizabeth I. Outro indício era uma espécie de propaganda externa, comum na Inglaterra da época, em que se usavam símbolos para determinar o tipo de comércio de algumas casas, como uma peruca para identificar a barbearia e uma cabeça de boi para o açougue. Alguns desses historiadores chegaram a considerar que nesses símbolos e emblemas estava a origem do que hoje identificamos como *marca*.

Apesar do aspecto curioso de todos esses dados, a propaganda, como atividade racional, que utiliza uma metodologia, começou a se constituir a partir da criação da Congregatio Propaganda Fide (Congregação para a Propagação da Fé), em 1622, estabelecida pelo Papa Gregório XV – a palavra *propaganda* origina-se do latim e significa "propagação", com o sentido de semeadura. A finalidade dessa congregação era divulgar o cristianismo e angariar fiéis, por meio de um conjunto de métodos bem definidos, com a intenção de

Capítulo 3

alcançar algum resultado. Dessa forma, a criação dessa congregação significou um marco da propaganda, pelo surgimento de uma metodologia, um conjunto de técnicas de persuasão, visando a um fim específico.

Aos poucos, por volta do século XVIII, acompanhando o surgimento dos jornais impressos, começaram a aparecer, além dos editoriais com finalidades políticas e culturais, alguns pequenos anúncios, quase sem destaque, nos cantos das páginas. A nova fonte de receita foi imediatamente aceita e iniciou-se, então, o mecanismo que existe até hoje, ou seja, anunciantes pagam por um espaço no jornal para divulgarem seus produtos e, de certa forma, contribuem para manter o próprio jornal.

Antes disso, alguns outros eventos foram responsáveis pela construção da propaganda como atividade formal, merecendo destaque em uma linha do tempo. Em 1661, surgiram as primeiras marcas registradas, de dentifrícios; em 1682, foi publicado o primeiro guia de compras de Londres e, em 1729, Benjamim Franklin publicou, nos Estados Unidos, a primeira edição do jornal Gazette, que décadas depois alcançou a maior circulação e volume de propaganda na América colonial, conferindo a Franklin o título de *pai da propaganda americana*. (Bertomeu, 2006)

A evolução dos meios tornou-se contínua e, com ela, surgiram os primeiros cartazes murais, inicialmente na França, onde eram impressos pelo processo litográfico e assinados por artistas renomados, como Toulose-Lautrec e Chéret, na segunda metade do século XIX. Nos EUA, esses cartazes tornaram-se um importante veículo publicitário. Mais tarde, com a invenção da lâmpada incandescente por Thomas Edison, a publicidade passou a dispor de mais um novo veículo: os luminosos.

Em 1864, foi inaugurada a primeira agência de propaganda, a J. Walter Thompson, que viria a ser, por muitas décadas, a maior agência do mundo. Com a Revolução Industrial, em virtude da produção em massa, foi necessária a ampliação do mercado consumidor e a publicidade ganhou um grande impulso. Novos meios de comunicação surgiram logo no começo do século XX. As revistas norte-americanas, francesas e inglesas rapidamente se tornaram um importante veículo publicitário e, com a chegada do rádio, o número de anunciantes aumentou, devido à facilidade e à agilidade que o meio proporcionava. Apesar dos avanços, a Liga Nacional dos Consumidores nos Estados Unidos, criada em 1916, atacava ferozmente a propaganda, chegando a publicar uma lista de fabricantes que tinham bons anúncios e os que tinham anúncios não recomendados. A propaganda ainda não era uma atividade bem-vista pelos consumidores. Na verdade, essa má impressão era consequência das primeiras iniciativas nessa área, uma vez que a princípio as lojas davam prioridade à divulgação de produtos que estavam encalhados.

Durante a Primeira Guerra Mundial (1914-1918), a propaganda comercial estacionou e era mais usada para incentivar o alistamento e a conservação de energia. Assim que a guerra terminou, intensificaram-se novamente os gastos em propaganda, e os anúncios veiculados nos Estados Unidos focavam-se no conceito de *good life*. A Ford Motor Company produziu milhares de carros em 1928 e usou muito a propaganda para vendê-los. Isso acabou incentivando outras empresas a fazerem o mesmo. Dessa forma, houve um superaquecimento no mercado publicitário americano e os protestos diminuíram por um tempo.

> Não bastava somente informar os atributos do produto. A informação precisava vir acompanhada de uma "ideia", capaz de envolver as pessoas, levando-as a mudar de atitude e de pensamento e de influenciar o seu modo de vida.

Com o *Crash* da Bolsa de Nova York, em 1929, os gastos com propaganda nos Estados Unidos caíram abruptamente e o encolhimento dos investimentos forçou um retrocesso na atividade. Aproveitando-se da vulnerabilidade do momento, os ataques contra a propaganda intensificaram-se novamente e, no início da década de 1930, diversos livros foram lançados, hostilizando-a ainda mais.

Foi na Segunda Guerra Mundial (1939-1945) que a propaganda com fins ideológicos começou a se diferenciar da propaganda comercial. Joseph Goebbels, principal responsável pela comunicação do *Führer*, trouxe inovações para a comunicação de massa, desenvolvendo diversas técnicas de persuasão, que incluíam técnicas de discurso e recursos de artes cênicas para que Adolf Hitler ficasse convincente,

Capítulo 3

além de usar diversos recursos propagandísticos, como panfletos, cartazes e a criação de um símbolo marcante que servia de identidade visual.

No período do pós-guerra, com o crescimento da economia, a propaganda comercial cresceu em importância. Além disso, tornou-se uma atividade de fins profissionais e voltada para a estratégia. Começou a tomar ares de grande negócio, não só para quem a usava, mas também para quem a fazia. Em consequência disso, agências se proliferaram por toda a Europa e Estados Unidos e, com elas, surgiram também novas técnicas, cada vez mais eficientes, e principiaram-se manifestações estéticas no universo publicitário.

A chegada da televisão requisitou novos formatos de criação. As mensagens deveriam ser adequadas à linguagem do meio, precisavam explorar o melhor de suas características para encantar o público. Não bastava somente informar os atributos do produto. A informação precisava vir acompanhada de uma "ideia", capaz de envolver as pessoas, levando-as a mudar de atitude e de pensamento e de influenciar o seu modo de vida.

Convém diferenciarmos, nesse momento, as denominações *publicidade* e *propaganda*. Reunindo as definições mais comuns, podemos resumir a *publicidade* como a arte de despertar, no público, o desejo de aquisição de um produto, conquistando, aumentando ou mantendo clientes, mas sempre com o objetivo de levá-los à ação de comprar. Essa definição destaca o objetivo comercial, ou seja, o lucro. Sendo assim, a publicidade reforça os sentimentos de prazer, conforto, beleza, poder e até o instinto de conservação. *Propaganda*, por sua vez, em uma definição simples, pode ser entendida como a propagação de ideias sem finalidade comercial. Apela para os sentimentos nobres do homem, mexendo com seus valores morais e éticos, visando sempre promover a imagem de um determinado sistema ideológico (político, social ou econômico). Na prática, os dois nomes – *publicidade* e *propaganda* – acabam sendo, muitas vezes, usados indistintamente. Historicamente, o termo *propaganda* surgiu muito antes que o termo *publicidade* e, no início, era usado em ambas as acepções. Somente muito tempo depois, com a profissionalização da atividade, é que diferença entre esses termos passou a ter um peso maior. Além disso, o termo *publicidade* também é corriqueiramente substituído por *propaganda comercial*.

3.1.1 A propaganda no Brasil

Como no restante do mundo, a história da propaganda no Brasil está atrelada a alguns eventos e, principalmente, à origem dos meios de comunicação. A primeira forma de propaganda usada no país foi o anúncio de jornal, que apareceu logo no exemplar número 1 do primeiro jornal oficialmente publicado no Brasil, a *Gazeta do Rio de Janeiro*, em 1808. O anúncio descrito era basicamente composto de texto, com uma linguagem formal, reproduzindo os modos de tratamento da época: "Quem quiser comprar uma morada de casas de sobrado com frente para Santa Rita fale com Ana Joaquina da Silva que mora nas mesmas casas ou com o Capitão Francisco Pereira de Mesquita que tem ordem para as vender" (Ramos; Marcondes, 1995).

Ainda no século XIX, encontravam-se anúncios de todo tipo nos jornais: de imóveis, artigos importados, guarda-chuvas, remédios, bebidas, livros, móveis, festas, teatros, da venda de um navio, de escravos, de serviços de professores de línguas, entre outros.

Aos poucos, o volume de anúncios foi se tornando tão significativo que, em 1821, surgiu um novo jornal carioca, que se autodenominou *um jornal de anúncios*, o *Diário do Rio de Janeiro*. Em 1827, foi a vez de o *Jornal do Commercio* se apresentar ao público como folha "exclusivamente dedicada aos Senhores Negociantes". Uma curiosidade eram os anúncios escritos em inglês, francês ou alemão, bastante comuns na época, devido à grande influência dos imigrantes dessas nacionalidades no Rio de Janeiro.

Nas décadas seguintes, o comércio cresceu, tornou-se heterogêneo, e a publicidade, por meio dos classificados, aumentou em volume na mesma proporção. Mas só por volta de 1860 as formas de anúncio começaram a variar. O primeiro cartaz apareceu no Rio de Janeiro e divulgava o lançamento da revista *Semana Ilustrada*. Ao mesmo tempo, espalhavam-se panfletos e painéis pintados. Em seguida, foi a vez dos almanaques. Mas, mesmo com a mudança de formatos, as mensagens continuavam sem apelo, mais informativas do que persuasivas.

Capítulo 3

Orígenes Lessa, em seu famoso estudo *São Paulo de 1868: retrato de uma cidade através dos anúncios de jornal*, observa que "o anunciante não argumentava, informava" e considera que "não havia a preocupação do texto, em geral os anúncios não tinham título, ou davam simplesmente menção do produto" (Lessa, 1953). E, se tinham títulos, eram óbvios e repetitivos, como "Atenção, muita atenção! Aviso!".

Em 1º de maio de 1896, o jornal *A Bruxa* causou impacto, exibindo sete anúncios na sua última página, com dimensões variadas e com textos e desenhos de Julião Machado, um caricaturista que veio a desempenhar um importante papel na publicidade brasileira. A partir daí, outros ilustradores de peso, como Bambino, Belmiro de Almeida e K. Lixto, além de Julião Machado, passaram a assinar diversos anúncios de *O Mercúrio*, jornal que era impresso em duas cores. Podemos dizer que esse foi um movimento artístico pioneiro no campo da propaganda impressa no Brasil.

Os pasquins merecem também ser comentados, por terem representado uma ruptura em termos de linguagem. Com um estilo que tinha como características o gosto pelo popular e o uso da linguagem coloquial, seguindo uma linha descontraída e irreverente, acabaram por influenciar a propaganda da época, que começou a usar um vocabulário mais informal. Assim, a rima e o humor ganharam as linhas. Brincar com as palavras passou a ser um atrativo nos textos publicitários, o que acabou sendo um chamariz para atrair para o meio publicitário nomes como Olavo Bilac, Emílio de Meneses, Hermes Fontes, Basílio Viana e Bastos Tigre.

Se os jornais marcaram o período anterior, no início do século XX, a imprensa teve relevo nas revistas. Semanais e ilustradas, elas trouxeram uma nova atmosfera, promovida pelas crônicas sociais, charges e sonetos. A primeira foi a *Revista da Semana*, lançada em 1900. Logo depois, vieram *O Malho* (1902), *Fon-Fon* (1907) e *A Careta* (1908). O tom generalista e a pouca preocupação literária das publicações acabaram refletindo nos anúncios, que ficaram ainda mais descontraídos.

Outra novidade que surgiu com as revistas foi o aprimoramento da composição dos elementos nos anúncios, que ficaram esteticamente mais bem distribuídos. Essa mudança contribuiu para que ganhassem notoriedade na mídia.

A *Revista Arara*, em formato pouco menor do que um tabloide e com desenhos chamativos, mostrava anúncios de página inteira, sempre nas duas primeiras e nas duas últimas páginas. A penúltima página era dividida em vários anúncios, de menor tamanho. A *Cri-Cri*, semanário de atualidades, introduziu, em 1908, anúncios regionais e nacionais. As suas edições apresentavam páginas separadas para os anúncios dirigidos aos paulistanos e para os dirigidos a todo o país.

Pouco a pouco, as propagandas ficaram mais criativas, irreverentes e imprevisíveis, devido, principalmente, à contratação de poetas e ilustradores para elaborá-las. Começou-se, também, a usar "personalidades" nos anúncios, e figuras como Afonso Pena (apresentando-se como um entusiasta do Bazar Japão) e o Barão do Rio Branco (divulgando alguns produtos alimentícios, devido à sua aparência gorda e saudável) apareciam em caricaturas ilustradas nas páginas das revistas por volta de 1909. Até Rui Barbosa serviu de garoto-propaganda. Olavo Bilac criou uma quadrinha famosa: "Aviso a quem é fumante/ Tanto o Príncipe de Gales/Como o Dr. Campos Sales/Usa Fósforos Brilhante." A tendência dos testemunhais predominou de 1909 a 1918 e ninguém sabe ao certo se essas personalidades ganhavam cachê ou algum outro tipo de comissão por deixarem usar a sua imagem.

A produção publicitária desse período era realizada pelos próprios jornais ou revistas. Só em 1913 foi fundada a Eclética, a primeira agência de propaganda do país. Ela atendia a clientes importantes da época, incluindo a Ford, conta que só veio a perder no dia em que a então agência norte-americana da empresa, a N. W. Ayer & Son, instalou-se no Brasil. Foi no período da Primeira Guerra Mundial (1914-1918) que, apesar das dificuldades, o setor apresentou um progresso significativo. Após a guerra, eram cinco agências funcionando em São Paulo: a Eclética, a Pettinati, a Edanée, a de Valentim Haris e a de Pedro Didier e Antônio Vaudagnoti.

A sobreposição de linguagens, da informativa à mais enfática, marcou a história da propaganda até por volta de 1919, quando se começa a perceber uma sofisticação do estilo e o início da elaboração

Capítulo 3

de uma linguagem publicitária própria. Segundo Ramos e Marcondes (1995), podemos perceber essa mudança nos anúncios da Bayer veiculados em 1921, que se destacaram pela linguagem metafórica e pelas ilustrações fora do padrão convencional: "Não há nada que possa derreter a neve eterna dos Andes, não há nada que possa substituir os comprimidos Bayer de Aspirina" e "As pirâmides do Egito são únicas e insuperáveis, os comprimidos Bayer de Aspirina são únicos e insubstituíveis" ou ainda "Como a bússola marca o caminho seguro a quem navega, os comprimidos Bayer de Aspirina...". À medida que a Bayer lançava novos produtos, os anúncios da empresa ficavam mais instigantes e persuasivos, indicando os vários estágios pelos quais foi passando a publicidade brasileira. No entanto, não existe registro de quem fazia esses anúncios, mas é de se pressupor que o cliente mantivesse o seu próprio departamento interno de publicidade, uma prática que se tornaria comum, uma década depois, entre grandes anunciantes. Esses departamentos eram chamados de *houses* e eram uma espécie de agência de propaganda que funcionava internamente nas empresas.

Em 1922, o rádio chegou ao Rio de Janeiro e, em 1924, a São Paulo. Os anunciantes ficaram, então, de olho na nova mídia. A princípio, como a prioridade do meio era ser uma fonte de divulgação cultural e educativa, algumas rádios não aceitavam anúncios, alegando que não queriam sofrer influência comercial nem política. No entanto, os ouvintes aumentavam em número e exigiam programas com maior tempo de duração e qualidade, ficando difícil para as rádios manterem a produção com recursos próprios. Tornou-se quase impossível manter uma estação no ar sem a captação de recursos financeiros externos. Havia dois caminhos: cobrar do ouvinte uma taxa ou permitir anúncios mediante pagamento, como já era praxe nas rádios dos Estados Unidos. Optou-se pela segunda opção, com algumas restrições quanto ao tipo de publicidade permitida.

Em 1927, as agências norte-americanas Ayer e Thompson chegaram ao Brasil, contribuindo para mudar o cenário da propaganda nacional com suas criações e técnicas inovadoras. O número de lançamento da revista *O Cruzeiro*, em 10 de novembro de 1928, reflete bem a transição entre o tradicionalismo e a modernidade nos diversos estilos de anúncios dirigidos aos mais diferentes públicos.

As próximas décadas foram de prosperidade para o setor. Com a chegada da televisão, em 1950, a programação das emissoras, a exemplo da do rádio, também precisava ser custeada. Os primeiros comerciais de TV eram realizados ao vivo, pelas estrelas do *show business* ou das telenovelas, que exibiam os produtos, destacando suas utilidades e diferenciais. Um ar de improviso se sobressaía. Mas à medida que o meio evoluía, a propaganda foi tecnicamente acompanhando-o e adaptando formatos. Desde a década de 1970, o Brasil se destaca entre os países mais criativos da propaganda mundial. A propaganda brasileira tem sido uma das mais premiadas em festivais internacionais importantes, como Cannes Lions, Clio, Festival de Londres, One Show, Festival de New York e El Ojo de Iberoamerica, fazendo com que nossos profissionais e agências sejam conceituados, reconhecidos e respeitados fora do país. O Brasil é o sétimo maior mercado de publicidade no mundo e, só em 2010, movimentou 12,9 bilhões de dólares. De acordo com o levantamento feito pela consultoria ZenithOptimedia, o mercado brasileiro de publicidade deve crescer 15,4% ao ano até 2013 (Indicador Brasil, 2011).

> Os primeiros comerciais de TV eram realizados ao vivo, pelas estrelas do show business ou das telenovelas, que exibiam os produtos, destacando suas utilidades e diferenciais.

O grande aquecimento da economia brasileira nos últimos anos tem um protagonista: a classe C, que vem ganhando espaço cada vez maior na pirâmide social. Segundo a pesquisa Observador 2011, encomendada pela Cetelem BGN à Ipsos Public, 101,65 milhões de brasileiros passaram a fazer parte dessa classe social, representando 53% da população nacional na atualidade (G1, 2011).

Esse movimento social impacta em todas as esferas e, principalmente, no mercado de consumo. É fundamental conhecer o perfil desses consumidores: seus gostos, preferências, hábitos de consumo, entre outras particularidades.

Gráfico 3.1 – Pirâmide social brasileira
(em porcentagem por classe social)

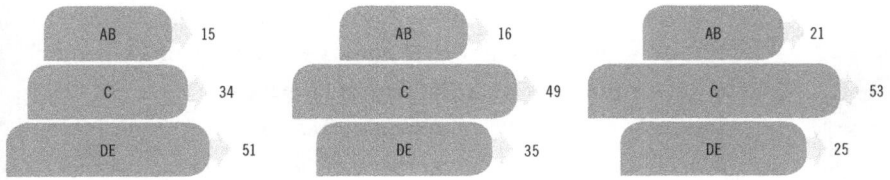

AB	15	AB	16	AB	21
C	34	C	49	C	53
DE	51	DE	35	DE	25

Fonte: Cetelem, citado por G1, 2011.

3.2 O trabalho com a propaganda

A industrialização e a urbanização das sociedades, somadas à evolução dos meios de comunicação, alavancaram a propaganda, que comprovou historicamente sua eficiência. Novos métodos, técnicas e linguagens foram sendo aprimorados até que ela se tornasse indispensável. Poucas atividades podem contribuir de forma tão decisiva para o sucesso nos negócios. No Brasil e no mundo, a propaganda é uma atividade visionária e inovadora, sempre focada na competitividade do mercado. A diversidade de peças publicitárias de que o anunciante dispõe, hoje, para alcançar o seu consumidor é enorme. A exemplo de qualquer ramo comercial, a propaganda apresenta divisões estratégicas e hierárquicas para obter um desempenho e uma capacidade de resposta parecida com a de qualquer segmento industrial. Em geral, essa atividade apresenta uma organização semelhante em qualquer lugar do mundo, dividindo-se em três categorias: anunciantes, agências de propaganda e veículos.

- Anunciante: é o industrial ou comerciante que necessita de publicidade ou propaganda para atingir suas metas comerciais e construir sua imagem. Para isso, ele pode contar com um profissional de *marketing*, especialista nessa área, em seu quadro de colaboradores. Esse profissional deve conhecer bem os objetivos comerciais da empresa, pois tem a missão de estabelecer um planejamento de *marketing*, no qual precisa descrever um programa de ações de comunicação, administrar o orçamento destinado à propaganda e compartilhar essas informações com a agência responsável pela conta. De forma geral, esse profissional, ou alguém ligado diretamente a ele, acompanha o desenvolvimento do trabalho feito pela agência.

- **Agência de propaganda**: tem a responsabilidade sobre a concepção, a execução e o controle de todas as ações de divulgação da marca e/ou produtos e serviços da empresa. Para isso, vários especialistas integram seu quadro: atendimento, diretor de criação, redator, diretor de arte, mídia, produtor gráfico e eletrônico (RTVC). Dependendo do porte da agência, o número desses profissionais aumenta, constituindo grupos de contas.

- **Veículos**: além das mídias convencionais – jornal, revista, *outdoor*, rádio e televisão –, estão surgindo dezenas de novas mídias, incluindo as digitais, que atingem o consumidor com cada vez mais eficiência. A convergência das tecnologias está possibilitando uma experiência virtual bem próxima da realidade. Anúncios em 3D exibidos em monitores com telas *touchscreen* são elaborados para promover a interação com o produto. A interface desse tipo de comunicação com o cliente permite até detectar, por meio das expressões corporais e faciais do usuário diante da tela, se ele está gostando ou não do anúncio, servindo como uma pesquisa instantânea de *recall*. É claro que esta ainda não é uma mídia comum. Porém, quem é capaz de duvidar que em pouco tempo não esteja espalhada por diversos lugares públicos e cada um de nós possa interagir com ela? O mundo *on-line* de cenários virtuais e interface entre homem e computador é a previsão mais certa do futuro, até mesmo para a área da propaganda, na qual a comunicação audiovisual se torna cada vez mais o objeto em questão.

Capítulo 3

O advento da internet mexeu com todas as estruturas, alterando, inclusive, a forma de fazer e prover conteúdos. No meio de tantas mudanças, as tradicionais agências de propaganda tiveram de se adaptar e algumas passaram a ter um departamento dedicado exclusivamente a essa mídia. Outras nasceram com esse conceito. São as chamadas *agências web*, cuja principal missão é cuidar da imagem do cliente em todas as esferas da comunicação da marca na internet, por meio da criação e manutenção de *websites*, programação e gestão de conteúdos, *netmarketing*, redes sociais e tudo o mais que a net envolva. A divulgação na *web* exige formato próprio, interatividade, flexibilidade e agilidade, portanto a criação deve ter atributos dessa natureza.

Síntese

A propaganda como atividade formal repercutiu durante a Revolução Industrial, que, devido a uma produção em massa decorrente de uma economia de escala, necessitou promover o consumo em massa, e a única forma de uma resposta rápida seria estabelecer também uma comunicação de massa. Porém, adotando uma visão mais romântica e historiada, podemos considerar que a propaganda faz parte das nossas vidas desde os primórdios, quando os homens sentiram necessidade de trocar entre si bens para garantir sua subsistência. Porém, do ponto de vista de atividade racional, fundamentada num método, a propaganda foi constituída a partir da criação da *Congregatio Propaganda Fide* (Congregação para a Propagação da Fé), em 1622, estabelecida pelo Papa Gregório XV.

O surgimento dos jornais impressos, por volta do século XVIII, notoriamente com finalidades políticas e culturais, acabou propiciando o surgimento dos primeiros anúncios.

A partir de 1661, ano em que surgiram as primeiras marcas registradas, uma série de eventos marcaram a evolução da propaganda, alcançando seu auge em 1729, quando Benjamim Franklin publicou, nos Estados Unidos, a primeira edição do jornal *Gazette*, que figurou, durante décadas, como o jornal de maior circulação e volume de propaganda na América colonial, conferindo a Franklin o título de *pai da propaganda americana*. Porém, a primeira agência de propaganda, a J. Walter Thompson, só foi inaugurada em 1864. Ela viria a ser, por muitas décadas, a maior agência do mundo. Até então, a atividade era realizada pelo próprio meio, como uma espécie de departamento.

Com as revistas e depois com o rádio, a propaganda adquiriu um formato mais criativo, diferenciando-se dos anúncios de jornal, fazendo com que esses meios rapidamente se tornassem importantes veículos publicitários. Mesmo sendo extremamente atraente aos olhos do público, a propaganda causou resistência da parte de alguns que defendiam posição contrária à atividade, justificada pela falta de confiança. A Liga Nacional dos Consumidores nos Estados Unidos (1916) publicou uma lista de fabricantes que tinham bons anúncios e os que tinham anúncios não recomendados.

No final da Primeira Guerra Mundial (1914-1918), houve um superaquecimento no mercado publicitário americano e os protestos diminuíram por um tempo. Contudo, com o *crash* da Bolsa de Nova York (1929), as verbas caíram abruptamente, afetando diretamente a atividade. Na Segunda Guerra Mundial (1939-1945), a propaganda com fins ideológicos começou a se diferenciar da propaganda comercial. Para construir e manter a imagem do líder Adolf Hitler, o principal responsável pela comunicação do *Führer*, Joseph Goebbels, promoveu algumas inovações no campo da comunicação de massa, implementando diversas técnicas de persuasão e o uso de várias mídias. No período do Pós-Guerra, com a retomada da economia, a propaganda comercial consolidou-se e procurou-se uma adequação da forma de divulgar a mensagem para cada meio. Para encantar o público, as manifestações estéticas tornaram-se cada vez mais presentes.

Percebendo-se o antagonismo entre os princípios comercial e ideológico da atividade, surgiu a denominação *publicidade* para destacar o objetivo comercial, ou seja, o lucro. E manteve-se o termo

Capítulo 3

propaganda para a propagação de ideias sem finalidade comercial. Porém, na prática, os dois nomes acabam sendo, muitas vezes, usados indistintamente. Como no resto do mundo, no Brasil o anúncio de jornal foi a primeira expressão de propaganda. Só mais tarde apareceram os cartazes, as revistas, os panfletos e os painéis pintados, seguidos pelos almanaques. Os pasquins trouxeram inovação ao empregar uma linguagem mais coloquial e eloquente, que acabou influenciando as propagandas da época, que, então, vieram a perder um pouco da formalidade. Os primeiros criativos brasileiros foram os poetas e os ilustradores. A primeira agência de propaganda do país foi fundada em 1913 e chamava-se *Eclética*, seguida pela Pettinati, Edanée, Valentim Haris e pela agência de Pedro Didier e Antônio Vaudagnoti.

Com o aquecimento do mercado, alguns clientes passaram a incorporar a atividade publicitária com o funcionamento das famosas *houses* – um tipo de agência de propaganda que funcionava internamente nas empresas, prática inexistente hoje em dia.

Em 1927, as agências norte-americanas Ayer e Thompson chegaram ao Brasil e trouxeram com elas linguagem e composição diferenciadas. Os anúncios exibidos no lançamento da revista *O Cruzeiro* (1928), marcaram a transição entre o tradicionalismo e a modernidade na propaganda brasileira. A exemplo do rádio, no início da televisão (1950), os comerciais eram apresentados por estrelas do *show business* ou das telenovelas e feitos ao vivo. Independentemente do meio, a propaganda brasileira sempre se destacou pela criatividade e pelo senso estético, sendo mundialmente reconhecida.

Hoje, a propaganda tornou-se uma ferramenta indispensável para a competitividade e o sucesso das empresas, tendo como atores principais desse espetáculo os anunciantes, as agências de propaganda e os veículos. Cada um é responsável por levar ao público uma comunicação de qualidade, inovadora, instigante e eficiente. O surgimento de novas mídias, principalmente a internet, trouxe novos desafios e, nesse contexto, a comunicação audiovisual é essencial.

Questões para revisão

1) Vimos que o início da propaganda, como atividade formal, foi marcado por um conjunto de ações contrárias, visto a falta de confiança que alguns anunciantes transmitiam. Atualmente, tal situação também pode ser percebida? De que forma?

2) O Brasil desponta no *ranking* mundial como uma das economias mais promissoras e, consequentemente, um mercado consumidor de alto potencial. Como a propaganda corrobora para consolidar essa posição?

3) Quais desafios as novas mídias interativas propõem para o setor? A propaganda brasileira tem se revelado inovadora nessa questão?

4) Ordene os eventos em ordem cronológica:
   ( ) Os anúncios veiculados nos Estados Unidos vendem o conceito de *good life*.
   ( ) A propaganda comercial cresceu em importância, além de se tornar uma atividade mais profissional e voltada à estratégia.
   ( ) A propaganda com fins ideológicos começa a se diferenciar da propaganda comercial.
   ( ) Com o *crash* da Bolsa de Nova York, os gastos com propaganda nos Estados Unidos caem abruptamente, ocasionando um encolhimento abrupto dos investimentos.
   ( ) A Liga Nacional dos Consumidores, nos Estados Unidos, publica uma lista de fabricantes que tinham bons anúncios e os que tinham anúncios não recomendados.

Agora, assinale a alternativa que corresponde à resposta correta:
a) 2, 5, 4, 1, 3.
b) 2, 5, 1, 4, 3.
c) 2, 5, 4, 3, 1.
d) 2, 4, 5, 3, 1.
e) 5, 2, 4, 3, 1.

5) Assinale (P) para os conceitos relacionados à publicidade e (PP) para os conceitos relacionados à propaganda.
( ) Visa atender a um objetivo comercial.
( ) É a propagação de ideias sem finalidade comercial.
( ) É a arte de despertar no público o desejo de aquisição de um produto.
( ) Reforça os sentimentos de prazer, conforto, beleza, poder e até o instinto de conservação.
( ) Apela para os sentimentos nobres do homem, mexendo com seus valores morais e éticos.
( ) Está relacionada a um determinado sistema ideológico (político, social ou econômico).

Agora, assinale a alternativa que corresponde à resposta correta:
( ) P, PP, P, PP, PP, PP.
( ) PP, PP, P, P, PP, PP.
( ) P, PP, P, PP, PP, PP.
( ) P, P, PP, P, P, PP.
( ) P, PP, P, P, PP, PP.

6) Enume a segunda sequência de acordo com a primeira.

Primeira sequência:
1) Anunciantes
2) Agências de propaganda
3) Veículos

Segunda sequência:
( ) Têm a responsabilidade sobre a concepção, a execução e o controle de todas as ações de divulgação da marca e/ou produtos e serviços da empresa.
( ) Meios e/ou mídias que integram as ações de propaganda de uma marca ou empresa.
( ) Industriais ou comerciantes que necessitam de publicidade ou propaganda para atingir suas metas comerciais e construir sua imagem.

Agora, assinale a alternativa que corresponde à ordem correta:
d) 3,2,1.
e) 2,3,1.
f) 2,1,3.
g) 1,2,3.
h) 3,1,2.

Para saber mais

O Conselho Nacional de Autorregulamentação Publicitária (Conar) tem a atribuição de estabelecer e aplicar as normas do Código Brasileiro de Autorregulamentação Publicitária, aprovado em 1978 pelo III Congresso Brasileiro de Propaganda. Esse código sofreu, várias vezes, alterações visando proteger o mercado da propaganda injusta e enganosa.

Capítulo 3

CONAR – Conselho Nacional de Autorregulamentação Publicitária. Disponível em: <http://www.conar.org.br>. Acesso em: 4 jul. 2011.

Além disso, para atuarmos em qualquer área relacionada à propaganda, é importante conhecermos melhor o Código de Defesa do Consumidor. Pesquise no *site*:

EM DEFESA DO CONSUMIDOR. Disponível em: <http://www.emdefesadoconsumidor.com.br/codigo/codigo-de-defesa-do--consumidor.pdf>. Acesso em: 4 jul. 2011.

Por fim, o Instituto Brasileiro de Opinião e Estatística (Ibope) divulgou a lista das maiores agências de publicidade do primeiro trimestre de 2011. Foram avaliados os investimentos dos clientes de cada agência em mídia, seguindo os valores de tabela dos veículos, sem contar os descontos. Confira abaixo as dez maiores. Lembre-se: caso queira "disputar uma vaguinha", é bom preparar o currículo!

1	Y&R	1.224.849
2	EURO RSCG BRASIL	640.253
3	ALMAP BBDO	552.616
4	OGILVY E MATHER BRASIL	480.259
5	WMCCANN	462.169
6	BORGHIERH LOWE	456.881
7	JWT	441.456
8	NEOGAMA	381.406
9	F NAZCA S&S	377.599
10	AFRICA	371.814

capítulo 4
Comunicação de massa

Conteúdos do capítulo:
- O processo da comunicação;
- A comunicação de massa;
- Os meios de massa e a audiência;
- A segmentação de mercados.

Após o estudo deste capítulo, você será capaz de:
- entender como se dá o processo de comunicação;
- definir o conceito de massa ou *mass media*;
- entender o significado do termo *comunicação interativa* e como deve ser selecionado o conteúdo desse tipo de comunicação;
- reconhecer os meios de massa mais comuns, que geralmente compõem a mídia *mix*;
- entender as peculiaridades da segmentação de mercado;
- dimensionar um mercado homogêneo no espectro do mercado heterogêneo;
- compreender o que é posicionamento e sua importância vital para as marcas;
- avaliar os benefícios da segmentação das mídias na estratégia de comunicação.

Capítulo 4

4.1 O que é comunicação de massa

A comunicação é uma atividade recíproca que envolve a criação mútua de significados e, na medida em que consiste na capacidade do homem de transmitir suas ideias, está estreitamente relacionada com a sua própria evolução e preocupação permanente de transmitir o conhecimento ao longo do tempo.

Há, dentro do tema "comunicação", muitos objetos de estudo. Mas o principal deles talvez seja como se dá a comunicação, uma vez que, sem esse entendimento, não poderíamos dizer que realmente existe comunicação. Para isso, é necessária a compreensão das estruturas, da mais simples à mais sofisticada, que estabelecem os processos de comunicação.

A natureza do processo de comunicação pressupõe uma fonte ou emissor (codificador da mensagem), um canal ou meio (pelo qual é transmitida) e um receptor (decodificador da mensagem). Nas comunicações de duplo sentido, a fonte e o receptor têm papéis ativos na troca de informações e, necessariamente, o fluxo da mensagem é contínuo, ocorrendo de ponto a ponto. A comunicação direta entre duas ou mais pessoas é um exemplo. O modelo a seguir ilustra o processo de comunicação:

Figura 4.1 – Modelo do fluxo de comunicação de duplo sentido

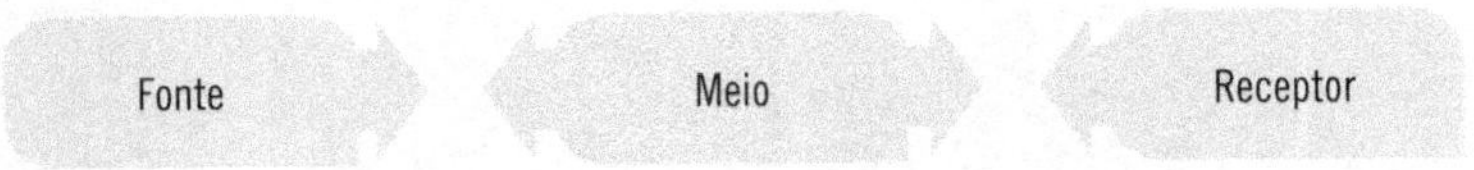

| Fonte | Meio | Receptor |

Já na comunicação de massa, o fluxo da informação segue um único sentido, da fonte para o receptor. Nessa comunicação de ponto a multipontos, o papel ativo do processo cabe exclusivamente ao emissor. A vantagem é que uma única fonte pode se comunicar com um grande número de receptores ao mesmo tempo.

Figura 4.2 – Modelo do fluxo de comunicação de massa

| Fonte | Meio | Receptor |

A ideia de se fazer comunicação em massa emergiu com a criação de um mercado de escala. Inicialmente, foram os livros e os jornais que se proliferaram, acompanhando o ritmo da Revolução Industrial. Dessa forma, a demanda de massa por meios impressos aumentava, ainda que o poder aquisitivo da população não crescesse na mesma proporção nem o grau de analfabetismo diminuísse na velocidade esperada. No começo do século XX, esse mesmo quadro era visto em vários países, incluindo os Estados Unidos. Com o passar do tempo, surgiram outros meios, como o cinema e o rádio, para compensar esses fatores, contribuindo definitivamente para expandir o conceito de comunicação de massa e/ou meios de massa.

Desde seu início, o cinema desempenhou uma função social importante como meio de massa. Porém, seu alcance era limitado. O rádio, por sua vez, não tinha esse problema. Além de ser relativamente barato, sua característica de entretenimento leve fez com que rapidamente se tornasse o meio de massa mais popular. Mais tarde, com o surgimento da televisão, firmou-se a nomenclatura *meios audiovisuais de massa*. A produção de grandes quantidades de bens e

Capítulo 4

serviços deveria ter um grande número de consumidores, e a comunicação considerada *eficiente* era aquela que conseguisse alcançar o maior número deles, indistintamente. Nessa época, não se pensava em medir a qualidade da audiência, os canais dos meios de massa eram relativamente poucos e sua cobertura era considerada "universal" – abarcava a todos.

Na visão clássica, desenvolvida há mais de meio século por Wilbur Schramm, tido como o pioneiro nos estudos sobre meios de massa, a audiência era uma massa indiferenciada, tanto para ela mesma quanto para a fonte, e também uma receptora passiva da mensagem. Sendo assim, as mensagens veiculadas não se diferenciavam. A estratégia era homogeneizar[*] a comunicação para atingir a maior audiência possível.

Nesse contexto, é importante diferenciar comunicação de massa de outros tipos de comunicação. Por comunicação de massa, subentendem-se milhares de pessoas heterogêneas, de camadas sociais diferenciadas, níveis culturais distintos, idades variadas, religiões e profissões diversas, constituindo um único grupo, o qual é atingido simultaneamente por uma mensagem. Um programa de televisão ou um filme exibido no cinema são exemplos de comunicação de massa. Agora, um vídeo empresarial, apresentado para uma plateia selecionada, não o é, pois o público tem alguma afinidade em comum.

Seguindo o princípio da classificação da comunicação de acordo com o processo realizado, o conceito mais recente é o de comunicação interativa. Mas, de certo modo, a mídia interativa não é novidade. Programas de rádio e televisão com ligações dos ouvintes existem há décadas. No entanto, a interface com as tecnologias da informação, como sistemas avançados de telefonia digital e computadores, expandiu largamente a cobertura e o alcance dessas atividades, tornando possível tanto ampliar o número de respostas de audiência quanto filtrar os usuários de tal forma que, por meio da interação, as mensagens possam atingi-los individualmente.

O termo *interatividade* é usado para descrever situações nas quais o processo de comunicação pode ser simultaneamente alterado. O conteúdo

---

[*] Tratar todos os participantes da audiência da mesma forma.

desse tipo de comunicação é selecionado e configurado quase que individualmente. Nesse caso, o receptor torna-se uma segunda "fonte", subsidiando a fonte original com informações relevantes. A diferença principal em relação às duas classificações anteriores é que, nesse fluxo ininterrupto, o meio possibilita que a mensagem seja modificada conforme sua receptividade. Não é uma questão apenas de resposta. Desse modo, a fonte não tem uma única informação para transmitir, mas várias versões possíveis de um mesmo conteúdo.

Figura 4.3 – Modelo de comunicação interativa

Fonte (mensagem) → Meio → Receptor (recebe a mensagem e responde, tornando-se uma segunda fonte) → Meio → Fonte (modifica a mensagem original)

As novas formas de comunicação surgiram para acompanhar as necessidades de uma sociedade contemporânea em constante mutação. As mudanças criadas pelo uso das tecnologias têm contribuído para mudar os papéis tradicionais assumidos por fontes e receptores, por meio da disseminação das novas modalidades de comunicação, como as mídias interativas, a participação da audiência e a programação segmentada.

Sendo assim, a natureza básica da comunicação – que engloba uma fonte, um canal ou meio e um receptor – está sofrendo grandes e profundas mudanças no seu processo. Abandonou-se o modelo convencional de comunicação de massa, no qual a informação trafega em sentido único, cabendo apenas ao emissor da mensagem o papel ativo, e passou-se a usar novas configurações decorrentes da convergência das tecnologias da informação e das telecomunicações, em que o receptor deixa de ser passivo e torna-se um receptor-emissor ativo, na medida em que o meio permite a sua interação durante o processo.

Podemos, então, perceber a importância da escolha do meio em qualquer processo de comunicação, pois ele determina, em grande parte, o grau de eficiência da comunicação, às vezes mais do que a própria mensagem. Uma das inúmeras definições de *comunicação* diz que ela é a "ação de utilizar os meios necessários para realizar tal comunicação" (Comunicação, 1998, p. 517).

Na comunicação de massa ou *mass media*, como também é chamada, existem as mídias, "meios de comunicação que, por sua própria natureza, permitem atingir o público de modo maciço" (Leduc, 1980, p. 51). Com a evolução dos métodos de comunicação, surgiram diversas outras designações para o termo *mídia*: mídia de massa, mídia segmentada, mídia básica, mídia de apoio, mídia *mix*, mídia eletrônica, mídia impressa, mídia exterior, mídia *indoor*, mídia interativa, entre outras.

> A união entre industrialização, a urbanização e a comunicação facilitou a criação de um mercado de massa, ocasionando o consumo em massa.

Em uma campanha publicitária, os meios de massa mais comuns, geralmente compondo a mídia *mix*, são o rádio, a televisão, o jornal, a revista e o *outdoor*. O cinema é uma mídia de massa, mas é menos usada em campanhas publicitárias, sendo selecionada, normalmente, apenas em estratégias de mídia segmentada, voltada a um público específico. Inicialmente, por volta de 1990, existiam dúvidas quanto a incorporar a internet aos meios de comunicação de massa. Atualmente, ela é vista como uma mídia indispensável e eficiente.

Para Kotler e Armstrong (1998, p. 319), uma comunicação eficaz é composta de dez elementos: o emissor e o receptor (que são as duas partes principais); as ferramentas, a mensagem e a mídia; as funções mais importantes da comunicação, que são a codificação, a decodificação, a resposta e o *feedback**, e, por último, o ruído. Em todo processo de comunicação, é necessário considerar algum tipo de distorção que possa fazer a mensagem chegar ao receptor com um significado diferente do que o pretendido pelo emissor. Dessa forma, para atingir o resultado desejado, o profissional de *marketing* precisa munir-se de informações sobre o público-alvo, a fim de determinar a mensagem e escolher os melhores meios.

Dentro da abordagem de maior eficiência da comunicação e espera de um retorno previamente planejado, é preciso considerar que nem todas as formas de comunicação envolvem o agrupamento de todos em um determinado momento. Assim, convém subdividir a massa, usando diferentes variáveis, isoladas e combinadas. Existe uma rede de agrupamentos possíveis, como família, amigos, trabalho, *hobby*, esporte, que influencia as opiniões e as atitudes da massa e que podem ser mais bem explorados se separados do todo. É o que chamamos de *segmentação de mercados de consumo*. A audiência passa de uma massa indiferenciada para grupos bem definidos de receptores. Nesse modelo, a comunicação eficiente não será mais aquela que atingir o maior número de receptores, mas a que qualitativamente alcançar melhores resultados.

Percebemos, nesse cenário, que as mudanças necessariamente fazem parte de um processo histórico de evolução. A união entre industrialização, a urbanização e a comunicação facilitou a criação de um mercado de massa, ocasionando o consumo em massa. Porém, mesmo que o princípio de economia em escala tenha se alargado, a comunicação, com o mesmo sentido, perdeu sua força. Comunicação de massa para atingir uma audiência de massa não representa mais eficiência, como em tempos remotos, dando lugar à segmentação,

---

* Termo em inglês para "retorno", aplicado ao *marketing* para definir a resposta em números de uma ação de comunicação.

estratégia que emergiu como a alternativa mais acertada. A qualidade da audiência passou a ser computada na definição dos planos de *marketing* e comunicação das empresas modernas. A massa indiferenciada e heterogênea deu lugar a grupos bem definidos de consumidores reunidos não mais apenas por princípios básicos, como classe social, sexo, idade, etnia, religião, mas por critérios sofisticados, como estilo de vida, nível cultural, entre outros.

4.2 Segmentação de mercados

A forte tendência da comunicação no final do século passado e no início do século XXI é a segmentação ampla. Muitas vezes, reduzir é ampliar. Quanto mais se ampliam as possibilidades de divisão dos mercados, mais garantido é o sucesso nos negócios. Um mercado-alvo pode se tornar potencialmente maior à medida que é mais segmentado. Para isso, é necessário adotar critérios para dividir os mercados em submercados e, dessa forma, atingir os consumidores com maior eficiência.

Segmentação, portanto, é a subdivisão do mercado em subconjuntos homogêneos de clientes e consiste em "um processo de agregação – conglomerado de pessoas com necessidades similares em um 'segmento de mercado'. Segmento de mercado é um grupo relativamente homogêneo de consumidores que reagirão a um composto de *marketing* de maneira semelhante" (McCarthy; Perreault, 1997, p. 69). Delimitar um mercado-produto de interesse amplo significa termos em mente que a empresa ou produto não pode satisfazer as necessidades de todos. Assim, as empresas devem se concentrar em um ou mais públicos, em algumas áreas amplas de mercados-produtos, nas quais seus recursos e suas experiências lhes deem vantagem competitiva.

A segmentação começou a ser avaliada como instrumento estratégico nos negócios a partir da publicação, no *Journal of Marketing* (EUA), de um artigo de Wendell Smith (1956) intitulado *Diferenciação do produto e segmentação de mercado como alternativas de estratégia mercadológica*. Smith defendia nesse artigo que a segmentação consiste em avaliar um mercado heterogêneo vislumbrando mercados homogêneos menores dentro dele. Outras definições contribuíram para consolidar o conceito, entre elas a de que a segmentação de mercado está na própria essência da estratégia de *marketing*, assim como deve compor as decisões referentes ao *marketing mix* a partir da segmentação. Ou seja, ambas afirmam que a segmentação precisa ser considerada nas estratégias mercadológicas de uma empresa, determinando o seu sucesso.

A segmentação de mercado é a concentração, consciente e planejada, de uma empresa em parcelas específicas de seu mercado. A sua função principal é agrupar indivíduos, cujas ações esperadas aos esforços de *marketing* sejam semelhantes, ao longo de determinado período. Podemos identificar os segmentos pelas características dos consumidores, independentemente do produto, utilizando de variáveis geográficas, demográficas e psicográficas. A identificação também é feita por meio das respostas do consumidor em relação ao produto, como benefícios procurados, ocasiões de uso e lealdade à marca. À medida que são realizadas diferentes combinações, novas variáveis de segmentação proporcionam o conhecimento mais individual do consumidor e possibilitam entender melhor suas necessidades e desejos. Tudo isso requer pesquisas específicas sobre cada segmento mercadológico, nas quais outras áreas do conhecimento, como a sociologia e a psicologia, dão sua contribuição no fornecimento de subsídios mais consistentes para a construção dos critérios de segmentação que devem ser adotados.

Nessas bases, o posicionamento* é vital. A forma como a empresa projeta a sua imagem dentro de um mercado-alvo é essencial para

---

* Posicionamento é o lugar que a empresa ou a marca ocupa na mente do consumidor. Ele está presente no produto, na comunicação e em todas as relações estabelecidas com os consumidores. É como a empresa/marca é percebida pelos seus clientes e pelos clientes em potencial. Segundo o *Dicionário Brasileiro de Mídia*, "posicionar é conceituar um produto como solucionador de um problema ou satisfador de uma necessidade" (FERREIRA; FURGLER, 1996).

Capítulo 4

atingir o consumidor em potencial e alcançar o retorno nos negócios. Embora para os profissionais de *marketing* e propaganda as posições ocupadas pelos produtos estejam geralmente classificadas de acordo com duas ou três das suas características, para os consumidores essa associação é um pouco diferente. Na realidade, eles fazem suas escolhas entre as muitas marcas disponíveis, levando principalmente em conta a associação imediata que fazem em cada segmento, ou seja, a posição que a marca ocupa nas suas mentes.

A comunicação de massa assume um novo papel nesse contexto. A ideia de combinar dois ou mais submercados em um mercado-alvo maior, ou tratar cada segmento como um mercado-alvo específico, ou, ainda, segmentar o mercado e escolher um dos segmentos como o mercado-alvo da empresa requer novas estratégias comunicacionais. Quando trazemos os conceitos de segmentação e posicionamento para o universo dos meios de comunicação, verificamos que, nas duas últimas décadas, houve uma reconfiguração nesse sentido. Seja na mídia gráfica, seja na mídia eletrônica, a segmentação é um elemento presente e definitivo. O número de publicações especializadas é crescente, da mesma forma que se ampliam as opções de estações de rádio e canais de televisão segmentados, redes voltadas a audiências específicas, visando atingir grupos de usuários bem definidos.

A princípio, a ideia de segmentação nos meios audiovisuais – rádio e televisão – era restrita à exibição de certos tipos de programas em horários determinados. Hoje, com o aumento contínuo do número e da variedade de canais e também com a transmissão restrita para certas localidades geográficas e espaços físicos determinados, a segmentação tornou-se uma estratégia eficiente de comunicação.

Os anunciantes selecionam a mídia dependendo de quem pretendem atingir, que tipos de mensagem querem passar e quanto querem gastar. Devido aos altos custos da mídia de audiência geral, especialmente no horário nobre televisivo, agências e anunciantes estão se voltando, de maneira crescente, para as mídias que atingem um público-alvo específico. Uma mídia de audiência restrita acaba tendo maiores chances de provocar um alto impacto sobre um grupo em particular que se queira atingir.

A mais importante contribuição da TV paga para o mercado de comunicações foi o conceito de programação segmentada por meio de canais de gênero, que exibem conteúdos visando atender a interesses particulares. Quando foi lançada, divulgou-se a ideia de que não haveria comerciais disputando espaço com a programação, mas, na prática, não foi isso que aconteceu. Podemos ver comerciais na maioria dos canais da TV paga, só que numa frequência menor do que na TV aberta, pelo menos por enquanto. Outra questão relevante é a possibilidade de segmentação dentro da própria segmentação que a TV paga oferece. É o que conhecemos por *pay-per-view*. Tudo leva a crer que essa programação se tornará a mais importante dentro das opções oferecidas pela TV paga, tanto para usuários como para anunciantes.

O fato de os investimentos publicitários estarem migrando para a TV paga e outras mídias segmentadas, é o indício de uma mudança cultural em todo o mercado de comunicações. Evidentemente, o conceito de mídia de massa não cairá em desuso. Num país como o Brasil, em que a grande massa ainda é composta de pessoas de menor poder aquisitivo, a programação genérica e de variedades continuará tendo uma grande audiência, pois o estilo de produção dos canais de gênero tem uma tendência elitista. Outra questão a considerar é que, mesmo que a TV paga esteja em franca expansão, a sua assinatura ainda é restrita a camadas de maior poder aquisitivo da sociedade. As mudanças culturais apontam novas práticas, mas a tendência é que a comunicação encontre caminhos alternativos para compor suas estratégias de segmentação, como o uso mais frequente das mídias digitais.

A internet trouxe outro elemento para a questão da segmentação nas mídias audiovisuais: a interatividade. Os computadores estão em todos os lugares e a inclusão digital tem se expandido numa velocidade maior do que a esperada. Crianças, jovens e adultos estão acessando a rede. Se ainda não estão, é uma questão de tempo para que isso aconteça. Em 2007, cerca de 9 milhões de usuários realizaram compras nas lojas virtuais pela internet no Brasil, representando um total de negócios na casa dos R$ 13 bilhões e 5% do total das vendas no país.

Em pouco mais de 3 anos, esses números cresceram vertiginosamente: dos 63 milhões de internautas brasileiros, entre 2009/2010, quase 12 milhões utilizaram a rede para adquirir produtos ou contratar serviços, no chamado *e-commerce*, segundo o Instituto de Pesquisa Econômica Aplicada – Ipea (Melo, 2011).

Para Pierre Lévy (1993), "um novo estágio de evolução cultural não faz desaparecer os precedentes: ele os relativiza, acrescentando-lhes dimensões suplementares". A comunicação, evidentemente, tem de absorver as mudanças e reconfigurá-las. Seu papel principal é criar, ajustar e transformar, por meio dos meios e das mensagens, o grande hipertexto social* que é a cultura. A evolução das mídias se dá pela sua própria descaracterização, ao mesmo tempo que novos formatos e configurações surgem.

4.3 A publicidade voltada para nichos de mercado

O conceito de nicho diz respeito aos clientes que se relacionam com outros, fazendo parte de um mesmo grupo, ou seja, um pequeno segmento de mercado homogêneo. Em termos de *marketing* e publicidade, um nicho compreende um produto ou serviço dirigido a um segmento de mercado menor, mas que apresenta grande potencial lucrativo, justamente por ocupar uma região especial da demanda. Mas o que isso tem de diferente em termos de comunicação? Tudo. Falar com um público específico pode representar um desafio muito maior do que simplesmente a comunicação de massa, que se permite ser generalista. É preciso constituir uma imagem na qual deve figurar o conceito de *grupo de referência* – um conjunto de pessoas a quem um indivíduo observa quando está formando atitudes a respeito de um assunto específico. Esse tipo de público geralmente está mais ciente do que quer e, principalmente, do que não quer consumir. Portanto, é mais cético e exigente, tornando-se menos impressionável pelos recursos persuasivos da propaganda.

---

* Analogia com o significado original para redimensionar o significado de *universal*, ou seja, o todo humano representado e compartilhado.

Normalmente, nesses casos a estratégia se baseia no crescimento da fidelidade dos clientes. Dessa forma, provavelmente os objetivos de vendas das empresas serão alcançados ou até mesmo superados. Claro que nessa relação, além da própria qualidade do produto ou serviço, outros fatores adquirem maior peso, como a identidade com a marca, a personalização, entre outros.

Essa questão da personalização talvez seja uma das mais importantes, pois o *marketing* de nicho, implícito à segmentação de mercado, implica diferenciação e exclusividade. Uma empresa não precisa ser voltada apenas para um nicho de mercado para adotar uma estratégia de comunicação diferenciada. Em alguns casos, o nicho é parte do conjunto total de relacionamentos da marca. Por exemplo, um banco que atende o público em geral pode ao mesmo tempo se dedicar a nichos específicos: clientes de seguros, clientes de investimentos etc. Seja dedicando uma área física separada, seja oferecendo uma agência inteira voltada para o atendimento de clientes que mantêm contas vultosas, os bancos, nos últimos tempos, passaram a investir fortemente na segmentação. Na maioria dos casos, para refletir essa ideia de personalização e exclusividade, a comunicação voltada para esse nicho agrega até mesmo um nome complementar à marca, como *personalitè*, *private*, entre outros.

Apesar do paradoxo, o nicho precisa ser suficientemente grande para justificar os investimentos de *marketing* e apresentar potencial de vendas e crescimento para ser lucrativo. A seleção de nichos pela empresa passa por um processo de *marketing* e planejamento integrados, visando otimizar a competitividade e a posição que a empresa ocupa no mercado. Para obter sucesso, precisamos definir uma estratégia de posicionamento para o consumidor-alvo, com a clara intenção de desenvolver a sua lealdade, mostrando que a empresa pode atendê-lo com o melhor das suas habilidades. Todo posicionamento começa com o consumidor, especialmente aquele voltado para um nicho, ou seja, um grupo específico de pessoas deve estar atento a sua hierarquia de valores, desejos e necessidades, que geralmente são baseados em dados empíricos, opiniões e referências obtidas por meio da comunicação ou mesmo da propaganda boca a boca e de experiências anteriores com produtos e serviços. Todas essas informações contribuem para a tomada de decisão.

Síntese

O processo de comunicação de duplo sentido envolve uma fonte ou emissor (codificador da mensagem), um canal ou meio (pelo qual é transmitida) e um receptor (decodificador da mensagem), e o fluxo da mensagem é contínuo, acontecendo de ponto a ponto. A comunicação de massa, por sua vez, ocorre em sentido único, de ponto a multipontos, cabendo o papel ativo apenas ao emissor da mensagem.

O surgimento dos meios de comunicação durante a Revolução Industrial, por meio da economia de escala e da produção em massa, contribuiu para o surgimento da comunicação de massa, visando atingir simultaneamente um grande número de consumidores.

Por comunicação de massa subentendemos milhares de pessoas heterogêneas, de camadas sociais diferenciadas, níveis culturais distintos, idades variadas, religiões e profissões diversas, constituindo um único grupo, que é atingido simultaneamente por uma mensagem. Nessa visão, a audiência é tida como uma massa indiferenciada e a estratégia deve ser homogeneizar a comunicação para atingir o maior público possível.

Com o tempo, o próprio processo de comunicação e, também, o modelo convencional de comunicação de massa sofreram alterações: surgiram novas configurações, decorrentes da convergência das tecnologias da informação e das telecomunicações, nas quais o receptor deixa de ser passivo e torna-se um receptor-emissor ativo, na medida em que o meio permite a sua interação durante o processo. No entanto, a importância da escolha do meio em qualquer processo de comunicação é a mesma, pois em grande parte a eficiência da comunicação depende dele, até mesmo a própria mensagem está subordinada ao meio.

Os meios de massa mais utilizados são o rádio, a televisão, o jornal, a revista e o *outdoor*. O cinema é uma mídia de massa, mas, pelo tipo de exposição, é normalmente selecionado em estratégias de mídia segmentada. A internet, por sua vez, foi definitivamente incorporada à mídia *mix* de uma campanha publicitária.

Na segmentação, que consiste em subdividir a massa qualitativamente para alcançar melhores resultados, a audiência passa de uma massa indiferenciada para grupos bem definidos de receptores, reunidos por critérios sofisticados, como estilo de vida, nível cultural, entre outros. Um mercado-alvo pode se tornar potencialmente maior à medida que é mais segmentado, da mesma forma que uma mídia de audiência restrita acaba tendo maiores chances de provocar um alto impacto sobre um grupo em particular que se queira atingir. Vale salientarmos que, independentemente da estratégia, o posicionamento é vital, ou seja, a forma como a empresa projeta a sua imagem dentro de um mercado-alvo é essencial para atingir o público em potencial e alcançar o retorno nos negócios.

A TV paga, com os canais de gênero, é um exemplo clássico de segmentação bem-sucedida. Além disso, ela também oferece a possibilidade de segmentação dentro da própria segmentação, o que conhecemos por *pay-per-view*. O fato de os investimentos publicitários estarem migrando para as mídias segmentadas é o indício de uma mudança cultural em todo o mercado de comunicações.

A comunicação dirigida a nichos de mercado deve ter uma estratégia de posicionamento bem definida e que transpareça a ideia de personalização e exclusividade. O nicho compreende um "pequeno" segmento de mercado homogêneo, mas precisa ser suficientemente "grande" para justificar os investimentos de *marketing* e apresentar potencial de vendas e crescimento para ser lucrativo.

Capítulo 4

Questões para revisão

1) Na comunicação interativa, o receptor assume um papel ativo, podendo, inclusive, alterar o conteúdo da mensagem. Analise essa tendência na prática e como a fonte (emissor) pode tirar maior proveito dessa possibilidade.

2) Explique o que é segmentação de mercado e descreva brevemente as limitações e as vantagens que ela oferece. Em seguida, faça uma lista dos possíveis critérios de classificação que podem ser adotados para dividir um mercado-alvo potencial em submercados, visando atingir grupos de usuários bem definidos.

3) Escolha três marcas de automóveis e descreva o posicionamento que cada uma adota, considerando a relação entre a imagem projetada e o seu sucesso.

4) Relacione o conceito a cada termo:

1) Processo de comunicação convencional
2) Comunicação de duplo sentido
3) Comunicação de massa ou *mass media*
4) Segmentação
5) Meios de massa
6) Mídia segmentada ou "vertical"
7) Interatividade

( ) Dirige-se a milhares de pessoas heterogêneas, de camadas sociais diferenciadas, níveis culturais distintos, idades variadas, religiões e profissões diversas, constituindo um único grupo, o qual é atingido simultaneamente por uma mensagem.
( ) O fluxo da informação segue um único sentido, da fonte para o receptor. Nessa comunicação de ponto a multipontos, o papel ativo do processo cabe exclusivamente ao emissor.

( ) Situações nas quais o processo de comunicação pode ser simultaneamente alterado.
( ) A fonte e o receptor têm papéis ativos na troca de informações e, necessariamente, o fluxo da mensagem é contínuo, ocorrendo de ponto a ponto.
( ) Pressupõe uma fonte ou emissor (codificador da mensagem), um canal ou meio (pelo qual é transmitida) e um receptor (decodificador da mensagem).
( ) Trata-se de subconjuntos homogêneos de clientes e consiste em um processo de agregação – conglomerado de pessoas com necessidades similares.
( ) A audiência passa de uma massa indiferenciada para grupos bem definidos de receptores.

Agora, assinale a alternativa que indica a ordem correta:
a) 5,3,7,2,4,1,6.
b) 5,3,7,2,1,4,6.
c) 3,7,2,1,4,6,5.
d) 3,5,7,2,1,4,6.
e) 5,3,7,2,1,6,4.

5) Uma das inúmeras definições de comunicação diz que ela é a "ação de utilizar os meios necessários para realizar tal comunicação". Portanto, saber escolher o meio em qualquer processo de comunicação vai determinar a própria _____ da comunicação.

A alternativa que preenche corretamente a lacuna é:
a) coerência.
b) eficiência.
c) adequação.
d) criação.
e) produção.

Capítulo 4

6) Na visão clássica, a audiência era uma massa indiferenciada, tanto para ela mesma quanto para a fonte, e também uma receptora passiva da mensagem. Sendo assim, as mensagens veiculadas não se diferenciavam. A estratégia era _____ a comunicação para atingir a maior audiência possível.

A alternativa que preenche corretamente a lacuna é:
a) tornar mais criativa.
b) revolucionar.
c) repetir várias vezes.
d) diferenciar.
e) homogeneizar.

7) Em todo processo de comunicação, é necessário considerar algum tipo de distorção que possa fazer a mensagem chegar ao receptor com um _____ diferente do que o pretendido pelo emissor.

A alternativa que preenche corretamente a lacuna é:
a) contexto.
b) sentido.
c) significado.
d) desempenho.
e) histórico.

8) Dentro da abordagem de maior eficiência da comunicação e espera de um retorno, previamente planejado, é preciso considerar que nem todas as formas de comunicação envolvem o agrupamento de todos em um determinado momento. Dessa forma, convém _____ a massa, usando diferentes variáveis, isoladas e combinadas.

A alternativa que preenche corretamente a lacuna é:
a) avaliar.
b) subdividir.
c) questionar.

d) aproximar.
e) distinguir.

9) Segmentação de mercado é a concentração, _____, de uma empresa em parcelas específicas de seu mercado.

A alternativa que preenche corretamente a lacuna é:
a) harmoniosa e equilibrada.
b) ampla e variada.
c) demográfica e psicográfica.
d) consciente e planejada.
e) discriminada e planejada.

10) Assinale com (V) as alternativas verdadeiras e com (F) as falsas.
(   ) O cinema desempenha uma função social importante como meio de massa. Porém, seu alcance é limitado.
(   ) Cinema, rádio, televisão e internet são *meios audiovisuais de massa*.
(   ) A mídia interativa é uma novidade recente, que só surgiu com o advento da internet.
(   ) A mídia *mix* de campanhas publicitárias voltadas para o grande público geralmente engloba: rádio, televisão, *outdoor*, jornal, revista e cinema.
(   ) No modelo convencional de comunicação a informação trafega em sentido único, cabendo ao emissor da mensagem o papel ativo e ao receptor o papel passivo durante todo o processo.
(   ) O profissional de *marketing* deve tomar as decisões com base nas pesquisas de mercado, levando em consideração fatores como público-alvo e melhor mídia para enviar a mensagem, visando ao *feedback* esperado.
(   ) A segmentação é um instrumento estratégico nos negócios.

Agora, assinale a alternativa que indica a sequência correta:
a) V, V, V, F, V, V, V.
b) V, V, F, V, V, V, V.
c) V, V, F, F, V, V, V.
d) F, V, V, V, V, V, V.
e) V, V, F, F, V, V, F.

Para saber mais

A internet ampliou as possibilidades para a segmentação. Por meio das redes sociais, é possível traçar o perfil de muitos consumidores e atingir um público específico. Ferramentas como o Twitter, o Facebook e o Orkut, que promovem a interatividade em tempo real, ajudam a atingir e delimitar nichos de públicos. Várias empresas e veículos de comunicação estão se utilizando dessas ferramentas para divulgar sua imagem, filosofia e produtos, assim como personalidades de todas as áreas. Acesse <http://www.tweetrank.com.br/> e confira o *ranking* do Twitter no Brasil em várias categorias: os mais acessados, os mais influentes, os mais populares etc.

TWEETRANK – Os mais acessados do Brasil. Disponível em: <http://www.tweetrank.com.br>. Acesso em: 13 set. 2011.

capítulo 5
A convergência das tecnologias

Conteúdos do capítulo:
- A evolução dos meios de comunicação;
- A convergência entre os meios de comunicação e as novas tecnologias;
- Novos modelos de comunicação.

Após o estudo deste capítulo, você será capaz de:
- entender o fenômeno da convergência;
- perceber as relações existentes entre o surgimento das várias tecnologias;
- dimensionar a infraestrutura das comunicações e seu impacto nas mídias na busca por se tornarem interativas;
- compreender as vantagens da transformação analógico-digital;
- analisar as características das diversas gerações e os períodos correspondentes a elas.

Capítulo 5

5.1 O fenômeno da convergência e sua origem histórica

Convergir significa "Ficar reunido; agregar-se, agrupar-se, reunir-se" (Houaiss;Villar; Franco, 2009, p. 542). Assim, fica fácil compreender por que a discussão da convergência das tecnologias e dos meios de comunicação fica cada vez mais ampla. As tecnologias da informação utilizadas pelas mídias tornaram-se parte intrínseca da comunicação.

O telefone, que é mais antigo do que o rádio e a televisão, foi o primeiro meio de comunicação a ser digitalizado. Em 1962, realizou-se a primeira chamada telefônica digital, da sede da AT&T, em Skokie, no Estado de Illinois (EUA), para Chicago, tornando-se historicamente a primeira aplicação prática das comunicações digitais. Até aquele momento, o telefone operava da maneira original, como fora idealizado por Alexandre Graham Bell.

> As ondas de pressão de ar criadas pelas cordas humanas eram convertidas em correntes de variação elétrica contínua e depois convertidas de volta em ondas de pressão de ar que os ouvidos podiam entender

como sons. Chamamos esse processo de *transmissão analógica*. O novo sistema de transporte converteu as vozes em um fluxo de pulsos digitais distintos para a viagem entre Skokie e Chicago e depois simulou a voz para o ouvinte ao final da linha... Assim, o sistema telefônico agora é na verdade uma sofisticada rede de computadores. O receptor de telefone é realmente um terminal remoto conectado a um poderoso computador no escritório central da companhia telefônica. (Straubhaar; Larose, 2004, p. 162)

A telegrafia e a telefonia contribuíram de maneira definitiva para o desenvolvimento das comunicações no século XIX. Com a invenção do telégrafo, em 1832, pelo norte-americano Samuel Morse, a infraestrutura das comunicações deixaria de ser exclusivamente física e passaria a incluir também a transmissão elétrica – primeiro por fios e, mais tarde, por ondas de rádio. O próprio Morse, também responsável pela criação dos princípios básicos de um código de pontos, traços e intervalos, para transmitir sinais de um aparelho para o outro – o famoso Código Morse –, realizou a primeira transmissão de um telegrama por meio de uma linha de 64 quilômetros que ligava as cidades de Washington e Baltimore.

O telégrafo acabou por oferecer uma infraestrutura de informação diferenciada para os negócios e para a mídia impressa. Ambas as atividades remodelaram a maneira como se estruturavam e operavam diante da redução das barreiras de espaço e tempo que a nova tecnologia oferecia. Logo, a expansão das empresas para outros mercados deixou de ser utopia e passou a ser uma realidade dinâmica e promissora, sendo possível o controle das operações a distância, ou seja, de uma matriz localizada em outra cidade.

A repercussão do telégrafo acabou por inspirar vários outros inventores, que enxergaram novas possibilidades na transmissão de voz pelo sistema a cabo. Alexander Graham Bell, um modesto professor de deficientes auditivos, foi um deles. Num dos seus experimentos,

Capítulo 5

uma das partes do telégrafo que havia construído se perdeu. Na tentativa de reconstruir o aparelho, derramou ácido em si mesmo. Para sua surpresa, ao chamar Thomas Watson, seu assistente, para vir à sala ajudá-lo, o rapaz ouviu o chamado pelo aparelho. Isso ocorreu em março de 1876, na cidade de Boston, EUA.

Ironicamente, Bell não deu início à invenção do telefone* naquele momento. Continuou empenhado em desenvolver o "telégrafo harmônico", que tornaria possível transportar mensagens múltiplas sobre um mesmo fio. De qualquer maneira, preocupou-se em patentear a invenção, deixando inconformados outros inventores, que contestavam a autoria dele. Elisha Gray era o principal deles. Ele e seus adeptos acusavam Bell de plágio, alegando que a descrição dos princípios operacionais-chave aparecia como um adendo manuscrito na margem do projeto de Bell e, portanto, poderia ter sido colocada posteriormente.

> O telégrafo e o telefone tiveram influência no comércio, na política e no desenvolvimento da mídia. O advento dessas tecnologias contribuiu efetivamente para alterar a maneira pela qual tanto os meios de comunicação como os negócios da época operavam, revolucionando o tráfego de informações.

Na verdade, ninguém sabe ao certo quem merece o crédito pela invenção do telefone, pois se sabe que Johann Phillip Reis inventou, em 1860, na Alemanha, um aparelho que transmitia notas musicais. Daniel Drawbaugh, um funileiro da Pensilvânia, alegou que tinha inventado o telefone em 1867 e ganhou o processo por um voto na Suprema Corte. Essa vitória apertada acabou não contribuindo para sanar as dúvidas sobre a autoria do invento, que continuou sendo contestada.

---

* O conceito da invenção de Graham Bell, de certa forma, era bastante simples, mas ao mesmo tempo revolucionário. O princípio básico consistia na conversão dos sons em sinais elétricos. Ou seja, o som captado pelo microfone do aparelho fazia vibrar um tipo de membrana, similar ao tímpano humano. Essas vibrações eram transformadas em sinais elétricos e, depois de percorrerem os fios, chegavam ao outro lado da linha. O aparelho receptor realizava o processo inverso – convertia os pulsos elétricos em sons, por meio de um eletroímã –, completando a tarefa.

Em 1877, a Bell Telephone Company iniciou suas atividades. No início da década de 1890, quando as patentes originais caducaram, outras companhias independentes de telefonia espalharam-se por todo o país. É interessante notar que os Estados Unidos foram pioneiros na implantação da nova tecnologia. No final do século XIX, estavam muito à frente da maioria dos outros países. No Oeste Europeu e no Japão, a telefonia efetivamente se desenvolveu somente a partir da Segunda Guerra Mundial.

O telégrafo e o telefone acabaram surtindo um efeito que transcendeu a sua invenção. Tiveram influência no comércio, na política e no desenvolvimento da mídia. O advento dessas tecnologias contribuiu efetivamente para alterar a maneira pela qual tanto os meios de comunicação como os negócios da época operavam, revolucionando o tráfego de informações.

Com o passar dos anos, o telégrafo caiu em desuso, ao contrário do telefone, que, apesar de ser um meio de comunicação antigo, ainda é fundamental nos dias atuais, pois grande parte das novas tecnologias de informação e comunicação usa a infraestrutura do telefone como suporte básico. A união entre a conexão telefônica e a tecnologia do computador abriu um "mundo de possibilidades".

5.2 As mudanças surgidas com o computador

A princípio, a missão do computador foi a de simplificar tarefas. Tudo começou na Inglaterra, em 1822, quando Charles Babbage, professor de Matemática da Universidade de Cambridge, na Inglaterra, projetou um aparelho capaz de realizar operações aritméticas, chamado de *máquina da diferença*. No começo, todos ficaram empolgados. Depois de uma década, porém, os fundos doados pelo governo a pesquisas nessa área começaram a se esgotar. Quando Babbage solicitou mais verbas, tentando justificar a importância do seu trabalho, o então

Capítulo 5

primeiro-ministro da Inglaterra, Benjamin Disraeli, disse que não via utilidade na máquina a não ser a de somar o dinheiro que já havia sido gasto com o projeto. O pesquisador inglês ainda tentou arrecadar recursos com alguns investidores privados, sem sucesso. Além de as pessoas não enxergarem grande utilidade no invento, a indústria da época não estava preparada para produzir as peças (eixos e engrenagens giratórios) exigidas pelo modelo.

Na década de 1880, o cenário era outro. Capazes de executar operações aritméticas com precisão, as calculadoras mecânicas, incluindo versões da máquina da diferença, já eram populares. Mas foi em 1890, quando Herman Hollerith inventou uma máquina capaz de tabular dados com cartões perfurados para o Departamento de Censo dos Estados Unidos, que a revolução tecnológica começou.

O sucesso dessa invenção foi devido à sua rapidez e precisão. Para se ter uma ideia, em 1887, quando começou o planejamento do próximo censo, o anterior ainda não havia sido concluído, mas, com a nova tecnologia, o censo de 1890 foi fechado em apenas seis semanas. Com a máquina de Hollerith, era possível ler eletronicamente as informações de 200 cartões por minuto, enquanto, manualmente, só era possível ler dois.

Mais tarde, o mesmo sistema passou a ser adotado também para controlar o pagamento de funcionários – o holerite recebeu esse nome em homenagem ao inventor do sistema. Além disso, a empresa fundada por Hollerith originou a International Business Machines (IBM).

Nas décadas seguintes, em especial na de 1930, surgiram diversas calculadoras analógicas e digitais, principalmente para aplicações militares e de inteligência, e alguns protótipos de computadores. Existem discordâncias sobre a autoria da invenção do primeiro computador. No entanto, muitos autores, incluindo o juiz federal norte-americano que decidiu, em 1972, um caso-chave sobre a patente do computador, concordam que o crédito é de John Vincent Atanasoff (Straubhaar; Larose, 2004, p. 184), da Universidade de Iowa.

O problema é que, embora tenha se dedicado à produção de diversos modelos funcionais de memória de computador e de unidades de processamento de dados, ele, na verdade, nunca montou um aparelho completo. Portanto, a exemplo do telefone, essa é mais uma invenção cujo crédito é difícil atribuir a apenas uma pessoa.

Um importante pensador da tecnologia digital foi Vannevar Bush, diretor da agência governamental americana que coordenou o esforço tecnocientífico durante a Segunda Guerra Mundial. Bush, que também era físico e matemático, dizia que, até aquele momento, o homem havia inventado somente máquinas capazes de transformar a natureza, mas nenhuma relacionada à capacidade de pensar e ao conhecimento, ou seja, as máquinas ampliavam o poder físico do homem, mas não o seu poder mental.

No final da guerra, um salto gigantesco já havia sido dado nessa direção. Desenvolvido pelo Serviço Secreto Britânico, o Colossus, primeiro computador digital completamente eletrônico e funcional da história, auxiliou a desvendar códigos nazistas. A guerra também inspirou os americanos John Presper Eckert e John Mauchly, físicos da Universidade da Pensilvânia, a criarem o Eniac, primeiro computador de uso geral. Sua finalidade seria elaborar tabelas detalhadas de cálculos matemáticos para melhorar a mira de canhões e mísseis. Mas o Eniac só foi concluído em 1946 e, como a guerra havia terminado um ano antes, o Colossus se tornou mais conhecido. Mais tarde, Eckert e Mauchly criaram o Univac, o primeiro computador comercialmente bem-sucedido.

Em 1945, Bush chamou a atenção da comunidade científica com um artigo intitulado *As we may think*, publicado na revista *The Atlantic Monthly*. O texto tentava mobilizar seus companheiros cientistas a redirecionarem suas pesquisas, focadas, a princípio, no esforço bélico, para encontrar formas de possibilitar um maior acesso a todo o conhecimento humano acumulado. Sua proposta era a criação de uma máquina, batizada de *Memex*, que tivesse capacidade para armazenar arquivos em diferentes formatos – textos, imagens e sons – e servisse como um indexador do conhecimento, permitindo a livre associação entre eles. Não é à toa que o artigo foi considerado profético na época.

Capítulo 5

Nas décadas seguintes, a IBM dominou o negócio de computadores. Fundada no final do século XIX, com o objetivo de fabricar equipamentos eletromecânicos de tabulação para escritórios, adotou, em 1924, seu nome atual e, em 1943, financiou um dos primeiros computadores digitais, o Mark I. Em 1954, era a quarta do *ranking*, atrás apenas dos pioneiros da indústria de computadores: a Radio Corporation of America (RCA), a Sperry Rand e a Bendix.

Quando a IBM lançou seus computadores, as vendas desses equipamentos decolaram em pouco tempo e a empresa diversificou seus negócios para abranger periféricos como impressoras, terminais, perfuradoras e ordenadoras de cartões. Em meados da década de 1950, tentou dominar o mercado com o modelo 650. Foi também pioneira na oferta de equipamentos para venda, e não mais para aluguel, como era comum na época. Isso abriu mercado para novas empresas de aluguel de equipamentos, que compraram os IBMs usados para locá-los por um preço bem mais acessível. Surgiram também empresas de manutenção para computadores e perfuradoras. Assim, o mercado da informática começou a tomar forma.

Com o lançamento do modelo 360 e do seu sucessor, o 370, a IBM passou a dominar o mercado nos Estados Unidos e fora dele. No entanto, a IBM ignorou a pioneira Digital Equipment Corporation, quando, nos anos 1960, apresentou um computador menor, do tamanho de uma geladeira, para aplicações especializadas, como controle de produção industrial e computação científica. Mais tarde, essa falta de visão para as novas tendências do mercado afetaria profundamente o futuro do IBM.

Em janeiro de 1975, foi apresentado na revista *The Popular Electronics* o primeiro computador pessoal, chamado de *Altair*. Apesar do impacto que seu lançamento causou, o equipamento era limitado, só sendo capaz de armazenar as primeiras quatro linhas de um texto. Além disso, não tinha teclado para digitar ou monitor, muito menos um *software* de texto. Como vinha em partes – a estratégia de vendas da revista era disponibilizar essas partes juntamente com os fascículos da publicação –, os próprios usuários tinham de soldar os componentes do computador para montá-lo, além de carregar cada programa na memória, conectando chaves elétricas no seu painel. Mesmo assim, a possibilidade de ter um computador pessoal atraiu o público ávido por novidades.

Nesse momento, um jovem chamado William Gates procurou os fabricantes do Altair para vender uma inovadora concepção de *software*, muito mais avançada do que as existentes até o momento, pois possibilitava programar inúmeras funções. Com isso, os computadores pessoais estouraram no mercado, levando Gates, juntamente com Paul Allen, a fundar a Microsoft Corporation, que viria a tornar-se a maior companhia de *softwares* para computadores pessoais do mundo.

O sucesso do Altair atraiu novos empreendedores de diversos lugares dos Estados Unidos. Steve Jobs e Stephen Wozniak, dois jovens de Cupertino, na Califórnia, começaram a montar os seus próprios microcomputadores em 1976. Os novos computadores receberam o nome de *Apple*. Ainda na década de 1970, seus computadores pessoais fizeram a primeira incursão pelos lares americanos, com o modelo Apple II.

A IBM chegou a ser bem-sucedida com o seu computador pessoal, o conhecido PC, que, por um período, desbancou a Apple e outras marcas de computadores pessoais. Mas, como a Intel Corporation, que fabricava os *chips*, e a Microsoft, que produzia os *softwares*, tinham total liberdade de comercializar seus produtos no mercado, foi uma questão de tempo para surgirem equipamentos e programas mais baratos, que se ajustavam às especificações técnicas, incluindo as dos PCs.

Além disso, enquanto a Apple continuou investindo no mercado de computadores pessoais, mas também em computadores multimídia para integrar texto, áudio e vídeo, a IBM se preocupou em manter o negócio de *mainframes*[*], sem perceber que esses computadores – verdadeiros paquidermes da tecnologia, que ocupavam uma sala

---

* Um *mainframe* é um computador de grande porte, destinado ao processamento de um grande volume de informações. Os *mainframes* podem oferecer serviços de processamento a milhares de usuários por meio de terminais conectados diretamente ou através de uma rede.

inteira – estavam se tornando obsoletos. Essa decisão fez a empresa perder mercado naquele momento e entrar em declínio.

Hoje, os computadores pessoais têm tecnologia suficiente para atender às demandas de usos empresarial e doméstico. A diferença fica por conta dos periféricos, da capacidade de armazenamento, entre outros detalhes. Novas gerações de equipamentos surgiram e o computador ficou cada vez mais leve, portátil, rápido e eficiente, invadindo escritórios, lojas, casas, escolas e lugares de lazer. Com o advento da internet, uma experiência de comunicação sem precedentes começou a ser promovida na história do ser humano. A tecnologia digital transformou a capacidade de comunicação, de registro e circulação da informação e do conhecimento em nossa cultura.

5.3 Internet: uma nova forma de comunicação

A origem da internet remonta aos anos 1950, período da Guerra Fria, quando os militares americanos começaram a pensar em interligar seus computadores para não perder suas informações e controles na hipótese da destruição de uma parcela de seus recursos de informática e bélicos ou de inacessibilidade às posições em que se estes se encontrassem (Sampaio, 1999).

Para muitos pesquisadores da área de tecnologia, a internet foi concebida em 1969, quando a Agência de Pesquisa e Projetos Avançados[*] (Advanced Research Projects Agency – Arpa), uma organização do Departamento de Defesa norte-americano voltada à pesquisa de informações para o serviço militar, criou a Advanced Research Projects Agency Network (Arpanet). Caso os Estados Unidos fossem atacados por outros países, principalmente pela União Soviética, essa rede nacional de computadores garantiria a

---

[*] A Arpa era a agência espacial americana que funcionava dentro do Pentágono antes de o governo decidir entregar o controle das pesquisas espaciais à Nasa. Ela nasceu depois que os russos lançaram o satélite Sputnik – o primeiro satélite artificial da Terra.

comunicação emergencial. O engenheiro americano Bob Taylor foi quem ligou em rede os computadores do Pentágono. Em 1973, depois de algumas universidades americanas já estarem conectadas à Arpanet, a Universidade de Londres se conectou a ela. Nascia, assim, a primeira conexão internacional.

Em meados da década de 1980, a internet começou a ter o seu potencial explorado nos *campi* universitários dos Estados Unidos. Mas foi só em 1991, graças a Tim Berners-Lee, um jovem inglês que trabalhava como técnico em informação no Laboratório Europeu de Física de Partículas, em Genebra, que a *world wide web* – a rede mundial de computadores – foi criada. Berners-Lee descobriu que, por meio do protocolo de transferência de hipertexto *HyperText Transfer Protocol* – HTTP, era possível levar a usuários de todas as redes qualquer tipo de informação que estivesse disponível em servidores. Para que isso fosse possível, bastava ter um endereço eletrônico.

Com o mundo todo conectado e o comércio na grande rede liberado pelo governo americano, a internet começou a ganhar força a partir da década de 1990, até chegar às proporções que tem nos dias de hoje, em que empresas e pessoas de todos os lugares estão conectadas.

As iniciativas da internet no Brasil começaram em 1987, quando pesquisadores das áreas de tecnologia e informática de todo o país reuniram-se com representantes do governo e da Embratel, na Universidade de São Paulo (USP), para discutir o estabelecimento de uma rede nacional com fins acadêmicos. No ano seguinte, o Laboratório Nacional de Computação Científica (LNCC), com sede no Rio de Janeiro, e a Fundação de Amparo à Pesquisa do Estado de São Paulo (Fapesp) ligaram-se às redes internacionais Bitnet e Hepnet por intermédio de instituições de ensino e de laboratórios americanos.

Mas somente em maio de 1995 a internet comercial teve início no Brasil. A rede deixou de ser restrita ao meio acadêmico e tornou-se disponível para o acesso de todos os setores da sociedade. No dia 31 de maio desse mesmo ano, o Ministério das Comunicações e o da Ciência e Tecnologia promulgaram a Portaria Interministerial nº 147, que constituiu o Comitê Gestor da Internet no Brasil*, com os objetivos de assegurar a qualidade e a eficiência dos serviços ofertados, a justa e livre competição entre os provedores e a manutenção de padrões de conduta de usuários e provedores (Pinho, 2000).

O Banco Bradesco foi a primeira empresa a oferecer acesso gratuito à internet no Brasil e, logo em seguida, veio o Unibanco. O IG aproveitou a oportunidade e também se lançou no mercado em janeiro de 2000. "A missão da empresa, apresentada na época do lançamento aos acionistas e investidores, era 'desenvolver um portal de grande escala, com abrangência nacional e capacidade de atrair o maior número de usuários no menor tempo possível." (Ferrari, 2003, p. 29). Ao final do primeiro mês de funcionamento, o IG tinha quase 800 mil usuários cadastrados e uma média aproximada a 1,1 milhão de *page views* por dia. O portal contava com uma série de *sites* de informação, entretenimento e serviços.

5.4 A atual infraestrutura das comunicações

Atualmente, vivemos na chamada *sociedade da informação*, em que há uma cultura informático-mediática que altera os significados das nossas relações com os meios, e o resultado disso é a criação de novos formatos de comunicação. A convergência das tecnologias e dos meios de comunicação é responsável pela maior parte dessas transformações. Em toda a cadeia produtiva da comunicação, o uso da tecnologia torna-se imprescindível para a sua operação, desde a sua concepção até a transmissão e a recepção de dados.

A nova infraestrutura de comunicações criada pela digitalização tem como base a expansão das tecnologias de informação, que propiciam a convergência entre telecomunicações, mídia e informática, multiplicando a capacidade de transmissão de conteúdos. Os sinais de áudio, vídeo e dados, que antes eram tratados e processados independentemente, passaram, com

---

* Para obter mais informações sobre o Comitê Gestor da Internet no Brasil, acesse o *site:* <http://www.cg.org.br>.

a digitalização, a integrar um mesmo sistema de dados com capacidade infinitamente maior de difusão, sem perda de qualidade. A comunicação digital permitiu a conversão de sons, imagens e textos em formatos legíveis por computador, possibilitando a integração *on-line* cada vez maior entre telefone, computador, rádio e televisão. A internet só veio a somar nesse turbilhão de mudanças, permitindo, por exemplo, sincronizar programas de TV e conteúdos da *web*, apesar de serem redes distintas.

A pesquisa de audiência foi um dos primeiros usos da tecnologia da computação nos meios de comunicação. Ela possibilitou medir as audiências com maior precisão, ocasionando a segmentação nos canais de mídia. A evolução dos sistemas de pesquisa aumentou em rapidez e riqueza as informações para as fontes de mídia, contribuindo para alterar significativamente a natureza do processo de comunicação de massa.

A conversão analógico-digital, pela qual os meios de comunicação passam, é outro ponto central da discussão dos impactos da convergência. As transmissões de rádio e televisão, antes realizadas exclusivamente pelo sistema *broadcasting*, agora também podem ser realizadas digitalmente. A comunicação digital é mais estável e garante maior qualidade de transmissão. Já a analógica é mais instável, suscetível a interferências elétricas, pois usa sinais de variação contínua correspondentes ao som ou à luz originados pela fonte.

Além disso, na comunicação digital, um único meio de comunicação pode ser transformado em vários canais simultaneamente, passando a ser um "canal inteligente". O controle remoto, que antes era malvisto pelos publicitários e profissionais de marketing, por facilitar o zapping durante a programação da televisão, desviando a atenção do espectador, agora é uma estrela do mundo digital, pela sofisticação dos métodos de seleção de conteúdos que hoje apresenta. Todas as novas gerações de equipamentos que vêm surgindo na atualidade, como transmissores, receptores e gravadores caseiros, são totalmente

Capítulo 5

digitais. A *high definition television* (HDTV) e o *digital audio broadcasting* (DAB) simbolizam as maiores revoluções da digitalização.

O cerne das mutações comunicacionais é a convergência entre as tecnologias digitais, os recursos multimídia e a realidade virtual. O espaço cibernético, disposto pelas comunicações interativas, cria um ambiente para o desenvolvimento de uma inteligência coletiva. A principal função dessa inteligência, segundo Lévy (1993, p. 5), seria "a criação de uma sinergia entre competências, recursos e projetos, a constituição e a manutenção dinâmica de memórias comuns, a ativação de modos de cooperação ágeis e transversais, a distribuição coordenada dos centros de decisão".

> A comunicação digital permitiu a conversão de sons, imagens e textos em formatos legíveis por computador, possibilitando a integração on-line cada vez maior entre telefone, computador, rádio e televisão.

Com base nisso, podemos dizer que o que estamos testemunhando no campo da comunicação contemporânea é a dissolução de fronteiras entre os setores. Essa convergência tecnológica possibilita uma interatividade entre todos os meios, provocando, assim, a grande transformação na maneira como se cria, produz e transmite comunicação.

À medida que essa configuração se cristaliza, cresce a diversidade de ofertas de meios, enquanto os recursos interativos remodelam a relação entre a mídia e o público. Nesse contexto, alteram-se a natureza dos meios e a forma das mensagens, que passam a simular a realidade em diferentes dimensões, para ganhar a atenção do consumidor e persuadi-lo. Este, por sua vez, deixou de ser simplesmente um receptor passivo para tornar-se um receptor-emissor ativo, capaz de interferir no processo de comunicação, alterando as relações de poder previamente estabelecidas. Essa é outra implicação da convergência das tecnologias e da mídia.

Com tantas mudanças, talvez a definição do termo *meios* esteja se tornando obsoleta tanto quanto o conceito de *massa*. Portanto, os meios de comunicação de massa vêm exigindo uma nova terminologia. Vários são os neologismos para se referir ao fenômeno da convergência no campo das comunicações, como os termos *comunicação interativa*, *mídia* e *meios interativos*. Mas, na verdade, ainda não foi criado um termo capaz de abarcar toda a amplitude de significados envolvidos, nem mesmo está claro se deve existir um único termo. O que se sabe é que a convergência é um fato e, como tal, precisa ser considerada nos estudos teóricos da comunicação.

Juntamente com as mídias, o telefone e o computador escrevem um novo capítulo da história da comunicação e dos homens, no qual as novas tecnologias são protagonistas, afetando diretamente nossas vidas e a forma como nos comunicamos. Nesse contexto, não seria descabido dizer que o audiovisual tornou-se uma linguagem universal. Afinal, a *performance* de todas essas novas mídias e tecnologias incorpora o audiovisual como base.

> O cerne das mutações comunicacionais é a convergência entre as tecnologias digitais, os recursos multimídia e a realidade virtual.

5.5 A convergência das tecnologias e as novas gerações

É fato que a evolução da tecnologia caminha junto com a formação de novas concepções ideológicas. Sendo assim, ao longo do século passado, tivemos a oportunidade de constatar vários pensamentos distintos que fizeram parte da formação de sucessivas gerações. O próprio surgimento de novos meios de comunicação é reflexo disso. Afinal, todo o progresso se baseia e é formulado para atender a exigências de uma nova sociedade.

Dessa forma, passamos por diversas gerações com perfis diferenciados. Basicamente, o que define uma geração e o período que lhe corresponde é o conjunto de crenças, valores, comportamentos, formas de fazer as coisas, vivências e relacionamentos compartilhados. As gerações mais antigas enquadradas dessa forma e que influenciaram o surgimento e a evolução das mais recentes foram os *Seniores*, nascidos antes de 1925, cuja imagem está relacionada ao nascimento das grandes fortunas, e os *Builders*, ou "construtores", que viveram entre 1926 e 1945. Na atualidade, encontramos os traços de quatro gerações coexistentes. São elas: os *Baby Boomers*, a Geração X, a Geração Y e a Geração Z.

Os Baby Boomers representam o final da Segunda Guerra Mundial – período entre 1946 e 1964 –, quando as taxas de desemprego eram absurdas, despertando o empreendedorismo. Constituíram grandes estruturas hierarquizadas, extremamente burocráticas e normativas. A vida profissional para essa geração ganhou importância e a produção fundamental para o sucesso.

Já a Geração X – de 1965 a 1980 – mostrou-se contestadora, colocando-se visivelmente contrária aos valores apregoados pela geração anterior. Exemplo disso são alguns fatos históricos marcantes, como a Queda do Muro de Berlim e a queda de vários estadistas. Outro aspecto foi o fato de que a figura feminina começou a se destacar em diversas áreas. Além disso, nascimento da indústria de microcomputadores foi um marco definitivo nas mudanças tecnológicas. Vida profissional e vida pessoal passaram a ser relativizadas.

Há quem conteste o período da Geração Y. Alguns dizem que, na verdade, ela surgiu em 1978 e que a Geração X terminou antes. Outros atestam que compreende as pessoas nascidas entre 1979 a 2000. O fato é que essa geração desenhou uma sociedade diferente de todas as outras, fazendo emergir conceitos como interatividade, integração e simultaneidade. A eficiência da comunicação ganhou outra dimensão e o consumo, outro significado. Os recursos tecnológicos, desenvolvidos para essa sociedade, estão mudando constantemente em razão de ao seu tempo de uso ser extremamente perecível. Os meios de comunicação estão se adaptando o tempo todo, visando atender a expectativa do tempo relativizado. As redes sociais são a principal ferramenta utilizada por essa geração, o que possibilita não apenas a interatividade, mas um *feedback* em tempo real por parte das empresas. Todo esse processo irrefreável exige novas linguagens, meios e padrões de comunicação com uma eficiência nunca imaginada. Todos esses avanços e mudanças de comportamento refletiram também no mundo do trabalho e na vida pessoal. A Geração Y é a mais independente e autônoma de todas.

A novíssima Geração Z, ainda pouco divulgada, nasce após o ano 2000 e o surgimento das tecnologias. Por isso mesmo, está extremamente familiarizada com toda essa "parafernália". Tem uma destreza incrível na manipulação dos artefatos tecnológicos e não se surpreende facilmente com as novidades. A velocidade é o ritmo normal. Consegue realizar várias tarefas ao mesmo tempo e sua comunicação ficou mais objetiva, focada. Parece que o acesso fácil e rápido a uma gama sem fim de informações contribuiu para a concepção de um imaginário coletivo com alcance irrestrito. A Geração Z ainda é muito nova para concluirmos quais serão seus valores nas esferas pessoal e profissional, mas espera-se que o estresse surgido nessa geração seja eliminado com as tecnologias de colaboração e que essas pessoas saibam aproveitar melhor a vida.

A propaganda de cada época, como não poderia deixar de ser, é reflexo do perfil dessas gerações. Desde a Geração Y, as mídias audiovisuais vêm ganhando força e consolidaram-se na atual geração. A globalização – que eliminou fronteiras entre os países e, consequentemente, nas formas de consumo – os avanços tecnológicos e a constituição de um processo de comunicação no qual o modelo tradicional – emissor/meio/receptor – deu lugar ao fluxo contínuo das informações em todas as direções contribuíram para pôr fim ao comportamento "de rotina" por parte dos consumidores. Os meios de comunicação estão enfrentando esse desafio e novas formas de comunicação precisam ser concebidas, pois, do mesmo modo que os recursos tecnológicos, de se tornarem rapidamente obsoletos, os formatos também enfrentam o problema.

Síntese

Historicamente percebemos que o desenvolvimento de uma tecnologia acabou contribuindo para o surgimento e o aperfeiçoamento de outra. No entanto, atualmente, o grande fenômeno é a integração entre elas. À medida que as tecnologias da informação foram sendo incorporadas às mídias, o significado de *convergência* – "aproximar-se,

Capítulo 5

integrar-se, tornar-se parte de alguma coisa" – ampliou-se. Pudemos perceber isso quando houve a união entre a conexão telefônica e a tecnologia do computador, abrindo um mundo de possibilidades.

O negócio de computadores ganhou expressão com o mercado de computadores pessoais. Seu uso e popularidade em várias contextos e camadas sociais fizeram com que essa tecnologia passasse a fazer parte, definitivamente, da nossa vida. Somado à internet, que possibilitou conectar o mundo, a convergência das tecnologias se tornou cada vez mais necessária na comunicação. No Brasil, em 1995, a rede deixou de ser restrita ao meio acadêmico e tornou-se disponível para o acesso de todos os setores da sociedade. Foi o início da internet comercial no país.

A nova infraestrutura de comunicações, criada pela digitalização, multiplicou a capacidade de transmissão de conteúdos. Os sinais de áudio, vídeo e dados, que antes eram tratados e processados independentemente, passaram, com a digitalização, a integrar um mesmo sistema de dados com capacidade infinitamente maior de difusão, sem perda de qualidade. Primeiramente, os meios de comunicação se utilizaram das novas tecnologias para aprimorar a pesquisa de audiência, que, com maior precisão dos resultados, contribuiu para o desenvolvimento da comunicação segmentada. A conversão analógico-digital pela qual os meios de comunicação passam é outro ponto central da discussão dos impactos da convergência. As transmissões de rádio e televisão, antes realizadas exclusivamente pelo sistema *broadcasting*, agora também podem ser realizadas digitalmente. A comunicação digital é mais estável e garante maior qualidade de transmissão.

As grandes transformações ocorridas na maneira como se cria, produz e acontece a transmissão da comunicação, por meio dos meios interativos, repercutem no público. Numa linha do tempo, podemos observar que o comportamento das gerações é reflexo da evolução das sociedades. Após os *Seniores* (antes de 1925), *Builders* (1926 e 1945), os *Baby Boomers* (1946 e 1964), a Geração X (1965 a 1978) e a Geração Y (1979 a 2000), deparamo-nos com a novíssima Geração Z (nascidos após o ano 2000), que traz com ela uma familiaridade intrínseca com a tecnologia e uma relação com o tempo completamente relativizada. Sendo assim, a comunicação – propaganda e meios – reflete cada época, ao mesmo tempo que precisa antecipar tendências por meio de formatos inovadores.

Questões para revisão

1) Quem foi Vannevar Bush e o que ele achava dos computadores? Você concorda com ele?

2) Diferentes gerações coexistem na atualidade. Você sabe quais são elas? Descreva as principais características de cada uma.

3) Atualmente, é possível acoplar num simples aparelho de celular as funções de, TV, MP4, internet, GPS, além de uma infinidade de outras tecnologias. Tudo isso pode ser configurado como integração tecnológica, criando novos equipamentos e formas diferentes de interagir. Esse exemplo ilustra o conceito de convergência das tecnologias?

4) Assinale com (V) as alternativas verdadeiras e com (F) as falsas.
   ( ) A telegrafia e a telefonia contribuíram de maneira definitiva para o desenvolvimento das comunicações no século XIX.
   ( ) A união entre a conexão telefônica e a tecnologia do computador revolucionou o cenário das comunicações no século XX.
   ( ) A princípio, a principal missão do computador era servir como instrumento de guerra.
   ( ) Primeiramente, a internet foi explorada nos *campi* universitários e somente décadas depois passou a integrar uma grande rede, em que empresas e pessoas de todos os lugares do mundo estão conectadas.

( ) Em toda a cadeia produtiva da comunicação, o uso da tecnologia tornou-se imprescindível para a sua operação, desde a sua concepção até a transmissão e a recepção de dados.

Agora, assinale a alternativa que indica a sequência correta:
a) V, V, F, F, V.
b) V, V, F, V, F.
c) V, F, F, F, V.
d) V, V, F, V, V.
e) F, V, F, F, V.

5) Assinale a alternativa que melhor descreve o fenômeno da convergência das tecnologias:
   a) A comunicação digital permitiu a conversão de sons, imagens e textos em formatos legíveis por computador, possibilitando a integração *on-line* cada vez maior entre telefone, computador, rádio e televisão.
   b) A convergência das tecnologias e dos meios de comunicação é responsável pela criação de novos formatos de comunicação.
   c) A nova infraestrutura de comunicações criada pela digitalização tem por base a expansão das tecnologias de informação, que propiciam a convergência entre telecomunicações, mídia e informática, multiplicando a capacidade de transmissão de conteúdos.
   d) A conversão analógico-digital pela qual os meios de comunicação passam é o ponto central da discussão dos impactos da convergência entre as novas tecnologias e os meios de comunicação.
   e) Na comunicação digital, um único meio de comunicação pode ser transformado em vários canais, simultaneamente, passando a ser um "canal inteligente".

6) Quais são as diferenças entre transmissão analógica e digital?
   a) A comunicação digital acontece por meio de ondas eletromagnéticas. Já a transmissão analógica é totalmente digitalizada, ou seja, os dados são digitalizados e retransmitidos.
   b) A comunicação digital tem tanta qualidade de transmissão de imagem quanto a analógica. Porém, é mais rápida.
   c) A comunicação digital é mais estável e garante maior qualidade de transmissão, enquanto a analógica é mais instável, suscetível a interferências elétricas, pois usa sinais de variação contínua correspondentes ao som ou à luz originados pela fonte.
   d) A comunicação digital é uma variante da comunicação analógica. Ambas são eficientes em termos de transmissão de imagens.
   e) A comunicação digital trouxe a possibilidade de interatividade e simultaneidade na transmissão de dados.

Para saber mais

No túnel do tempo – O cinema sempre arriscou uma previsão do futuro em filmes que profetizavam como seria a vida do homem do século XXI. Grande parte dessas investidas criativas não se concretizaram. Estamos em 2011 – apenas oito anos antes do futuro visto em *Blade runner* (1982), estrelado por Harrison Ford – e é pouco provável que, até 2019, tenhamos carros voadores ou robôs confundíveis com seres humanos. No entanto, já temos painéis gigantescos de vídeos na *Times Square* (parecidos com aqueles vistos no filme) e o aquecimento global tem chance de ocasionar a interminável chuva.

Filmes como *Tron: uma odisseia eletrônica* (1982), *Jogos de guerra* (1983), *Gattaca: a experiência genética* (1997) e, até mesmo,

Capítulo 5

a comédia açucarada *Mensagem para você* (1998) tiveram sorte em prenunciar algo que, de fato, acabou se tornando uma realidade. No entanto, ainda que *Matrix* (1999) tenha inspirado a noção complexa dos mundos virtuais e *Minority report: a nova lei* (2002) tenha acertado em cheio nos avanços tecnológicos como hologramas 3D (a Microsoft Surface já possui uma tecnologia *multi-touch* similar à do filme de Steven Spielberg), e nos anúncios interativos que sabem tudo sobre o consumidor (companhias como o Google já possuem um volume representativo sobre você), o mais profético deles é *2001 – Uma odisseia no espaço* (1968). Dirigido pelo diretor Stanley Kubrick em 1968, concentrou-se sobre a relação entre o homem e a máquina, num discurso sobre a tecnologia, viagens espaciais e perda de controle do homem. Ainda não temos computadores com a consciência de Hal, o vilão do filme, mas o homem do novo século está cada vez mais dependente das novas tecnologias, e diversos setores industriais param completamente quando máquinas e computadores quebram. Assista novamente a alguns desses filmes citados, agora com o olhar de quem vive na realidade grande parte daquilo representado como "futuro".

 BLADE runner. Direção: Ridley Scott. Produção: Michael Deeley. EUA: Columbia TriStar/Warner Bros., 1982. 118 min.

 2001: uma odisseia no espaço. Direção: Stanley Kubrick. Produção: Stanley Kubrick. EUA: MGM, 1968. 141 min.

 GATTACA: experiência genética. Direção: Andrew Niccol. Produção: Danny DeVito, Michael Shamberg e Stacey Sher. EUA: Columbia Pictures/Sony Entertainment Pictures, 1997. 112 min.

 JOGOS de guerra. Direção: John Badham. Produção: Harold Schneider. EUA: MGM, 1983. 114 min.

 MATRIX. Direção: Andy Wachowski e Larry Wachowski. Produção: Joel Silver. EUA: Warner Bros., 1999. 136 min.

 MENSAGEM para você. Direção: Nora Ephron. Produção: Nora Ephrone Lauren Shuler Donner. EUA: Warner Bros., 1998. 120 min.

MINORITY report: a nova lei. Direção: Steven Spielberg. Produção: Jan de Bont, Bonnie Curtis, Gerald R. Molen e Walter F. Parkes. EUA: 20th Century Fox Film Corporation, 2002. 146 min.

TRON: uma odisseia eletrônica. Direção: Steven Lisberger. Produção: Donald Kushner. EUA: Buena Vista Distribution Company, 1982. 96 min.

Outra reflexão atrelada à convergência das tecnologias é a pirataria moderna – descumprimento de contratos e convenções internacionais, em que ocorre a cópia, a venda ou a distribuição de material protegido por lei, sem o pagamento dos direitos autorais, da marca ou da propriedade intelectual. O filme *Tropa de elite 1*, citado anteriormente, apesar de figurar na lista das maiores bilheterias do cinema nacional, poderia ter apresentado uma *performance* muito melhor, pois antes do seu lançamento já circulava pela internet. Se isso foi uma estratégia de *marketing* para divulgar o filme, não se sabe. De qualquer forma, centenas ou até milhares de pessoas deixaram de ir às salas de cinema. A pirataria atinge diretamente o mercado de reprodução de filmes, mas, sem dúvida, no mercado fonográfico o assunto é ainda mais sério. De acordo com balanço da Associação Brasileira das Empresas de *Software* e do Entertainment Software Association, só em 2010, o Brasil apreendeu cerca de 1,6 milhão de CDs piratas. Isso representa crescimento de 42% em relação a 2009. De acordo com a pesquisa, se a indústria de serviços e *softwares* reduzir o índice de pirataria no mercado local em dez pontos percentuais, pode incorporar algo em torno de 7 milhões de reais nos próximos quatro anos, sendo que 74% dessa renda seria direcionada para a economia nacional, gerando 12 mil novos empregos. Muitas campanhas são feitas periodicamente a fim de evitar, ou pelo menos diminuir, o problema, mas sem resultados concretos. Há até quem questione as questões éticas ligadas à pirataria. Afinal, se a tecnologia oferece recurso para a livre reprodução, crime seria não usá-lo. Não cabe, aqui, entrarmos nessa esfera de discussão, mas, como profissional da área da comunicação, é preciso estar ciente e de "antenas ligadas". Para mais informações a respeito da Lei de Direitos Autorais, acesse:

BRASIL. Lei n. 9.610, de 19 de fevereiro de 1998. Diário Oficial da União, Poder Legislativo, Brasília, DF, 20 fev. 1998. Disponível em: <http://www.planalto.gov.br/ccivil_03/leis/L9610.htm>. Acesso em: 14 set. 2011.

parte II
Produção de imagens

Esta segunda parte do livro trata sobre produção de imagens. Propositadamente, separamos os temas *produção de imagens* e *produção sonora* (este último será visto na próxima parte do livro), com o objetivo de tratar mais detalhadamente das experiências e tecnologias de produção de cada uma das áreas. Embora estejam estreitamente vinculadas, têm bases de conhecimento específicas.

Decorrente de um processo criativo intencional, a produção de imagens diz respeito à concepção de um produto audiovisual. Para isso, é preciso passar por várias etapas, que são anteriores à criação do roteiro e à sua realização. Apresentamos esses vários estágios do processo criativo e também algumas técnicas de criação. Ainda nesta parte do livro, discutimos as questões de gênero/formato do produto audiovisual, além da estrutura narrativa do roteiro e dos elementos essenciais para elaborá-lo, destacando as semelhanças e as diferenças entre um roteiro de cinema e um roteiro publicitário.

Tentamos oferecer também um panorama dos diversos elementos – recursos humanos e tecnológicos – que integram a produção de imagens. Salientamos que a produção de imagens é composta por três grandes etapas: a pré-produção, a produção e a pós-produção, que praticamente abrangem todas as atividades de produção de imagens.

capítulo 6
O que é produção de imagens?

Conteúdos do capítulo:
- Produção de imagens;
- O valor estético e comunicativo da imagem;
- Conceito de linguagem;
- O emprego da linguagem;
- A linguagem publicitária.

Após o estudo deste capítulo, você será capaz de:
- entender a imagem como um meio usado pelo homem para representar suas ideias, seus desejos e seus sentimentos;
- compreender que a produção de imagens se refere à criação de algo que será representado por meio de "imagens artificiais", ou seja, produzidas para um fim específico, com a clara intenção de representar ou comunicar algo;
- constatar que as tecnologias, que permitem simulações do real, apresentam a possibilidade de vivenciarmos experiências semelhantes às da realidade;
- examinar o conceito de linguagem e verificar suas peculiaridades no campo da comunicação audiovisual;
- transitar pelas múltiplas linguagens, sabendo que em cada meio existem diferenças importantes a considerar;
- entender que a linguagem publicitária, como modalidade técnica, tem certo grau de formalidade e adequação intencional.

Capítulo 6

6.1 Imagem

A imagem faz parte do mundo real e do mundo imaginário em que vivemos. Todos os dias, somos assediados por milhares de imagens estáticas ou em movimento, espalhadas por todos os espaços com que interagimos. Nas ruas, vemos inúmeras placas de trânsito e de identificação dos estabelecimentos comerciais, bem como incontáveis peças publicitárias – painéis eletrônicos, *outdoors*, cartazes, folhetos, *folders* e panfletos –, todas repletas de imagens. Se tomarmos um ônibus, lá está uma imagem estampada no mobiliário urbano. Mesmo quando escutamos o rádio, conseguimos visualizar imagens nas nossas mentes. No cinema, a imagem gigantesca nos transporta para dentro da tela, fazendo-nos participar do filme. Em frente à televisão, diante da variedade de opções, acabamos escolhendo aquela imagem que, em fração de segundos, capturou a nossa atenção.

Muitas vezes, uma imagem real é tão linda e poética que até parece irreal. Em contrapartida, uma imagem representada pode parecer tão verdadeira que nos confunde. Nossos sonhos são visuais. Nossas intenções também. Quantas vezes já nos disseram: "Tudo o que for capaz de construir por meio de imagens na sua mente tem grandes chances de se concretizar"?

As imagens mexem com os nossos sentidos e emoções. Vendo uma imagem, podemos sentir fome ou pena. Podemos rir ou chorar. Podemos amar ou odiar. Realidade e ficção se misturam numa simbiose de imagens.

Até o que nossos olhos enxergam são, na verdade, imagens projetadas. Segundo o fenômeno da visão persistente, quando os nossos olhos enxergam um objeto iluminado por uma luz brilhante, a imagem do objeto permanece em nossa retina por décimos de segundo antes de desaparecer. Consequentemente, cada imagem não desaparece até a próxima surgir. Isso significa que a leitura que o nosso cérebro faz é sempre da imagem posterior. Ou seja, vemos imagens projetadas, e não imagens reais. Esse, aliás, é também o princípio da técnica de cinema.

Falando em cinema, ressaltamos aqui, entre seus vários gêneros, o futurista, que, por meio da imagem ficcional, procura projetar o futuro. Já as pessoas usam o artifício da imagem para projetar-se. Nesse sentido, a imagem se tornou um bem que todos procuram vender (artistas, políticos, profissionais de todas as áreas etc.). Da mesma forma, a imagem pode ser comprada quando se escolhe determinada marca de roupa ou um estilo de carro.

Numa visão mais filosófica, as imagens constituem certo tipo de conceito compreensivo do mundo. São interpretações que fazemos de nós mesmos e de tudo ao nosso redor. Pelo impacto que causam, possibilitam-nos ver algo que normalmente não veríamos. Podemos ainda dizer que a imagem é narrativa. Por mais estática que ela seja, outras tantas são desencadeadas em nossa mente, num movimento frenético de associações. Nossas ideias se constroem a partir de imagens. A imagem é questionadora e sempre tentaremos encontrar uma resposta diante dela. Por último, em uma perspectiva subjetiva e até um pouco poética, ela é o próprio reflexo no espelho, na lente da câmera, na tela, nos olhos de outro alguém. A imagem é a linguagem da alma.

Capítulo 6

6.2 Produção de imagens

A imagem sempre foi um meio usado pelo homem para representar suas ideias, desejos e sentimentos. Dos desenhos nas paredes da caverna à projeção de imagens em movimento, as tentativas foram muitas até se conseguir aperfeiçoar as técnicas e linguagens visuais.

Em quase todas as manifestações artísticas – a pintura, a escultura, o desenho, o teatro, o cinema, entre outras –, tentou-se primeiramente representar a realidade. Portanto, reproduziam-se imagens com a única intenção de obter o maior realismo possível.

A produção de imagens refere-se à criação de algo que será representado por meio de "imagens artificiais", ou seja, produzidas para um fim específico, com a clara intenção de representar ou comunicar algo. Pode ser um filme, um programa de televisão, um videoclipe, uma animação, uma vinheta gráfica, uma videoaula, uma matéria jornalística, um comercial de produto, qualquer coisa que, antes de se tornar imagem, tenha sido concebida primeiramente pela nossa mente e trabalhada nela. Percebemos, então, que nesse tipo de produção existe um processo criativo e intencional, que, para acontecer, exige determinados esforços, os quais vão desde a concepção de uma ideia e/ou argumento, roteiro, equipe, equipamentos, até a captação e a finalização das imagens.

No mundo cibernético, a realidade também pode ser produzida, ou seja, concebida e transformada em imagens, representando alguma coisa. Na realidade virtual[*], existem pessoas, objetos, paisagens e cenários muito próximos do real e com os quais o espectador ainda pode interagir. Isso representa o máximo em termos de sinergia entre ficção (produção) e realidade (reprodução), significando um novo estágio da imagética, no qual o ideal tecnológico está ligado a uma certa imagem do mundo e, por consequência, de nós mesmos.

---

[*] As relações sociais no espaço virtual ganharam importância, a partir dos anos 1990, como uma nova forma de interação humana, despertando novas reflexões tanto na comunicação quanto na sociologia e na antropologia.

Nos estudos sobre cibercultura, vemos que as tecnologias fundamentalmente simulacrais e estéticas vigentes hoje, que passam uma ideia social, apresentam a possibilidade de vivenciarmos experiências semelhantes às da realidade. Imersos na ficção, temos a opção de tomar atitudes diferentes daquelas que normalmente teríamos, testando os nossos sentimentos, dos mais nobres aos mais baixos, sem sofrer consequências.

O conhecimento técnico se torna cada vez maior, assim como a capacidade de gerar, artificialmente, mensagens que estimulam no sistema sensorial humano percepções muito semelhantes às produzidas pela realidade. Não é exatamente uma reprodução, pois as relações virtuais seguem uma dinâmica própria, na maioria das vezes com reflexos do mundo fora dos computadores. Está mais para uma produção de um mundo à parte, marginal, que sobrevive de uma realidade lúdica, por meio de signos e significados, que constituem "códigos universais" das mídias eletrônicas. A comunicação audiovisual é a técnica mais verossímel que se conseguiu ao longo da história, e sua linguagem trabalha com a própria essência perceptiva da realidade.

> A produção de imagens refere-se à criação de algo que será representado por meio de "imagens artificiais", ou seja, produzidas para um fim específico, com a clara intenção de representar ou comunicar algo.

6.3 A linguagem audiovisual

Um aspecto importante da comunicação audiovisual é a linguagem. Imagens e sons constituem um tipo de linguagem, visto que são meio de expressão, de comunicação, de ideias e a base essencial da articulação dessa linguagem depende da relação existente entre as dimensões físicas das mensagens, ou seja, o meio e as formas percebidas por quem as interpreta.

Capítulo 6

"Não é novidade que em face de qualquer estímulo estético ou narrativo os receptores têm sensações diferentes, mas também é sabido que uma parte dessas sensações coincide. Sem coincidências de decodificação de todos os receptores diante de um mesmo estímulo, a narração audiovisual não seria possível". (Rodríguez, 2006)

Por *linguagem* entende-se o ato ou efeito de transmitir e receber mensagens. "A chave para o conhecimento das linguagens está, então, nas relações que se estabelecem entre as perturbações físicas do meio que são percebidas e sua interpretação pelo homem" (Rodríguez, 2006). O homem é um ser comunicativo e, para isso, utiliza-se da linguagem[*].

Nas experiências com a linguagem, da mesma forma que ocorre na comunicação, deparamo-nos com outras tantas áreas do conhecimento, como a semiótica, a psicologia da percepção, a iconografia e a própria linguística. Como os códigos passíveis de representarem linguagens são muitos, é adequado chamarmos poetas, escritores, pintores, músicos, cineastas, produtores de rádio, cinema e televisão, publicitários, jornalistas, fotógrafos, arquitetos, desenhistas industriais, entre outros profissionais, de *designers da linguagem*[**].

Além da linguagem falada e da imagética, já citadas, temos outros exemplos, como a escrita, a dos sons, a técnica, a científica, a de negócios, o que deixa subentendido que a linguagem também está relacionada com os modos de expressão de cada categoria. A linguagem ainda pode ser subjetiva, metafórica, virtual, estando, nesse caso, mais relacionada à dimensão da psicologia perceptiva. Até os objetos representam uma espécie de linguagem, na medida em que seus traços, formas e cores comunicam alguma coisa. O que podemos concluir é que qualquer emprego de "linguagem" compreende, sobretudo, uma forma explícita de comunicação por meio do uso de diferentes códigos.

---

[*]   Existe muita confusão entre os conceitos de linguagem e língua, considerados, às vezes, a mesma coisa. Mas podemos afirmar que, do mesmo modo que a imagem, a língua é um dos códigos usados para manifestar a linguagem.
[**] Aqueles capazes de perceber e criar novas relações e estruturas de signos.

Saussure (1969) afirma que a língua é um sistema de signos linguísticos que estabelece uma relação entre significado e significante. Quando falamos uma palavra, a imagem que a representa (significante) vem imediatamente à nossa mente, antes mesmo do seu conceito (significado). Assim, quando falamos *lua*, vamos imaginar uma lua mesmo sem pensar no que ela significa ou representa (Saussure, 1969). Em contrapartida, no texto que iniciou este capítulo, sugerimos que a imagem, entre muitas outras coisas, é narrativa. George Steiner, citado por Syd Field (2001, p. 47), disse certa vez que "a palavra se torna, cada vez mais, legenda da imagem". Isso porque a narração e a compreensão do mundo, baseadas na imagem, têm um efeito esclarecedor para o espectador, pois é possível decodificar, por meio dela, várias mensagens.

Os estudos sobre a linguagem audiovisual, no âmbito da comunicação de massa, visam compreender as relações existentes entre as dimensões físicas das mensagens e as formas percebidas por quem as interpreta. Para tanto, Ángel Rodríguez, no seu livro *A dimensão sonora da linguagem audiovisual* (2006), descreve que existem duas correntes de estudiosos e pensadores no assunto. A primeira, desenvolvida por Roland Barthes, nas décadas de 1940 e 1950, foi inspirada no estruturalismo* e apoia-se basicamente na linguística e na semiótica. Essa corrente apresenta um modelo teórico que tenta responder aos problemas narrativos da comunicação de massa e, consequentemente, da comunicação audiovisual, de todos os pontos de vista possíveis (Rodríguez, 2006). Em face de qualquer estímulo estético ou narrativo, os receptores, com base em suas próprias experiências, têm sensações diferentes. No entanto, é sabido que uma parte dessas sensações

---

* Nas ciências humanas, *estruturalismo* é uma designação genérica para as diversas correntes que se baseiam no conceito teórico de estrutura e no pressuposto metodológico de que a análise das estruturas é mais importante do que a descrição ou interpretação dos fenômenos, em termos funcionais.

Capítulo 6

(decodificações) coincide para todos os receptores. Esse é o princípio da comunicação de massa, a partir do qual se pressupõe que, para atingir esse objetivo, os códigos universais devem fazer parte da comunicação audiovisual.

A segunda corrente, que também alcançou o ápice na década de 1940, fundamenta sua teoria na análise da produção e das possibilidades narrativas de cada meio de comunicação de massa – rádio, cinema, televisão e, mais recentemente, os multimeios e a internet –, considerando-se a tecnologia empregada (Rodríguez, 2006). Sergei M. Eisenstein, um dos seus fundadores, estabeleceu vários pressupostos teóricos baseados na sua própria experiência como cineasta.

Do ponto de vista metodológico, existem pontos comuns entre as duas correntes. Ambas desenvolvem o estudo sobre a eficácia do discurso audiovisual, avaliando o emissor – seus critérios, seu contexto, suas origens e as tecnologias utilizadas – e o resultado final, ou seja, o produto audiovisual. Além disso, as duas linhas de trabalho usam o método introspectivo, no qual o pesquisador vê a si mesmo como um receptor-tipo, para analisar o problema da decodificação das mensagens.

No entanto, precisamos destacar que, mesmo existindo critérios epistemológicos e metodológicos referentes à comunicação audiovisual, ela é vista principalmente como "arte"[*], ou melhor, como um produto criativo. Dessa perspectiva, podemos dizer que a linguagem confere valor estético[**]. O cenário, os objetos que compõem a cena, o elenco, o figurino, os enquadramentos e os movimentos da câmera, todos esses elementos em conjunto contribuem para ambientar, identificar, comunicar, subjetivar e definir uma linguagem

---

[*] Capacidade que tem o ser humano de pôr em prática uma ideia, valendo-se da faculdade de dominar a matéria.
[**] O termo *estético* está ligado ao campo da arte e tem o mesmo significado da palavra *estética*. Está relacionada ao ramo da filosofia que trata da arte. Estudar estética é a estética as manifestações e formas do belo (que pode ser o feio), o que diferencia o belo natural do belo artístico, e mesmo, em certos casos, a teoria da arte – desenvolvimento das formas artísticas. Resumindo, estética é o estudo das condições e dos efeitos da criação artística.

para determinado produto audiovisual. Se analisarmos bem, veremos que tudo é linguagem, pois cada elemento transmite alguma coisa. E essa mensagem pode ser interpretada de diferentes maneiras. É a sutileza, a subjetividade como característica intrínseca da comunicação.

6.4 Existe uma linguagem para cada meio?

O impacto comunicativo dos meios tradicionais de comunicação audiovisual – rádio, cinema e televisão – e de seus novos suportes, como multimídia e internet, está na combinação de som, imagem e interação na criação de mensagens, de forma a provocar alguma reação no receptor da mensagem. Dessa perspectiva, que valoriza mais os aspectos perceptivos dos mecanismos que estruturam a narração audiovisual, não deveríamos fazer distinção entre os meios; porém tecnicamente existem diferenças importantes a considerar. Sendo assim, só faz sentido falar de uma linguagem audiovisual para cada meio quando nos referimos ao emissor da mensagem, que deve ter conhecimento técnico específico para conceber e transmitir um produto audiovisual. Do receptor, por sua vez, será sempre exigido o mesmo tipo de esforço diante de um meio audiovisual, pois ele limita-se a ver, escutar e, eventualmente, interagir. O que vai mudar é a sua receptividade em relação a uma ou outra mensagem. Nesse ponto, deparamo-nos com a questão perceptiva.

Em termos de formatos e gêneros, existe um diálogo permanente entre os meios de comunicação audiovisual. É sabido que os primeiros programas de televisão vieram do rádio. Até o elenco de atores, roteiristas e diretores migrou de um meio para outro. O cinema, por sua vez, acaba exercendo uma forte influência do ponto de vista artístico e, por que não assumir?, técnico sobre a televisão. Sua estrutura de cortes, enquadramentos e movimentos e, por que não dizer, sua linguagem servem de inspiração permanente para a concepção de muitos outros produtos audiovisuais. Dessa forma, são muitas as interfaces entre os diferentes meios e entre eles e os espaços comunicativos do consumo e da criação audiovisual.

6.5 A linguagem publicitária

Quando se analisa a linguagem da perspectiva da publicidade e da propaganda, fica clara a importância do uso dos recursos estilísticos e argumentativos, visto que sempre existe uma segunda intenção por trás da mensagem. A linguagem publicitária, seja ela de qualquer natureza, está voltada para informar e manipular o receptor de acordo com os objetivos do emissor, mesmo quando se trata de uma peça publicitária ou institucional*. Os anunciantes usam a publicidade e a propaganda visando a três aspectos em particular: notoriedade, afetividade e ação.

- Notoriedade: diz respeito ao objetivo de tornar conhecido o produto, suas características e seu emprego.
- Afetividade: relaciona-se à capacidade de gerar no consumidor atitudes de preferência em relação ao produto e/ou à marca.
- Ação: supõe uma expectativa mais imediatista em relação aos resultados da comunicação. Refere-se à intenção de convencer o público de que o produto anunciado tem qualidades para satisfazer suas necessidades de beleza, conforto, prazer, segurança, informação etc.

A linguagem publicitária procura seduzir o público, influenciando os seus hábitos de compra e consumo. A mensagem, contudo, não se limita a ser normativa, indicando o que o consumidor deve usar ou comprar. Ela concilia realidade e sonho, destacando o objeto como ícone (que tem sua própria linguagem, como vimos anteriormente). O grande volume de mensagens publicitárias que circulam pela sociedade de consumo cria um ambiente

---

* Peça ou campanha publicitária cuja mensagem visa destacar a imagem do produto ou da empresa para o receptor.

cultural próprio ao modo de expressão usado pela publicidade, o qual acaba por criar uma identificação como linguagem.

Organizada de forma distinta, a linguagem publicitária apresenta características objetivas do produto ou serviço, juntamente com características subjetivas, impondo valores, mitos, ideais e outras relações simbólicas (na publicidade, o que está implícito é mais importante do que aquilo que está explícito). Para isso, usa os recursos próprios da língua e das diversas outras linguagens, incluindo a imagética.

> A linguagem publicitária procura seduzir o público, influenciando os seus hábitos de compra e consumo.

A linguagem publicitária, como modalidade técnica, tem certo grau de formalidade e adequação intencional. No roteiro, ela está presente em todos os elementos, do texto falado pelo locutor aos objetos de cena. Tudo contribui para passar a mensagem – que invariavelmente deverá provocar alguma mudança de opinião ou de comportamento. Sendo assim, a linguagem publicitária revela conexões entre unidades linguísticas e ideias. A linguagem – falada ou imagética – tem o papel de "ancorar" o sentido, visando identificar os elementos e evitar possíveis erros de leitura (interpretações) por parte do receptor. Imagem e texto se completam na comunicação audiovisual, criando uma rede fluente de significados, dos quais o espectador escolhe uns e rejeita outros, de acordo com as necessidades momentâneas, preferências e projeções, pois nem toda mensagem será absorvida por ele, como também nem sempre o consumidor agirá de acordo com a intenção desejada. Contudo, a postura do receptor diante da publicidade é sempre reativa. Acima de tudo, a publicidade incita a uma ação-reação no receptor, que vai agir positivamente ou negativamente diante da mensagem, mas jamais será passivo.

Há duas características fundamentais na linguagem publicitária: a criatividade e o planejamento. Para atingir seus objetivos, a mensagem tem de provir de um plano de comunicação maior, que antecede até mesmo o próprio processo criativo. Nada é por acaso na publicidade. Significa que, para chegar à mensagem, uma série de perguntas precisa ser respondida: A quem a comunicação é dirigida? O que ela espera conseguir? O que as pessoas deverão fazer com o resultado da comunicação? Que recompensas devem ser oferecidas para que elas façam o que queremos? Onde e quando falaremos com elas? Qual o objetivo comercial a alcançar? Que personalidade está sendo criada para a marca? Qual deve ser o foco da mensagem? Uma boa estratégia de comunicação começa pela compreensão exata do ambiente e das pessoas que ela deve atingir. Só depois disso é possível pensar em empregar uma linguagem adequada.

No entanto, publicidade não é ciência, o que torna impossível criar fórmulas. Nesse sentido, quando se trata da linguagem publicitária, da mesma forma como ocorre nas comunicações e na linguagem audiovisual, não interessa estudar apenas a forma linguística de apresentação ou os muitos recursos da linguagem e da estética. Ela é um campo de estudos interdisciplinares por excelência, integrando áreas como psicologia, sociologia, educação, ética, filosofia, teoria da comunicação, retórica, economia, *marketing* e estatística. Em publicidade, o princípio básico é dispor de todos os meios de maior efeito, apelos, tendências e variações, para causar impacto e apresentar uma ideia original, concisa e clara que se apresente como solução para um problema de comunicação.

Síntese

Diariamente, interagimos com milhares de imagens estáticas ou em movimento. Até aquilo que nossos olhos enxergam são, na verdade, imagens projetadas, segundo o fenômeno da visão persistente, que é, aliás, o princípio da técnica de cinema. A imagem suscita múltiplos significados. No sentido figurado, as pessoas usam o artifício da imagem para projetar-se, assim como por meio de um objeto a imagem pode ser comprada. Pelas sinapses que provoca na nossa mente, podemos dizer que a imagem é narrativa – constitui um certo tipo de conceito compreensivo do mundo.

A produção de imagens é a criação de algo que será representado por meio de "imagens artificiais", ou seja, produzidas com o objetivo de comunicar alguma coisa. Pode ser um filme, um programa de televisão, um videoclipe, uma animação, uma vinheta gráfica, uma videoaula, uma matéria jornalística, um comercial de produto, qualquer coisa que, antes de se tornar imagem, tenha sido concebida primeiramente pela nossa mente e trabalhada nela. Nesse tipo de produção existe um processo criativo e intencional.

A linguagem é um aspecto importante da produção de imagens e seu estudo se relaciona com diversas áreas do conhecimento, como a semiótica, a psicologia da percepção, a iconografia e a própria linguística. Os estudos a respeito da linguagem audiovisual, no âmbito da comunicação de massa, visam à compreensão das relações existentes entre as dimensões físicas das mensagens e as formas percebidas por quem as interpreta. Todos os elementos que compõem uma cena, como o cenário, os objetos, o elenco, o figurino, os próprios enquadramentos e movimentos da câmera, contribuem para ambientar, identificar, comunicar, subjetivar e definir uma linguagem para determinado produto audiovisual.

Só faz sentido falar de uma linguagem audiovisual para cada meio quando nos referimos ao emissor da mensagem, que deve ter conhecimento técnico específico para conceber e transmitir um produto audiovisual. No entanto, o esforço do receptor para receber a mensagem nunca sofre alterações. Já em relação aos formatos e gêneros, observamos que existe um diálogo permanente entre os meios de comunicação audiovisual.

Quando se analisa a linguagem da perspectiva da publicidade e da propaganda, fica clara a importância do uso dos recursos estilísticos e argumentativos, visto que sempre existe uma segunda intenção por trás da mensagem. Há duas características fundamentais na linguagem publicitária: a criatividade e o planejamento. Para atingir seus objetivos, a mensagem tem de provir de um plano de comunicação maior, que antecede até mesmo o próprio processo criativo. No entanto, publicidade não é ciência, o que torna impossível criar fórmulas.

Capítulo 6

Questões para revisão

1) Como funciona o fenômeno da visão persistente e qual sua relação com o cinema?

2) Com base na semiótica (ciência dos signos), é possível afirmar que vivemos em um mundo onde os signos permeiam a realidade coletiva por meio das imagens. Analise essa afirmação e descreva algumas situações que representam essa ideia.

3) Considerando-se a evolução e a integração das novas tecnologias e dos meios de comunicação, é possível defender que a tecnologia poderia ter evoluído sem a linguagem audiovisual? Justifique.

4) Assinale alternativa incorreta:
   a) A imagem é um meio usado pelo homem para representar suas ideias, desejos e sentimentos.
   b) A pintura, a escultura, o desenho, o teatro, o cinema, entre outras manifestações artísticas, são formas de linguagem que se utilizam da imagem como representação.
   c) A capacidade de gerar artificialmente imagens muito semelhantes à realidade não implica, necessariamente, a transmissão de uma mensagem verdadeira.
   d) A produção de imagens refere-se à criação de algo que será representado por meio de "imagens artificiais", ou seja, produzidas para um fim específico, com a clara intenção de representar ou comunicar algo.
   e) O conceito de imagética determina que a realidade pode ser produzida, ou seja, concebida e transformada em imagens, representando alguma coisa.

5) A imagem é um tipo de _____, visto que é meio de expressar ideias, com a clara intenção de comunicar alguma coisa.

   A alternativa que preenche corretamente a lacuna é:

a) representação.
b) memória.
c) linguagem.
d) intenção.
e) transmissão.

6) Na _____, o cenário, os objetos que compõem a cena, o elenco, o figurino, os enquadramentos e os movimentos da câmera, os sons, enfim, todos os elementos em conjunto contribuem para ambientar, identificar, comunicar, subjetivar, alterando significativamente as relações existentes entre as dimensões físicas das mensagens e as formas percebidas por quem as interpreta.

A alternativa que preenche corretamente a lacuna é:
a) cibercultura.
b) linguística.
c) semiótica.
d) linguagem audiovisual.
e) imagética.

7) O impacto comunicativo dos meios tradicionais de comunicação audiovisual – rádio, cinema e televisão – e de seus novos suportes, como multimídia e internet, está na combinação de som, _____ e interação na criação de mensagens, de forma a provocar alguma reação no receptor da mensagem.

A alternativa que preenche corretamente a lacuna é:
a) animações.
b) desenhos.
c) fotos.
d) elementos.
e) imagem.

8) Quando se analisa a linguagem da perspectiva da publicidade e da propaganda, fica clara a importância do uso dos recursos _____, visto que sempre existe uma segunda intenção por trás da mensagem.

A alternativa que preenche corretamente a lacuna é:
a) criativos.
b) estilísticos e argumentativos.
c) provocativos.
d) artísticos e argumentativos.
e) de imagem.

9) Há duas características fundamentais na linguagem publicitária: a criatividade e o _____. Para atingir seus objetivos, a mensagem tem de provir de um plano de comunicação maior, que antecede até mesmo o próprio processo criativo.

A alternativa que preenche corretamente a lacuna é:
a) monitoramento.
b) planejamento.
c) processo comunicativo.
d) consumo.
e) resultado.

10) Relacione o termo ao conceito:

1) Mensagem
2) Linguagem publicitária
3) Planejamento
4) Linguagem
5) Publicidade

(   ) Tem o papel de "ancorar" o sentido, visando identificar os elementos e evitar possíveis erros de leitura (interpretações) por parte do receptor.

( ) Concilia realidade e sonho, destacando o objeto como ícone, ou seja, não se limita a ser normativa, indicando o que o consumidor deve usar ou comprar.
( ) Precisa ser vista como um vasto campo de estudos interdisciplinares por excelência, integrando áreas como psicologia, sociologia, educação, ética, filosofia, teoria da comunicação, retórica, economia, *marketing* e estatística.
( ) Procura seduzir o público, influenciando os seus hábitos de compra e consumo.
( ) Uma boa estratégia de comunicação começa pela compreensão exata do ambiente e das pessoas que ela deve atingir. Só depois disso, é possível pensar em empregar uma linguagem adequada.

Agora, assinale a alternativa que corresponde à sequência correta:
a) 4, 1, 5, 2, 3.
b) 4, 5, 1, 2, 3.
c) 5, 4, 1, 2, 3.
d) 4, 1, 5, 3, 2.
e) 4, 1, 3, 5, 2.

Para saber mais

A evolução do conceito de imagem tem levado grandes empresas a reformular todo o processo gráfico de sua marca, visando atender as últimas tendências de mercado e consumo. Novos tipos, novas cores, novas perspectivas e formas vêm sendo adotados, conferindo a essas marcas um caráter de modernidade. Alguns exemplos dessa mudança podem ser encontrados na reformulação das marcas Pepsi, Walmart e Citroen. Recentemente, os canais a cabo da Sony também reformularam sua arte gráfica tanto na logo quanto nas chamadas *vinhetas*

Capítulo 6

e *designer*, inovando totalmente e abusando da tecnologia 3D em todo o processo de criação, elaborado pela agência *web* Dixon Baxi Creative Agence. Para saber mais acesse o *site* da agência ou confira diretamente nos canais.

> DIXONBAXI. Disponível em: <http://www.dixonbaxi.com/2600>. Acesso em: 21 jul. 2011.

Ainda dentro do conceito de imagem, associar valores à imagem da marca tem sido uma estratégia de comunicação bem-sucedida. Recentemente, a Coca-Cola lançou uma campanha com o tema *Razões para acreditar*, que tem como argumento principal a sustentabilidade – construção de uma realidade aceitável de preservação. Até um livro, intitulado *125 razões para acreditar em um mundo melhor*, fez parte das peças criadas para a campanha. Você pode fazer o *download* do livro no *site* oficial da marca.

> COCA-COLA. Disponível em: <http://www.cocacola.com.br>. Acesso em: 21 jul. 2011.

capítulo 7
O produto criativo

Conteúdos do capítulo:
- Produto criativo;
- As etapas do processo criativo;
- Os genêros e os formatos;
- As estruturas narrativas;
- As diferenças entre o roteiro de filme e o roteiro publicitário.

Após o estudo deste capítulo, você será capaz de:
- constatar que a área das comunicações é um campo fértil para a criatividade se desenvolver;
- entender o significado da palavra *criatividade*;
- dominar o processo criativo;
- compreender como ser mais criativo;
- identificar a questão do gênero e/ou formato no cinema, na televisão e na publicidade;
- definir o conceito-chave e/ou argumento para transmitir uma mensagem;
- entender como escrever um roteiro e identificar das particularidades de um roteiro publicitário.

Capítulo 7

7.1 A criatividade, o processo criativo e o produto

Para expressar seu potencial criativo, todo indivíduo precisa, de um ambiente que o encoraje. As comunicações são um campo fértil para a criatividade se desenvolver e podemos tranquilamente afirmar que, na produção audiovisual, essa fertilidade se multiplica, uma vez que é o momento em que as ideias saem do papel e se tornam algo concreto.

    A palavra *criatividade* significa combinar "o que se faz" com "o que se sente". A princípio, existia a crença de que a criatividade provinha de uma "inspiração divina", e o ser criativo não precisava fazer nada, a não ser aguardar o momento certo. Platão afirmava que, no momento da criação, o artista perdia o controle de si mesmo, passando ao domínio de um poder superior (Kneller, 1978). A crença de que a pessoa criativa é provida de poderes sobrenaturais perdurou por muito tempo. O filósofo Descartes chegava a defender a ideia de que só alguns têm o dom de criar, que lhes confere uma capacidade intuitiva maior.

    Com o tempo, surgiram outras abordagens e teorias a respeito do tema, como a psicológica, a psicanalítica, a sociológica, entre outras, mas cada uma tentava explicar o fenômeno da criatividade valorizando os aspectos relativos à sua área de conhecimento. No entanto, todas elas têm um ponto em comum: a compreensão de que existem fases e estágios que culminam na produção criativa, de qualquer natureza, e de que é preciso um grande esforço mental para encontrar uma solução criativa para algum problema.

A criatividade, como processo, é uma abordagem teórica em que se definem alguns passos necessários para atingir a produção criativa. Reconhecem-se de cinco a sete estágios no processo criativo. De qualquer modo, os estágios principais são: **apreensão, preparação, incubação, iluminação** e **verificação** (os dois estágios que foram excluídos dessa relação são **aquecimento** e **elaboração**), descritos na sequência.

- Apreensão: também conhecida por *identificação*, compreende a primeira fase do processo. Nesse momento, o indivíduo sente-se "incomodado" pela sensação ou percepção de que existe um problema a ser resolvido.
- Preparação: refere-se a uma etapa mais investigativa. Essa investigação pode ser feita de várias maneiras – lendo, escrevendo, ouvindo, indagando, discutindo, pensando. Na verdade, tudo, ou quase tudo, servirá para alimentar a criação. É importante termos em mente que descobrir o que já existe sobre o assunto de interesse é fundamental para preservar a originalidade do produto que será concebido.
- Incubação: nessa fase, o processo criativo desenvolve-se internamente. Esse estágio talvez seja o mais importante de todos. É nessa hora que o subconsciente vai trabalhar. Munida de informações, a mente começará a fazer associações e, dessa forma, encontrar diferentes caminhos criativos para resolver o problema.
- Aquecimento: nessa fase, várias ideias começam a surgir. Algumas vão sendo eliminadas, enquanto outras são selecionadas. Mas, internamente, o indivíduo sabe que o resultado esperado ainda não foi alcançado.

- **Iluminação**: consiste no "clímax" do processo criativo. Nesse ponto, temos de concordar com Platão e Descartes. A ideia aparece de maneira repentina e nítida, como se fosse uma "inspiração divina", ao mesmo tempo que a "intuição" vira certeza de que, entre todas as demais ideias, aquela é a melhor.
- **Elaboração**: é nessa fase que se transforma a ideia em um produto criativo, que, no caso de um produto audiovisual, seria o roteiro.
- **Verificação**: esse é o último estágio do processo criativo e é nele que se confere o resultado obtido. Na produção audiovisual, ocorre em dois momentos distintos: antes que o produto criativo seja transformado em um produto audiovisual e depois que o produto audiovisual é apresentado ao público. Normalmente, depois de concebido o roteiro, seja de cinema, seja de televisão, seja de um comercial, ele passará pela aprovação de várias pessoas antes de ser produzido. Nesse momento, podemos sentir a receptividade da ideia e, então, ter certeza de que ela causará o impacto desejado ou identificar a necessidade de recomeçar o processo criativo, pelo menos da fase do aquecimento em diante. No segundo momento, é o público quem vai dar o *feedback*, e o resultado em termos de plateia, audiência ou venda é que vai comprovar a eficiência da ideia. Em qualquer área do domínio humano – artes, ciência ou qualquer outra disciplina – , encontramos produtos criativos. Esses produtos podem ter um grau variado de novidade ou utilidade, que são padrões para determinar o resultado de uma ação criativa. Os produtos podem ser tangíveis, concretos, capazes de serem tocados, como qualquer objeto físico, ou podem ser intangíveis e não existirem fisicamente, mas somente na mente das pessoas. O desenvolvimento de um novo serviço, o aprendizado ou ainda um novo e inédito método de produção podem ser considerados produtos da criatividade humana.

O produto criativo é o resultado de uma atividade criativa. Ainda que produto e processo estejam interligados, é preciso deixar claro que nem todo processo resulta em um produto criativo. Aplicado ao contexto da produção audiovisual, o produto criativo precisa:

- ser original[*] – não deve ser óbvio;
- estar adaptado à realidade – deve servir de solução para um problema;
- ser bem elaborado – desenvolvido de forma a comunicar algo para os outros;
- ter um toque de elegância – a solução pode ser simples, mas estética;
- revolucionar – sair do lugar-comum.

7.2 Técnicas de criação

O *brainstorm*, também conhecido por *tempestade de ideias*, é uma técnica muito usada nas atividades de criação, especialmente naquelas ligadas às áreas de comunicação. Sua premissa é não julgar, para não interromper o fluxo das ideias. As boas só podem aparecer num clima livre de restrições. Não podemos ter medo de ir além de algum conceito ou objeto já conhecido; igualmente, combinar ou melhorar o que já existe nem sempre é uma má estratégia. Existem algumas técnicas desenvolvidas com base no *brainstorm* que ajudam bastante na hora de definir o conceito-chave ou argumento, ou mesmo de desenvolver o roteiro. São elas:

---

[*] A originalidade pode ser entendida como algo fora dos padrões habituais de pensar, a capacidade para produzir ideias raras ou incomuns, o uso de situações ou conceitos de modo não costumeiro, a habilidade para estabelecer conexões distantes e indiretas.

Capítulo 7

- Tempestade de ideias com visualização: pode ser feita com a ajuda de desenhos, fotografias, objetos concretos, brinquedos, uma pessoa etc. A partir da visualização dos elementos, outras ideias podem surgir.
- Tempestade de ideias com o corpo: grande parte dos estudiosos e pesquisadores da criatividade afirma que só podemos nos lembrar daquilo que vivenciamos ou daquilo que sentimos como útil ou significativo para nossas vidas. Assim, usar o corpo ou buscar alternativas corporais pode ajudar o indivíduo a tentar novas formas de comportamento diante de situações-problema.
- Tempestade de ideias com condições: a resolução de problemas está limitada a certas restrições e condições, e superá-las é o melhor caminho criativo. Pensar "e se..." é sempre um novo ponto de vista para enfrentar certas situações.
- Tempestade de ideias com uma dica: quem apresenta o problema deve fornecer uma ou mais informações relevantes. Então, fazem-se perguntas e mais perguntas, até surgir a "dica" principal.

Além das várias técnicas de tempestade de ideias, podemos ainda dispor de uma técnica bastante utilizada, intitulada *associação de ideias*, e que permite um exercício criativo rico e estimulante. Também conhecida como *teia de aranha*, essa técnica toma como base uma palavra ou conceito, que são associados a inúmeros outros, até se chegar àqueles que correspondem às expectativas.

7.2.1 Ser criativo

Segundo estudiosos do assunto, todos nós somos criativos. A diferença é que, ao longo da vida, uns desenvolvem a criatividade mais do que outros. Para trabalhar na área da comunicação – produção audiovisual, *marketing*, publicidade –, é quase uma condição básica ser criativo. Para escrever um roteiro, dirigir um filme ou mesmo atuar como produtor no *set* de filmagem, é preciso "transpirar" muito até alcançar aquela suposta "inspiração divina", comentada anteriormente.

Diferente do que muitas pessoas pensam, para ser criativo, não é preciso ser um gênio. Como um gigante adormecido, a criatividade pode estar esperando para ser despertada dentro de nós. Depende, basicamente, do quanto estamos comprometidos e dispostos a nos esforçar para isso. Algumas posturas podem nos ajudar a agir criativamente, como as descritas a seguir:

- Enxergar uma situação de diversos ângulos amplia as chances de chegarmos a algum resultado.
- Questionar sempre ajuda muito na hora de criar.
- Normalmente, quando criamos alguma coisa, estamos pensando em alguém, além de nós mesmos. É válido nos colocarmos no lugar do outro e tentarmos prever suas expectativas, reações, sentimentos etc.
- Julgar é um grande empecilho para criar. Num determinado momento do processo criativo, é necessário fazermos uma avaliação, mas nunca devemos antecipar esse momento.
- Todos nós já ouvimos que "errar é humano". Mas por que, quando erramos, não achamos que isso seja verdade? O melhor é esquecer o erro e começar tudo outra vez.
- Administrar o tempo é um dos maiores desafios nas atividades criativas, especialmente nas relacionadas com produção audiovisual. Os prazos sempre são muito apertados e é preciso ter timing na realização das atividades.

7.3 Gêneros e formatos

Já percebemos o quanto é importante ser criativo para conceber e/ou realizar um produto audiovisual e vimos algumas técnicas que podem facilitar essa tarefa. Agora, precisamos nos concentrar numa questão que antecede a criação do próprio roteiro, que diz respeito ao gênero e/ou formato. Os filmes, os seriados, as novelas, as minisséries, as

Capítulo 7

novas formas de produção de vídeo e multimídia e até o telejornal pertencem a determinada classificação narrativa e estilística. Essa certa "fórmula" esperada pela plateia ou audiência é o que cria a expectativa em um produto audiovisual. Em um filme de amor, por exemplo, as pessoas esperam se emocionar e, se isso não acontecer, provavelmente acharão o filme fraco ou ruim. Essa espécie de fórmula esperada é o que chamamos de *gênero* e/ou *formato*.

São muitas as teorias do gênero que circularam até hoje, elaboradas por nomes como Blanchot (1959), Barthes (1988) e Derrida (1980), mas sempre sob a ótica dos fenômenos linguísticos e literários. Ainda que nunca tenha dirigido sua atenção para o audiovisual, foi Mikhail Bakhtin (1981) que talvez tenha elaborado a teoria mais adequada sobre os gêneros. Para esse pensador russo,

> Gênero é uma força aglutinadora e estabilizadora dentro de uma determinada linguagem, um certo modo de organizar as ideias, meios e recursos expressivos, suficientemente estratificados numa cultura, de modo a garantir a comunicabilidade dos produtos e a continuidade dessa forma junto às comunidades futuras. Num certo sentido, é o gênero que orienta todo o uso da linguagem no âmbito de um determinado meio, pois é nele que se manifestam as tendências expressivas mais estáveis e mais organizadas da evolução de um meio, acumuladas ao longo de várias gerações de enunciadores. (Bakhtin, citado por Machado, 2000, p. 68)

A palavra *gênero* vem do latim *generis* e quer dizer "família, espécie". No sentido semiótico (análise do gênero no interior de uma linguagem), o gênero é determinante nos eventos audiovisuais, pois tudo o que estes têm em comum é o fato de serem constituídos por imagens e sons e deverem partir de um emissor e chegar a um receptor (independentemente do universo de pessoas a ser atingido). Nem mesmo as tecnologias empregadas na captação e na transmissão são as mesmas. A rigor, talvez se possa dizer que os gêneros/

formatos, na visão semioticista, correspondem a "enunciados"*. Cada programa, cada capítulo de um programa, cada bloco de um capítulo de programa, cada fotograma do filme, cada vinheta, cada animação, cada produção publicitária, e assim por diante, significa um evento audiovisual, que, por consequência, corresponde a um enunciado.

O gênero é importante porque serve de âncora para o roteiro. Um filme de comédia, por exemplo, deve ser engraçado e, portanto, os personagens, os diálogos, as cenas, tudo tem de contribuir para isso, da mesma forma que, no drama, todos os elementos devem contribuir para mexer com as emoções das pessoas. São vários os gêneros de filmes: clássico**, romance, drama, musical, guerra, futurista, científico, documentário, ação, aventura, suspense, terror, épico. A riqueza e a variedade de gêneros discursivos são ilimitadas, pois ainda pode haver subgêneros – o melodrama, por exemplo, é um subgênero do drama – ou ainda a mistura de gêneros, como a comédia romântica.

No início, a televisão importou muitos gêneros do rádio, como novelas, programas de humor e mistério, comédias de situação, seriados de detetive, noticiários, entrevistas, programas de esportes e, mais tarde, também se aventurou a copiar os gêneros do cinema e a produzir filmes. Isso lhe conferiu certa flexibilidade no que se refere aos gêneros/formatos. Assim, na televisão, é comum um mesmo programa abarcar vários gêneros, como é o caso de um programa de variedades, ou um noticiário exibir uma série de reportagens. Alguns gêneros são exclusivos da televisão, como os *reality shows* e os videoclipes. Cada esfera de atividades contém um vasto repertório de

---

* Cada enunciado concreto é uma singularidade que se apresenta de forma única, foi produzido dentro de determinada esfera de intencionalidades, com o objetivo de corresponder a certo campo do conhecimento e atingir determinado segmento de telespectadores.
** Refere-se a filmes mais antigos, que marcaram determinada época do cinema.

gêneros, que se diferenciam, ampliam e replicam na mesma proporção em que cada uma delas se torna técnica e criativamente mais complexa.

7.3.1 A questão do gênero e do formato na publicidade

Na publicidade, a maneira de definir cada gênero sofre variações. Assim, não existe o comercial "comédia", mas a mensagem "bem-humorada". Em vez de "romance" ou "drama", o comercial tem uma "história emocionante". Outra característica interessante do gênero aplicado à publicidade é que a contraposição de estilos pode constituir algo favorável para o produto e/ou empresa. Por exemplo, uma situação dramática pode virar algo bem engraçado, pitoresco.

Os formatos publicitários televisivos são vários e todos muito bem definidos: há a vinheta (de patrocínio, de abertura, de encerramento, de passagem, de bloco), a contagem regressiva, o *top* de 5 segundos, a chamada comercial (rotativa, localizada), o programete (eventos e projetos especiais), o clipe, o comercial (institucional e varejo), informe publicitário (ou *flash*), entre outros.

- **Vinhetas**: para veiculação comercial, todas as vinhetas têm relação com patrocínio, mas podem ser exibidas na tela em diferentes momentos da programação, recebendo, por isso, identificações distintas:
  - **Vinheta de abertura e de encerramento**: é exibida antes do início de um programa ou evento e/ou imediatamente após o seu término, para identificar o patrocinador. Deve ter 7 segundos de duração, com movimento, e o máximo de 12 palavras, sendo indispensável destacar o anunciante logo no início.
  - **Vinheta de passagem**: destina-se a reforçar para o público a imagem do patrocinador do programa ou evento. Entra na primeira e/ou última posição dos intervalos comerciais, de acordo com a quantidade de inserções definidas no plano comercial, e tem duração de 5 segundos.

- **Vinheta de bloco**: tem o objetivo de integrar e aumentar a exposição da marca e/ou produto patrocinador. Antecede e/ou sucede os blocos de programas e corresponde a 3 segundos de imagem em movimento, com texto limitado à citação da marca/produto. Não é permitido mostrar mais de um produto, tampouco atores com movimentos labiais. Obs.: Existe também outro tipo de vinheta, que pode ser usado dentro dos programas como efeito de passagem entre uma cena e outra, mas não tem qualquer vínculo comercial com algum anunciante. Geralmente, são efeitos gráficos e sonoros, que imprimem valor estético ao conteúdo do programa ou servem como breves pausas durante a narrativa, ou seja, como passagens.
- **Contagem regressiva**: é usada para criar expectativa em relação à entrada de um programa ou evento específico. Serve para chamar a atenção do telespectador. A imagem do produto do anunciante entra no final.
- *Top* **de 5 segundos**: é uma chamada de 5 segundos em contagem regressiva para a formação de rede[*]. A entrada da imagem do produto do anunciante causa maior impacto.
- **Chamada comercial**: tem o objetivo de promover programas de linha ou eventos e projetos especiais. Não existe uma posição predefinida, sendo exibida ao longo da programação. Pode ser rotativa ou localizada. Dura 7 segundos com movimento e tem, no máximo, 12 palavras. A imagem do produto do anunciante deve aparecer logo no início.
- **Programete (eventos e projetos especiais)**: é um pequeno vídeo, geralmente com características jornalísticas que, veiculado antes (*previews*) ou depois (*reviews*) dos eventos,

---

[*] Ajuste da programação simultânea em todas as emissoras integradas.

divulga as atrações patrocinadas pelo anunciante e reafirma o envolvimento da sua marca. A duração depende do plano comercial.

- **Clipe**: é um vídeo com linguagem exclusivamente artística, que mostra como serão ou foram os eventos. A duração depende do plano comercial.
- **Comercial (institucional e varejo)**: vídeo que pode ter duração de 15, 30, 45 ou 60 segundos. Os de 30 segundos são os mais usados, com o intuito de divulgar uma marca e/ou produto. Se o anunciante tiver uma verba considerável e quiser causar um grande impacto na mídia, ele pode fechar um *break* comercial*, que varia entre 2, 3 ou 5 minutos, conforme a emissora, ou seja, pode conseguir um espaço exclusivo, que ele pode usar como bem quiser. As únicas regras são anunciar um único produto por vez e respeitar questões éticas de relacionamento entre concorrentes, nas quais a emissora pode intervir, negando-se a veicular o comercial.
- **Informe publicitário ou *flash***: serve para divulgar informações do local de um determinado evento, com exibição da marca e/ou produto do patrocinador. Não apresenta posição predefinida e o tempo de duração pode variar, dependendo do plano comercial.

É importante comentar que os formatos aqui apresentados podem sofrer variações em relação ao tempo de duração, regras de apresentação da logomarca do patrocinador, entre outras, dependendo da emissora.

7.3.2 Conceito-chave e/ou argumento

Definido o gênero ou o formato do produto audiovisual, o próximo passo é definir o conceito-chave e/ou argumento, que será responsável em traduzir para o espectador a mensagem mais importante, ou seja, que constitui o núcleo da ideia criativa. Se for um comercial, por exemplo, podemos dizer que se trata da razão pela qual o espectador deverá comprar aquele determinado

---

* Intervalo da programação.

produto – a mensagem principal. Se for um filme, é a essência da história, também chamada de *moral da história*.

Para chegarmos ao conceito-chave e/ou argumento, é fundamental pensarmos em tudo o que diz respeito à história que se quer escrever – gênero, perfil dos personagens, enredo, onde tudo acontece, quando acontece, com que velocidade acontece etc. É importante analisarmos também quem são as pessoas que assistirão ao filme e tentarmos prever o que provavelmente esperarão daquele tipo de história, para seguir uma linha ou fazer justamente o contrário, surpreendê-las.

Levando as mesmas premissas para a mensagem publicitária, é preciso descobrir tudo o que for possível a respeito do produto – o que é, para que serve, como é feito, do que é feito, qual a sua principal utilidade, quais as suas utilidades secundárias, quanto custa etc. Levantadas todas essas informações, o próximo passo é extrair a que for mais significativa ou importante. Com base nela é que se irá buscar o conceito-chave. A associação de ideias pode ser uma técnica bem eficaz nesse caso. Consiste em estabelecer algum tipo de relação, significado ou sentido para um determinado elemento dado como estímulo. A cada palavra-estímulo devemos associar uma qualidade inerente à natureza do produto (adjetivo). Em seguida, associamos uma ideia (substantivo) a essa qualidade. Imagine, por exemplo, que a situação-problema seja anunciar uma nova e mais saudável linha de iogurtes: iogurte (palavra-estímulo) é tão saudável (adjetivo) quanto comer a própria fruta (substantivo). Dessa forma, a palavra fruta passa a constituir uma ideia associada ao principal benefício que o iogurte traz: uma vida mais saudável. Podemos construir várias associações até descobrir aquela que mostre de maneira original e criativa o lado mais favorável ou desejável do produto ou facilite o trabalho de produzir ideias, ou seja, o conceito-chave.

Já vimos que uma criação sempre parte de uma situação-problema. No caso da produção audiovisual para publicidade, ela se apresenta por meio de um *briefing*, que nada mais é do que um descritivo feito geralmente pelo atendimento da agência, que é o profissional que se relaciona mais de perto com o cliente. O *briefing* contém as principais informações sobre o *job*, como dados sobre o próprio cliente ou produto, evento, enfim, tudo o que for relevante para se compreender a intenção comercial do anunciante e sirva para alimentar o processo criativo. Um bom *briefing*, na maioria das vezes, determina o sucesso da ideia. No caso da nova linha de iogurtes saudáveis que comentamos antes, um trecho do *briefing* poderia ser:

Esta linha de iogurtes foi desenvolvida com 0% de gordura, 100% de sabor, sem adição de açúcar e enriquecida com vitaminas. O produto é feito com leite desnatado e adoçado com aspartame, o que resulta em menos calorias. Além de saboroso e prático, é o alimento ideal para quem quer estar sempre em forma, sem abrir mão de uma alimentação saudável, nutritiva e gostosa. Vem nas versões cremosa e líquida. Sabores versão cremosa: morango, papaia, ameixa, damasco, desnatado, frutas e fibras-morango, e frutas e fibras-pêssego. Sabores versão líquida: ameixa, maracujá e morango.

Sendo assim, podemos dizer que o conceito-chave é o mais importante numa peça publicitária, da mesma forma que o argumento num filme ou programa de televisão. As pessoas sempre querem saber por que razões estão assistindo (dando atenção) a determinado produto audiovisual, e o conceito-chave e/ou argumento facilita essa tarefa para elas, afetando diretamente sua percepção midiática.

7.4 O roteiro

Para a produção de todo e qualquer produto audiovisual, é necessário conceber antes um roteiro, o qual serve tanto para apresentar em detalhes a ideia, a história que será contada, como uma espécie de guia para o elenco de profissionais envolvidos na produção. "Um roteiro é uma história contada por imagens", como define Syd Field (2001), um renomado consultor e analista norte-americano de roteiros. Para isso, é necessário que seja escrito dentro de certa estrutura narrativa e contenha alguns elementos básicos que possibilitem ao leitor visualizar os personagens, o tempo, o espaço, as cenas, os *takes**, permitindo-lhe construir a imagem ou a história na sua mente. Ao contrário do que muita gente pensa, para escrever um bom roteiro não basta ter criatividade, é necessário ter técnica. Se tivermos dificuldade em visualizar as cenas na leitura de um roteiro, com certeza esse não é um bom material.

Antes de iniciar o roteiro propriamente dito, é necessário escrever a sinopse**, que consiste em uma narração breve, um resumo, uma síntese da ideia, uma descrição simplificada da ação da história. Porém, apesar de breve, a sinopse deve conter elementos como temporalidade, localização, percurso de ação e desfecho, para que o leitor tenha a compreensão do todo, ficando claro o conceito-chave ou argumento. Uma sinopse benfeita representa uma ideia vendida. Por exemplo, os detalhes que estarão contidos no roteiro interessam muito mais à equipe de produção do que ao cliente (anunciante) ou ao patrocinador do filme, pois, para eles, interessa saber em linhas gerais como o produto audiovisual será realizado. Seu foco está na mensagem (conceito-chave ou argumento) e, evidentemente, no orçamento.

Com a sinopse definida, o passo seguinte é escrever o roteiro, que, tecnicamente, pode ser criado para vídeo e para áudio. Esse tipo de texto corresponde a um descritivo mais extenso da sinopse, feito de maneira lógica e sequencial. Deve ser apresentado com divisões de cena, personagens, ação, sequência, espacialidade, ambientes (cenário, locações), temporalidade (época), tempo (chuva, sol, noite, dia), falas e/ou locuções, indicação de trilhas etc. No entanto, não é necessário ser muito específico no que diz respeito à técnica, pois isso não é atribuição do roteirista. É o diretor de cena quem deverá preocupar-se em como realizar o filme e/ou o comercial, qual a melhor maneira de transformar a ideia em algo concreto. Já o texto (diálogos ou locução)

---

* Cada plano da cena.
** Vem do grego *synopsis* e significa "vista de conjunto".

Capítulo 7

deve estar completo e ser aprovado (pelo cliente, quando for o caso) e revisado, pois essas são responsabilidades do roteirista.

A estrutura do roteiro pode ser definida como a organização linear ou não linear da história, definida por episódios, incidentes ou eventos inter-relacionados que necessariamente conduzem a uma resolução dramática. Mesmo que aconteçam diferentes eventos, envolvendo personagens distintos, num determinado momento, as peças devem se encaixar para que se possa entender o conjunto, ou seja, a história.

> para escrever um bom roteiro não basta ter criatividade, é necessário ter técnica.

Aristóteles foi o primeiro a definir as três unidades da ação dramática: tempo, espaço e ação. Ação é o que acontece. Espaço é onde acontece. Tempo é quando acontece. E tudo isso acontece para alguém, o personagem. Como podemos observar, essas unidades estão sempre presentes em uma história, independente de esta ser um produto audiovisual, literário, teatral etc.

Criar um personagem exige cuidados que vão além da definição de nome e tipo físico. É necessário ter um senso de percepção aguçado. Não serão apenas as palavras colocadas em sua boca que darão a ideia de quem ele é. Seus modos, suas roupas, seus adereços, sua casa, entre outros elementos mais subjetivos, como gostos, preferências e relacionamentos, tudo ajuda na hora de compor o personagem. Percebemos aqui quanto aqueles conceitos sobre linguagens que comentamos no capítulo anterior são aplicados na prática, tanto no roteiro quanto na produção das imagens.

Os diálogos ou textos são muito importantes para a evolução da história. O diálogo é desenvolvido pelos personagens. Já o texto é atribuição de um narrador ou locutor. Em ambos os casos, a mensagem deve ser comunicada ao espectador, em partes ou por inteiro, dependendo do momento, ou melhor, da cena.

Para transformar uma história em um produto audiovisual, é necessário que ela seja apresentada na forma de cenas. A cena é uma unidade de ação dramática que aparece em sequência. Além disso, não existe uma obrigatoriedade em relação ao tempo de duração da cena. Ela pode ser curta ou durar minutos, dependendo do seu impacto dentro da história. Cada cena é um elemento isolado do roteiro e precisa ter começo, meio e fim. No entanto, a sequência das diversas cenas que compõem o roteiro não precisa respeitar uma ordem, como já vimos. Porém, em algum momento elas terão de se encaixar, fazendo o espectador compreender o todo. Sendo assim, a maneira como as cenas são apresentadas afeta a estrutura do roteiro por inteiro.

Há dois tipos de ação: a física e a emocional, ou dramática, que exigem descrições bastante distintas. A ação física diz respeito a um fato/evento. Por exemplo, o personagem sofre um acidente de carro. Já a ação emocional/dramática diz respeito aos sentimentos dos personagens, muitas vezes difíceis de serem transmitidos somente com palavras, mas cuja descrição deve sensibilizar o leitor do roteiro para que entenda ou sinta o que está acontecendo. Por exemplo: olhando a janela, naquele dia chuvoso e frio, uma mulher com expressão triste e olhar perdido... Mas nada impede que essa descrição também possa contemplar simultaneamente os dois tipos de ações: uma mulher muito raivosa quebra o vaso que se encontra numa mesa próxima a ela.

A cena mais importante do roteiro é chamada pelos especialistas de *ponto de virada* (*plot point*) e consiste em um incidente ou evento decisivo para a trama. É o início de uma linha de desenvolvimento e/ou raciocínio que conduz ao final. Se tentarmos nos lembrar de filmes nos quais essa cena não apresenta todos os elementos necessários para fechar o enredo, recordaremos a sensação de frustração e desconforto que sentimos. O ponto de virada é, para o espectador, um deleite e, para o roteirista, o momento da sua glória ou fracasso. O ponto de virada determinará a opinião do espectador sobre a história.

Em relação à cena final, ela não precisa necessariamente conter uma solução para a trama. Pode também, por exemplo, servir para apresentar um ponto de vista ou mesmo deixar em aberto o final da história, permitindo múltiplas interpretações. É importante definir o final já na descrição da sinopse para facilitar a elaboração do roteiro. Dessa forma, fica muito mais fácil escolher os eventos que vão conduzir ao final, provocando as reações e as emoções que se espera ou mesmo possibilitando a compreensão da mensagem.

Capítulo 7

Uma página de roteiro corresponde mais ou menos a um minuto de cena. Isso significa que o roteiro de um longa-metragem com duração de 120 minutos terá 120 páginas. A primeira página do roteiro é a mais importante de todas e nela deverão estar contidos os elementos principais da história, um panorama de todas aquelas questões que dizem respeito à espacialidade e à temporalidade, o perfil de alguns personagens e uma vaga ideia da história.

No Anexo 1 deste livro, constam a sinopse e parte do roteiro do curta-metragem *O sotaquE*, de Marilize Donini e Luiz Rogério Lucena, com duração de 15 minutos. Nele, podemos perceber que as estruturas narrativas e os elementos essenciais de um roteiro estão presentes tanto na sua apresentação quanto nos diálogos. O leitor consegue nitidamente visualizar as cenas, fazendo a história transcorrer na sua mente como se estivesse vendo o filme. O objetivo do roteiro foi cumprido. Desse ponto em diante, a responsabilidade passa a ser do diretor de cena e da equipe de produção.

7.4.1 O roteiro publicitário

Já vimos que a primeira coisa em que o roteirista, ou a dupla de criação da agência (redator e diretor de arte), costuma pensar ao começar a criar um roteiro publicitário é o conceito-chave. O próximo passo é pensar no maior número de caminhos criativos a seguir, antes de se optar pela melhor alternativa, aquela que será escolhida de maneira a atender todos os critérios de eficiência e adequação da estratégia de comunicação.

Quando se trata de um produto criativo para meios audiovisuais, alguns cuidados básicos necessitam ser considerados. Criar para a televisão não é a mesma coisa que criar para o cinema, da mesma forma que criar para o rádio é diferente de criar para a televisão. Vamos refletir um pouco a respeito: no cinema, a plateia é cativa, pois foi até determinado local com o objetivo de assistir ao filme e, se porventura for exibido um comercial antes que o filme comece, não há alternativa a não ser assistir a ele. Na televisão, quando a programação da emissora cede espaço para a entrada do intervalo, a postura do receptor muda, passando a ser de relaxamento ou descompromisso, uma vez que não foi para assistir aos comerciais que ele sintonizou o canal. No rádio, acontece a mesma coisa: o receptor está mais interessado na programação e "desliga a mente" na hora dos comerciais, e esse é um dos motivos por que ouvimos muitas mensagens publicitárias dos próprios locutores/apresentadores durante os programas de rádio.

Para criar comerciais para a televisão ou cinema, é preciso ainda ter em mente que, nesses meios, o essencial é a imagem. É ela que tem de contar a história. O texto, quando necessário, servirá apenas para ancorá-la. Além disso, existem alguns critérios básicos a considerar na criação de comerciais – seja para que meio audiovisual for:

- Agressividade: significa ir direto ao ponto, atingindo algum centro de interesse do espectador. Mesmo conceitos subjetivos podem se tornar explícitos. Para isso, utilizam-se os recursos de "linguagem" já comentados.
- Rapidez: nos comerciais, a mensagem deve ser passada em poucos segundos (15, 30, 45 ou 60), como vimos anteriormente, e deve-se saber dosar o tempo para contar a história.
- Objetividade: a mensagem precisa ser clara, concisa, de fácil entendimento; caso contrário, não conseguirá atingir seu objetivo principal.
- Sedução: de todas as dicas, a mais importante é envolver o telespectador. Se a mensagem não for persuasiva, todo o esforço não valerá a pena.

Na publicidade, definir o estilo de realização da ideia é o mesmo que definir de que maneira a mensagem será comunicada. Para isso, existem vários tipos de discursos, narrativos ou subentendidos, nas imagens. A seguir, veremos alguns exemplos clássicos, que ficam mais evidentes acompanhados dos *slogans*:

- Afirmação: a mensagem soa para o telespectador como uma afirmação. Exemplo: *Toda criança tem o direito de brincar.* (Omo)

Capítulo 7

- **Promessa**: alguma coisa futura é prometida para o telespectador. Exemplo: *Deixe sua pele iluminada.* (Lux Luxo Brilhe)
- **Conselho**: o telespectador é aconselhado a tomar algum tipo de atitude. Exemplo: *Fale de beleza com quem mais entende do assunto.* (Avon)
- **Notícia**: as imagens e as mensagens se parecem com as de um telejornal. Exemplo: *A Consul acaba de aumentar a área útil de sua cozinha.*
- **Comparação**: faz-se ou insinua-se uma comparação do produto com outro ou ainda com um elemento fora do contexto. Exemplo: *Só Havaianas não solta as tiras.*
- **Testemunhal**: apresenta-se o depoimento de alguém, geralmente alguma personalidade, que empresta seu prestígio ao produto anunciado. Exemplo: *Eu uso Hering.* (Mariana Weickert, modelo)
- **Fantasia**: usam-se recursos como animação ou cenários ficcionais, com enredos criativos. Exemplo: *Com Tang sua vida é uma aventura.*

Além desses, existem ainda outros estilos, alguns com foco no público, outros no produto e outros ainda na marca. Mas invariavelmente o que um bom roteirista (ou redator, como normalmente é chamado na agência, uma vez que não se restringe a criar roteiros) precisa fazer é encantar e envolver o telespectador, fazendo com que ele acredite que o produto que lhe está sendo apresentado é a melhor alternativa para as suas necessidades.

Independentemente do estilo, o roteiro publicitário segue a mesma regrinha básica de qualquer outro roteiro: precisa ter começo, meio e fim, ainda que as cenas não sejam apresentadas nessa ordem. Primeiro, apresenta um **conflito** (situação-problema), depois evolui para um **ponto de virada** e, finalmente, apresenta a **solução**. A diferença é que não precisa ser muito detalhado. Basta que contenha a síntese da ideia e o texto na íntegra. No cinema e na televisão, faz-se primeiro a sinopse para apresentar o argumento – mensagem principal – e, depois, o roteiro detalhado. Já na publicidade, pela própria dinâmica da atividade e pelo tempo de duração mais curto do comercial, na maioria das vezes a sinopse acaba virando o próprio roteiro.

Embora muito mais simples e curto do que o roteiro de um programa de televisão ou de cinema, o roteiro publicitário tem a mesma função que os demais: servir de guia para todos os profissionais envolvidos na produção. Mas também tem algumas peculiaridades: além de apresentar uma história, precisa, necessariamente, vir acompanhado de uma grande ideia para resolver um problema de mercado, de *marketing* ou de comunicação do cliente, respeitar o *briefing* e, principalmente, estar adequado à verba disponível.

No Anexo 2, há um exemplo de roteiro publicitário criado pela Bronx Propaganda, uma agência paranaense, para o cliente PolloShop. Nele, pode-se observar como a descrição das imagens e o texto fornecem aos protagonistas da produção (anunciante, agência e produtora) todos os elementos necessários para a execução da ideia e qual foi a solução encontrada para resolver a situação-problema apresentada no *briefing*.

Além de ser apresentado em forma de texto, o roteiro também pode ser transformado em um *story-board*. Para isso, monta-se a história em quadros ilustrados, que representam em linhas gerais o seu desenvolvimento. No rodapé de cada quadro, deve vir um texto indicando a ação e o áudio. O Anexo 3 apresenta um exemplo de *story-board*, do comercial criado para anunciar o "Vestibular Facinter" realizado pelo Grupo Educacional Uninter.

Para fechar este capítulo, gostaríamos de ressaltar que um roteiro, seja de cinema, seja de televisão, seja publicitário, nunca está totalmente concluído. Mesmo depois de estruturado e aprovado (muito mais em termos de estilo e texto), passa por pequenas, mas significativas alterações durante sua execução, até se tornar um produto audiovisual finalizado. Em cada etapa da produção, os profissionais envolvidos aplicam sua criatividade, experiência e conhecimento técnico. Dessa forma, o roteirista pode ser comparado a um semeador: é ele quem lança a semente da "ideia". Depois, ela vai germinar e tomar forma no vasto campo da produção. Quanto ao resultado da colheita, só o público dirá.

Síntese

A criatividade está presente em todos os campos da vida humana. Em especial nas comunicações, podemos perceber que ela se desenvolve de maneira mais ampla e rápida. A criatividade não exige apenas uma boa ideia, mas organização, estrutura e sistematização por meio de um processo criativo, que se dá em algumas etapas: apreensão, preparação, incubação, iluminação e verificação, até resultar em um produto criativo.

Os produtos criativos podem ser tangíveis e intangíveis, mas sempre são o resultado de uma atividade criativa. Porém, embora produto e processo sejam interdependentes, nem todo processo resulta em um produto criativo. Diferentes técnicas de criação podem ser aplicadas durante o processo criativo. O *brainstorm*, também conhecido por *tempestade de ideias*, é uma técnica muito usada nas atividades de criação, especialmente naquelas ligadas às áreas de comunicação. Consiste em deixar fluir as ideias sem julgamento prévio, mas existem outras técnicas que também podem ser utilizadas: tempestade de ideias com visualização, tempestade de ideias com o corpo, tempestade de ideias com condições, tempestade de ideias com uma dica, associação de ideias – também conhecida como *teia de aranha*, entre outras. A criatividade não é um dom que apenas alguns possuem. Todos nós somos ou podemos ser criativos, basta exercitarmos, estarmos comprometidos e dispostos a nos esforçar para isso.

Para conceber roteiros criativos, é preciso definir o gênero e/ou formato. O gênero é importante porque serve de âncora para o roteiro. No cinema existem diversos gêneros: suspense, comédia romântica, drama etc. Na televisão são as novelas, programas de humor e mistério, comédias de situação, seriados, noticiários, entrevistas, programas de esportes, entre outros. É comum na televisão um mesmo programa apresentar vários gêneros, como é o caso de um programa de variedades, ou um noticiário exibir uma série de reportagens.

Na publicidade, a maneira de definir cada gênero sofre variações. Assim, não existe o comercial "comédia", mas a mensagem "bem-humorada". Em vez de "romance" ou "drama", o comercial tem uma "história emocionante". Outra característica interessante do gênero aplicado à publicidade é que a contraposição de estilos pode constituir algo favorável para o produto e/ou empresa. Por exemplo, uma situação dramática pode virar algo bem engraçado, pitoresco.

Existem vários formatos publicitários televisivos para serem explorados num plano de mídia: vinhetas – vinheta de abertura e de encerramento, vinheta de passagem, vinheta de bloco –, contagem regressiva, *top* de 5 segundos, chamada comercial, programete, clipe, comercial – institucional e varejo, informe publicitário ou *flash*. Normalmente, existe para cada emissora um padrão definido em relação a tempo de duração, regras de apresentação da logomarca do patrocinador, entre outras.

O roteiro precisa ser escrito dentro de certa estrutura narrativa e conter alguns elementos básicos que possibilitem ao leitor visualizar os personagens, o tempo, o espaço, as cenas e os *takes*. Esse descritivo permite a quem está lendo o roteiro imaginar, enxergar, a história. Para isso, é interessante acoplar ao início do roteiro uma *sinopse* contendo o resumo da história que será contada. A estrutura do roteiro pode ser definida como a organização linear ou não-linear da história, definida por episódios, incidentes ou eventos inter-relacionados que necessariamente conduzem a uma resolução dramática. Além de ser apresentado em forma de texto, o roteiro também pode ser transformado em um *story-board*.

Criar para a televisão não é a mesma coisa que criar para o cinema, da mesma forma que criar para o rádio é diferente de criar para a televisão. Existem também alguns critérios básicos para a criação de comerciais. Além de apresentar uma história, precisa necessariamente vir acompanhado de uma grande ideia para resolver um problema de mercado, de *marketing* ou de comunicação do cliente, respeitar o *briefing* e, principalmente, estar adequado à verba disponível.

Capítulo 7

Questões para revisão

1) Buscando expandir o número de obras criativas disponíveis por meio de licenças que permitem a cópia e o compartilhamento de materiais com restrições menores e menos rígidas que os tradicionais direitos autorais (*copyright*), a Creative Commons – uma organização não governamental sem fins lucrativos, localizada na Califórnia – desenvolveu diversas licenças, conhecidas como *Licenças Creative Commons*. As bases da CC permitem a padronização de declarações de vontade no que diz respeito ao licenciamento e à distribuição de conteúdos culturais em geral (como textos, imagens, músicas, filmes etc.), para facilitar seu compartilhamento e recombinação, sob a ótica de uma filosofia *copyleft*. Ou seja, a partir dela, o autor da obra poderá definir o grau de permissão de acessos e até mesmo decidir se permite alterações de outras pessoas no material original. Você acredita que essa nova forma de encarar questões relativas a direitos autorais de produtos criativos é promissora? Por quê?

2) A insistência em renovação de linguagem cinematográfica acaba gerando novos subgêneros (como a comédia romântica, a comédia de terror ou o falso documentário). Sobre isso, responda: você acredita que a linguagem, assim como a possibilidade de renovação e combinação entre um gênero e outro, para a geração de um novo produto, seja inesgotável? É possível que exista a saturação de um gênero cinematográfico?

3) Vimos que existem diversas técnicas de criação para aplicar durante o processo criativo. Com base nisso, invente um produto e selecione uma das técnicas apresentadas para exercitar e desenvolver mais ideias até chegar ao "produto criativo" final. Construa uma mensagem condizente com os atributos do produto, mas, ao mesmo tempo, atraente e instigante para atingir o público.

4) Assinale com (V) as alternativas verdadeiras e com (F) as falsas.
( ) Todo indivíduo necessita, para expressar seu potencial criativo, de um ambiente que o encoraje.
( ) Só os gênios são criativos.
( ) A palavra *criatividade* significa combinar "ações" com "sentimentos".
( ) Para criar, o indivíduo passa por um processo criativo que se dá por meio de algumas fases, as quais, necessariamente, obedecem a uma ordem: apreensão, incubação, aquecimento, iluminação, preparação, elaboração e verificação.
( ) Depois de um tempo, a fase da incubação precisa ser externada, compartilhada com outras pessoas para se ter certeza de que está no caminho certo.
( ) Se o resultado obtido de uma ideia não é conferido, todo o processo criativo vai por água abaixo.
( ) O produto criativo é o resultado de uma atividade criativa.

Agora, assinale a alternativa correta:
a) F, V, F, F, V, F.
b) V, F, F, F, F, V.
c) F, V, V, F, F, V.
d) F, V, F, F, F, V.
e) V, V, F, F, F, V.

5) Aplicado ao contexto da produção audiovisual, o produto criativo precisa: ser _____ – não deve ser óbvio; estar adaptado à realidade – deve servir de solução para um problema de comunicação; ser _____ – desenvolvido de forma a comunicar algo para os outros; ter um toque de elegância – a solução pode ser simples, mas estética; revolucionar – sair do lugar-comum.

A alternativa que preenche corretamente a lacuna é:
a) inédito/convincente.
b) original/bem elaborado.
c) singular/bem feito.
d) novo/interativo.
e) original/adequado.

6) Uma técnica muito usada nas atividades de criação, especialmente naquelas ligadas às áreas de comunicação, é a *tempestade de ideias*, também conhecida por _____.

A alternativa que preenche corretamente a lacuna é:
a) fluxo das ideias.
b) visualização.
c) *brainstorm*.
d) associação de ideias.
e) teia de aranha.

7) Algumas posturas podem nos ajudar a agir criativamente, como _____, questionar, colocar-se no lugar do outro, não julgar, ser persistente e administrar o tempo.

A alternativa que preenche corretamente a lacuna é:
a) acordar cedo para ter mais disposição.
b) enxergar uma situação de diversos ângulos.
c) ser mais cético.
d) encarar desafios.
e) levar o tempo que for necessário até surgir a melhor ideia.

8) Um romance, um documentário, uma novela ou um seriado pertencem a determinada classificação narrativa e estilística, que denominamos _____.

A alternativa que preenche corretamente a lacuna é:
a) fórmula.

b) conceito.
c) gênero.
d) produto audiovisual.
e) estilo.

9) Assinale as alternativas que correspondem a alguns dos formatos publicitários exibidos na televisão:
a) Vinheta.
b) Informe publicitário.
c) Patrocínio.
d) Comercial.
e) Campanha.

Para saber mais

Muitos diretores de cinema procuram uma renovação de gêneros. Na ânsia pela inovação, acabaram reciclando subgêneros – como o *mockumentary* (ou falso documentário), explorado tanto em títulos mais antigos, como *This is Spinal Tap*, de 1984 (um dos precursores do subgênero), e *A bruxa de Blair* (1999), quanto tem produções mais recentes, como os sucessos *Atividade paranormal* (2007), o espanhol *REC* (2007), o premiado *Distrito 9* (2009), bem como títulos ainda desconhecidos pelo grande público, como *Catfish* (2010) e *The troll hunter* (2010). Outros profissionais buscam uma renovação na linguagem, retorcendo a narrativa: o cineasta dinamarquês Lars Von Trier desafia constantemente o espectador ao lançar obras polêmicas, como *Dogville* (2003), que não possui cenários, dando, assim, ênfase ao conflito entre os personagens. Vale a pena selecionar e assistir a alguns desses filmes.

A BRUXA de Blair. Direção: Daniel Myrick; Eduardo Sánchez. Produção: Robin Cowie e Gregg Hale. EUA: Haxan Films, 1999. 88 min.

Capítulo 7

ATIVIDADE paranormal. Direção: Oren Peli. Produção: Jason Blum, Oren peli e Steven Schneider. EUA: PlayArte, 2007. 99 min.

CATFISH. Direção: Ariel Schulman e Henry Joost. Produção: Andrew Jarecki et. al. EUA: Universal Pictures/Relativity Media/Rogue Pictures, 2010. 82 min.

DISTRITO 9. Direção: Neill Blomkamp. Produção: Peter Jackson. Nova Zelândia/África do Sul: TriStar Pictures; Sony Pictures Releasing, 2009. 112 min.

DOGVILLE. Direção: Lars Von Trier. Produção: Vibeke Windelov. França: Lions Gate Entertainment/California Filmes, 2003. 177 min.

REC. Direção: Jaume Balagueró e Paco Plaza. Produção: Julio Fernández. Espanha: California Filmes, 2007. 85 min.

THE TROLL hunter. Direção: André Øvredal. Produção: Sveinung Golimo e John M. Jacobsen. Noruega: SF Norge A/S, 2010. 103 min.

THIS is spinal tap. Direção: Rob Reiner. Produção: Karen Murphy. EUA: UIP, 1984. 82 min. EUA: Artisan Entertainment, 1999. 88 min.

Na publicidade, a união entre criatividade e tecnologia pode resultar em um "produto criativo" inimaginável para o público em geral. É o que podemos observar na publicidade de lançamento do *Hyundai Accent*, realizada toda em 3D. O comercial promove a interação entre imagem de alta definição e o próprio carro. Para ver essa propaganda, acesse:

HYUNDAI ACCENT 3D PROJECTION MAPPING (SHORT VERSION). Disponível em: <http://www.youtube.com/watch?v=E4lAQfCIdOw&feature=relmfu>. Acesso em: 10 ago. 2011.

capítulo 8
Recursos humanos e tecnológicos

Conteúdos do capítulo:
- Profissionais envolvidos na produção audiovisual;
- Etapas da produção e atividades relacionadas;
- Técnicas de captação e finalização de imagens.

Após o estudo deste capítulo, você será capaz de:
- reconhecer os papéis do cliente, da agência, do fornecedor e do veículo no contexto da publicidade;
- identificar os recursos humanos e tecnológicos disponíveis na produção audiovisual;
- compreender as atividades pertinentes às etapas de pré-produção, produção e pós-produção;
- entender o fluxograma de trabalho na agência e na produtora;
- examinar as técnicas de captação e finalização para produção de comerciais.

Capítulo 8

8.1 Os protagonistas

Existe um elenco básico de profissionais que compõem os quadros da produção para cinema, televisão ou publicitária. Dependendo do porte do trabalho, esse elenco pode variar, tanto com a inclusão quanto com a retirada de alguns profissionais do grupo. Vejamos, a seguir, nos profissionais envolvidos na produção de um roteiro publicitário:

- Cliente: é quem solicita o trabalho e determina a verba. Pode ser uma empresa (indústria, comércio e serviços), uma entidade (governo, ministério, secretaria, estatal), uma organização (igreja, organização não governamental – ONG) etc.
- Agência: administra a verba do anunciante e sugere os investimentos em publicidade, propondo estratégias de comunicação alinhadas com o plano de *marketing* do cliente.
- Fornecedor: nesse caso, é a produtora de vídeo e/ou cine-vt.
- Veículo: é a emissora de televisão e/ou a sala de cinema.

Quem representa o cliente é o diretor, gerente e/ou coordenador de *marketing* – qual desses profissionais estará envolvido no *job* depende da estrutura do cliente e da importância do trabalho. Ele será o responsável por definir os objetivos que pretende alcançar para o produto ou serviço e por fornecer todas as informações relevantes para o *briefing*, além de aprovar a ideia, o roteiro, a mídia e o material finalizado. Sua participação durante as etapas de produção – reunião de pré-produção, gravação ou filmagem – depende da sua disponibilidade e interesse ou da necessidade de demonstrar algum produto e certificar-se de que está sendo apresentado corretamente.

Já os profissionais da agência, responsáveis pela criação, desenvolvimento e veiculação do produto audiovisual, são os seguintes:

- **Atendimento**: é o profissional que faz o elo entre a agência e o cliente. Como o maestro de uma orquestra, ele tem a função de fazer com que tudo funcione dentro das expectativas do cliente. Sua principal tarefa é gerenciar a conta, otimizando os investimentos publicitários do cliente, de modo que possa garantir um bom retorno. No caso de uma produção audiovisual, o investimento geralmente é alto, por causa dos custos de produção e mídia. Portanto, juntamente com o mídia e o RTVC (Rádio, Cinema e Televisão), ele está sempre à frente das negociações com fornecedores e veículos.

- **Diretor de criação**: é o líder de criação da agência. É quem vai conduzir as reuniões de criação – *brainstorm* – e o desenvolvimento do trabalho em si. É ele quem bate o martelo em relação ao caminho criativo a seguir. Alinhado com os objetivos do cliente, esse profissional tem a tarefa de garantir a qualidade do produto criativo tanto em termos de ideia, estética/visual, quanto, principalmente, como solução de um problema de comunicação.

- **Dupla de criação**: é constituída por um redator e um diretor de arte, que estão subordinados ao diretor de criação. Quando se reúnem para resolver uma situação-problema, como a criação de uma peça publicitária, esses profissionais não

Capítulo 8

pensam de maneira especializada (o redator, de forma literária, e o diretor de arte, de forma plástica e visual). Existe uma interação entre eles e, muitas vezes, os papéis se invertem na hora de criar. Posteriormente, cada um executa suas tarefas específicas: o redator escreve o roteiro e o diretor de arte faz o *layout* do *story-board*.

- RTVC ou produtor eletrônico: é o profissional responsável pela produção dos materiais que serão veiculados nas mídias eletrônicas. Sua função é solicitar orçamentos e acompanhar as produções, desde a captação até a finalização do material, bem como entregá-lo aos veículos. Para exercê-la, o RTVC precisa conhecer as produtoras, os diretores de cena (que geralmente são profissionais *freelances*) e as técnicas de realização, para poder indicar à agência o melhor fornecedor para cada trabalho.
- Mídia: é o profissional responsável pelo planejamento de mídia, ou seja, pela escolha dos meios para veiculação das diferentes peças publicitárias. Juntamente com o atendimento, administra a verba do cliente, definindo a melhor maneira de aplicá-la e distribuí-la entre os veículos de comunicação, visando a um fim específico: atingir o público-alvo. No caso da veiculação de um comercial de TV, por exemplo, o plano de mídia apresenta, além das emissoras sugeridas, informações como a grade de programação, o horário de exibição e, em alguns casos, até o bloco do intervalo, caso o cliente esteja disposto a pagar mais caro pela mídia.

O elenco da produtora é formado pelos seguintes profissionais:

- Atendimento: é o profissional que se relaciona com a agência, normalmente por meio do RTVC. Ele mesmo pode ser o responsável pelo orçamento, dependendo da estrutura da empresa. Em qualquer caso, é ele quem apresentará a proposta para a agência e negociará o fechamento.
- Diretor de cena: tem o papel principal no elenco de profissionais envolvidos com a produção do comercial. Na posição de líder, dá as

diretrizes para o trabalho de todo o grupo. Como é ele quem tem a qualificação técnica e a sensibilidade artística para realizar o vídeo ou filme, possui toda a liberdade de opinar ou alterar o roteiro, com o propósito de melhorá-lo, mas sempre mantendo o conteúdo e negociando as alterações com o roteirista. O diretor de cena imagina o filme/vídeo antes de realizá-lo e toda a equipe se mobiliza de acordo com isso. Na produção publicitária, na qual os roteiros estão mais para sinopses, o diretor de cena muitas vezes acaba escrevendo um novo roteiro para que possa decupar as cenas. O roteiro se completa quando é feita a decupagem*. Outros profissionais podem auxiliar o diretor de cena nessa tarefa, mas suas contribuições são menores. Nem mesmo o roteirista participa. Ele geralmente voltará a se envolver mais com a produção quando for o momento de filmar ou gravar.

- Diretor de fotografia: esse profissional é responsável pela "fotografia" do material e determina aspectos como a posição dos refletores, a luz e o uso de filtros na lente da câmera, sempre de comum acordo com o diretor de cena. A fotografia é muito importante, pois constrói uma espécie de linguagem subjetiva. A escolha da luz – mais escura, leve, colorida, ou sóbria – transmite conceitos e causa certos sentimentos nas pessoas, fazendo com que elas sintam a cena e/ou o filme com maior intensidade.
- Assistente de direção: a maioria dos diretores de cena tem um assistente, mas alguns preferem trabalhar sozinhos. A função do assistente é servir de elo entre o diretor e a equipe, repassando informações e conferindo as providências. No

---

* Detalhamento por cena e por tomada do ponto de vista técnico e da produção.

set, esse profissional pode fazer as marcações das cenas no papel, antecipando o trabalho de finalização.

- Diretor e/ou coordenador de produção: chefia a equipe de produção, comandando todas as operações, desde o estabelecimento de cronogramas até a pré-seleção dos modelos. É ele quem fica em contato direto com o diretor de cena. Nem todo trabalho tem uma equipe de produção e, portanto, um diretor/coordenador de produção. Algumas têm apenas o produtor.
- Produtor: é responsável por tudo ou quase tudo que acontece na produção. Um filme pode ser feito com um único produtor ou com vários, depende do tamanho da produção. Existem até mesmo produtores especializados, como é o caso do produtor de *casting*, que só se preocupa com a seleção do elenco.
- Operador de câmera: é o responsável por posicionar e movimentar a câmera de acordo com os planos definidos pelo diretor de cena. Para isso, além de conhecimento técnico, precisa ter controle e precisão dos movimentos e entender claramente o que o diretor está querendo passar.
- Assistente de câmera: é o responsável pelo funcionamento e pela manutenção da câmera. Suas atividades incluem montagem da câmera no tripé, garantia da segurança do equipamento no *set* de filmagem, troca de lentes e filtros. Fora do *set*, mantém as baterias sempre carregadas, faz a limpeza de câmeras/lentes e cuida do cabeamento.
- Técnico ou operador de áudio: é responsável tanto por assegurar a qualidade do áudio no *set*, avisando sobre a interferência de algum ruído, quanto por operar os equipamentos de áudio necessários – microfones de lapela, *boom*, entre outros.
- Eletricista: trabalha sob o comando do diretor de fotografia e responde pela parte elétrica. Entre suas funções, estão trocar as lâmpadas dos equipamentos de fotografia, auxiliar na posição dos refletores, cuidar do cabeamento.

- **Maquinista**: é o profissional que opera os equipamentos pesados que tornam possíveis algumas posições da câmera, como *travelling* e grua, por exemplo.
- **Contrarregra**: cuida da montagem e desmontagem do cenário, entre outras inúmeras funções, como transporte de objetos de cena e limpeza do *set*.
- **Cenógrafo**: é o membro da equipe que planeja, projeta e acompanha a execução dos cenários em que as cenas deverão acontecer, bem como responde pela ambientação das locações.
- **Figurinista**: as roupas e os acessórios que o elenco usa são responsabilidade desse profissional. Quando o trabalho exige a criação do figurino, ele deve antes fazer um croqui para apresentá-lo ao diretor, além de fazer pesquisa de tecidos, adereços e acessórios.
- **Maquiador/cabeleireiro**: é quem cuida para que os cabelos e a maquiagem de atores e modelos estejam adequados para o filme/vídeo a ser realizado. Existem alguns truques importantes para a maquiagem, que levam em consideração a luz definida pelo diretor de fotografia. Por isso, é necessário um profissional especializado. Quando se trata de caracterizações, exige-se um grau de especialização ainda maior.
- **Editor e/ou finalizador**: é o responsável pela pós-produção das imagens e pelos efeitos visuais que compõem o vídeo ou filme (*cine-vt*), tais como caracteres, animação, correções de cores etc. Para isso, precisa ter conhecimentos técnicos de *softwares* de edição e tratamento de imagens.
- **Designer**: esse profissional também exerce uma função essencial na construção do vídeo, tanto na etapa de edição/finalização, principalmente no *motion designer* (elementos gráficos que compõem o vídeo – vinhetas, aberturas, créditos etc.), quanto durante a pré-produção do material, atuando ativamente na direção de arte (definindo a palheta

de cores do filme, os objetos de cena e elementos relativos à estética da imagem).

8.2 Etapas da produção

Em toda e qualquer produção, é necessário que se realizem várias atividades, em três etapas distintas, denominadas de *pré-produção, produção* e *pós-produção*.

- **Pré-produção:** consiste no momento imediatamente após a aprovação do roteiro. A principal atividade dessa etapa é a reunião de pré-produção, que envolve os profissionais da agência, o atendimento da produtora e o diretor de cena e, em alguns casos, mais alguns membros da equipe de produção. Nela, serão discutidos os detalhes do filme/vídeo e o diretor opinará sobre o roteiro, dando suas contribuições.
- **Produção:** nessa etapa é realizada uma outra reunião. Porém, agora somente entre os principais membros da equipe de produção: diretor de cena, diretor de fotografia, diretor de produção e/ou produtor e cenógrafo. Nela, o diretor de cena apresenta o roteiro, de preferência já acompanhado da decupagem feita por ele. A partir desse momento, cada um assume as suas responsabilidades e é dado início à realização do filme/vídeo propriamente dito. A filmagem ou gravação é feita nessa fase.
- **Pós-produção:** nessa etapa, o diretor de produção e sua equipe devem fazer a devolução de materiais, a conferência de contratos com o elenco, o fechamento de *job*, entre outras atividades, enquanto a equipe técnica deve guardar todo o equipamento e cuidar da manutenção para que tudo esteja pronto para o próximo trabalho. Já o diretor de cena parte para a finalização ou edição do material. Com o material bruto em mãos, o diretor, juntamente com o editor/finalizador, começará a montar o filme/vídeo, o que consiste em

escolher as cenas, organizar a sequência, trabalhar os efeitos, até o material ficar do jeito que ele imaginou quando leu o roteiro.

Respeitando-se essas três fases e fazendo-se os encaminhamentos pertinentes a cada uma delas, as chances de algo dar errado diminuem. Mesmo assim, a produção é um processo que precisa ser constantemente checado, pois os imprevistos acontecem e alguns deles independem do controle da produção, como chover no dia em que estava prevista a captação de cenas em externa.

8.3 Fluxogramas

Apresentamos a seguir alguns fluxogramas que permitem uma melhor compreensão de cada uma das etapas de produção, desde a solicitação do *job* até a entrega do material.

8.4 Técnicas de captação e finalização

Existem várias técnicas de captação e finalização para se produzir um comercial. A escolha delas depende da verba do cliente, da qualidade técnica almejada e da relação entre investimento em produção e plano de mídia. Entre elas, podemos citar:

- **Vídeo**: é um registro magnético – analógico ou digital – em equipamento e fita especialmente designados para esse fim. Os formatos profissionais mais usados são Betacam (analógico), Betadigital, DVCam e HD (*High Definition*). As diferenças entre os formatos de vídeo estão na tecnologia eletrônica empregada. A vantagem do sistema digital é a sua capacidade de reprodução sem perda da qualidade.

Figura 8.1 – Fluxograma de trabalho na agência

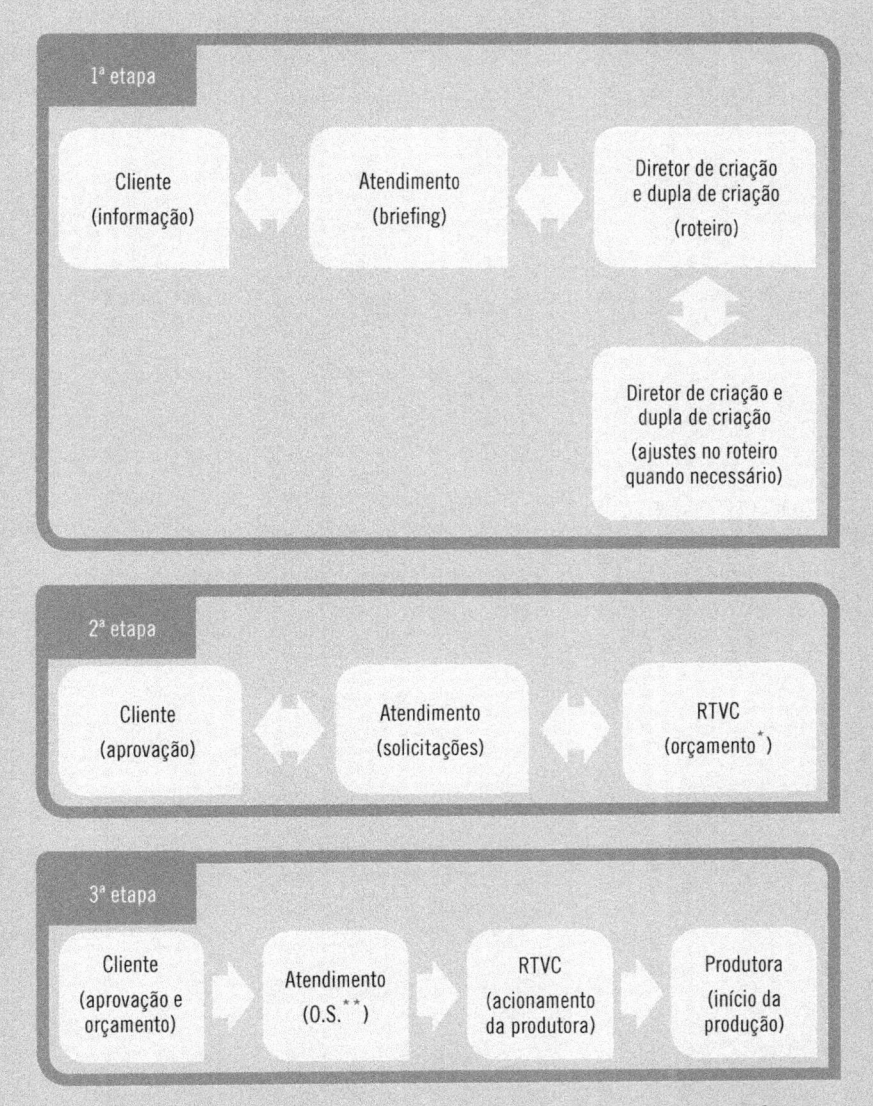

1ª etapa

- Cliente (informação) ⇄ Atendimento (briefing) ⇄ Diretor de criação e dupla de criação (roteiro)
- ⇅ Diretor de criação e dupla de criação (ajustes no roteiro quando necessário)

2ª etapa

- Cliente (aprovação) ⇄ Atendimento (solicitações) ⇄ RTVC (orçamento*)

3ª etapa

- Cliente (aprovação e orçamento) → Atendimento (O.S.**) → RTVC (acionamento da produtora) → Produtora (início da produção)

* É feito com várias produtoras e, no orçamento, já se escolhem os diretores de cena e de fotografia.

** Ordem de serviço.

Figura 8.2 – Fluxograma básico de produção

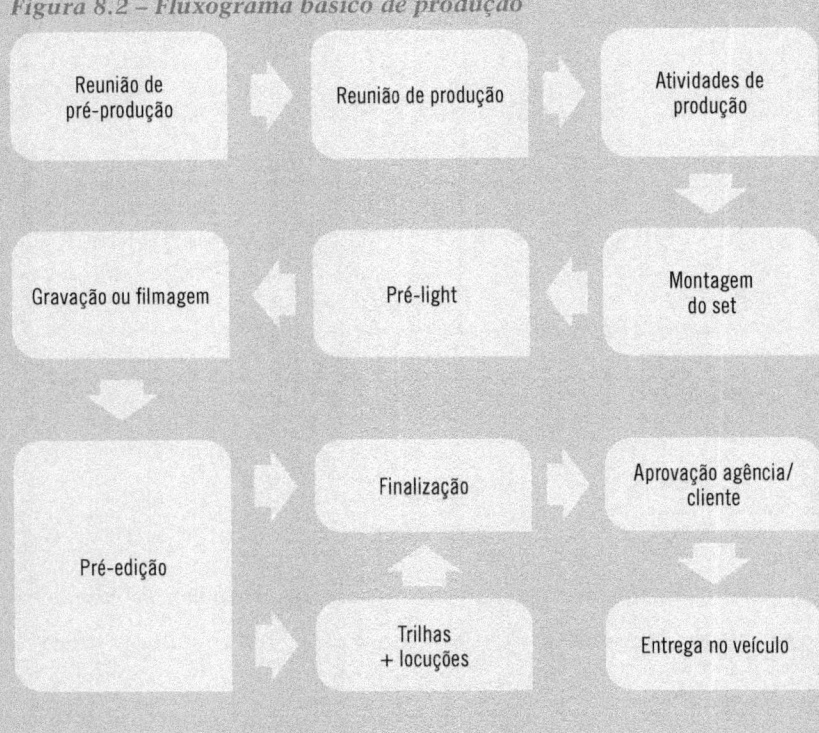

Reunião de pré-produção → Reunião de produção → Atividades de produção → Montagem do set → Pré-light → Gravação ou filmagem → Pré-edição → Finalização → Aprovação agência/cliente → Entrega no veículo

Trilhas + locuções → Finalização

Capítulo 8

- Filme: é a captação da imagem em película cinematográfica, podendo ser com bitolas de 35 mm ou 16 mm. Os filmes são posteriormente revelados em um laboratório equipado para isso. A qualidade da imagem dependerá da bitola escolhida.
- Cine-vt: é a nomenclatura usada para o material que tem as imagens captadas em filme e é finalizado em vídeo (sistema digital). É hoje o formato mais usado em produções publicitárias, porque se ganha em qualidade na captação das imagens e em agilidade, sem perda de qualidade, na finalização. Além disso, a edição nesse formato permite trabalhar com efeitos que não seriam possíveis na finalização-padrão para filmes, realizada na moviola.
- 3D: trata-se de imagens de duas dimensões produzidas e exibidas de forma a proporcionar uma ilusão de terceira dimensão. Essa "mágica" acontece com o auxílio de óculos especiais – os mais modernos com lentes polarizadas, que fundem determinados pontos da imagem da tela (ou da computação gráfica), fazendo com que o filme tenha profundidade e realismo no movimento das imagens, que parecem saltar da tela. Isso se dá por meio de dois projetores que, sincronizados, projetam duas visões respectivas da mesma imagem na tela, cada uma delas com uma diferente polarização. Os óculos permitem que cada um dos olhos receba apenas uma das imagens, proporcionando a ilusão dessa que é a nova febre da indústria do cinema.

Talvez uma das maiores contribuições do sistema digital na finalização de imagens seja o fato de permitir uma edição não linear, podendo-se "alterar" qualquer ponto do material sem prejudicar o todo – na edição linear, o processo de finalização é feito em sequência contínua. Isso agilizou e flexibilizou drasticamente o processo de pós-produção.

Estudo de caso

A revista eletrônica *Platô* teve sua primeira edição lançada no início de janeiro de 2011. De maneira tímida, disponibilizou no Twitter o *link* do conteúdo (www.readoz.com), um portal de publicação e leitura digital gratuitas. Em cinco edições lançadas, foram mais de 5 mil visualizações diretas e 1.600 downloads. Estamos falando de um material em formato de revista, disponibilizado para leitura digital, com possibilidade de agregar outros conteúdos: áudio, vídeo etc., tornando-se com isso um meio audiovisual.

Hoje, uma revista de cinema no Brasil custa, na banca, em média 10 reais. A iniciativa inovadora da revista *Platô* – a palavra é um dos jargões do cinema, que designa o set ou local de filmagens (o produtor de platô, por exemplo, é aquele responsável pelo gerenciamento do set) – é disponibilizar, gratuita e periodicamente, edições fechadas – e na íntegra – com grandes matérias e textos editoriais segmentados.

No Twitter, onde são divulgadas notícias, trailers e imagens relacionadas aos últimos lançamentos e novas produções, são mais de 1.700 seguidores assíduos. Ainda é uma pequena fatia de aficionados por cinema – principalmente o comercial –, porque o material é extenso e o público mais jovem prefere críticas e matérias mais curtas, nos moldes dos *blogs* de cinema. No entanto, para tão pouco tempo, o número é significativo, principalmente por representar aquele leitor habituado ao material mais completo, com um olhar crítico e criativo direcionado, comum em publicações impressas. Para saber mais, acesse o *site* da revista ou siga o perfil dela no Twitter (@revistaplato).

REVISTA PLATÔ. Disponível em: <www.revistaplato.wordpress.com>. Acesso em: 14 set. 2011.

Capítulo 8

Síntese

O fluxo de trabalho na produção para cinema, televisão ou publicitária envolve, basicamente, o cliente, a agência, o fornecedor e o veículo. A cada um cabem tarefas distintas, mas que precisam estar interligadas para que o fluxo aconteça de maneira adequada.

Ao cliente cabe solicitar o trabalho e determinar a verba, podendo ser uma empresa (indústria, comércio e serviços), uma entidade (governo, ministério, secretaria, estatal), uma organização (igreja, ONG) etc. Geralmente, é um diretor, gerente e/ou coordenador de *marketing* que irá conduzir os processos.

A agência é responsável por administrar a verba do anunciante, desenvolver um plano de comunicação alinhado com o plano de *marketing* do cliente e criar as campanhas e demais peças para toda e qualquer ação que componha as estratégias.

Quando falamos em produção audiovisual, o fornecedor é a produtora de vídeo e/ou cine-vt. Nesse caso, estamos citando um elenco de profissionais maior: atendimento, diretor de cena, diretor de fotografia, assistente de direção, diretor e/ou coordenador de produção, produtor, operador de câmera, assistente de câmera, técnico ou operador de áudio, eletricista, maquinista, contrarregra, cenógrafo, figurinista, maquiador/cabeleireiro, editor e/ou finalizador e *designer*.

Ainda destacando somente as relações no universo da produção audiovisual, o veículo pode ser uma emissora de televisão e/ou sala de cinema, uma estação de rádio ou mesmo a internet.

Basicamente a produção se realiza em três etapas. A primeira é a pré--produção – discussão dos detalhes do filme/vídeo entre os criativos e o diretor de cena, que opinará sobre o roteiro, dando suas contribuições. A segunda consiste na produção propriamente dita – etapa em que a equipe da produtora toma todas as providências necessárias e que culmina com a captação de imagens. A terceira e última etapa é a pós-produção – momento em que o material é editado/finalizado, se for um vídeo, ou montado, se for um filme.

A captação e a finalização de imagens podem ser feitas de várias maneiras: em vídeo – Betacam (analógico), Betadigital, DVCam e HD (*High Definition*); filme – 16mm ou 35mm; cine-vt, – as imagens são captadas em filme e finalizadas em vídeo (sistema digital); e, mais recentemente, em 3D – imagens de duas dimensões produzidas e exibidas de forma a proporcionar uma ilusão de terceira dimensão. A vantagem do sistema digital na pós-produção é que possibilita a edição não linear, ou seja, pode-se "alterar" qualquer ponto do material sem prejudicar o todo.

Questões para revisão

1) Quem são os protagonistas da produção audiovisual? Liste as responsabilidades de cada um.

2) Ciente de que a produção envolve três etapas distintas, cite quais são e descreva as atividades pertinentes a cada uma delas.

3) Considerando que cada profissional apresentado neste capítulo possui uma função particular e precisa dominar conhecimentos específicos, pode-se afirmar que capacitação profissional nas respectivas áreas é importante? Justifique.

4) Quem são e o que fazem os envolvidos na atividade de produção audiovisual?

   1) Cliente
   2) Agência
   3) Fornecedor
   4) Veículo ou meio

   (   ) É a produtora de vídeo e/ou cine-vt que grava/filma o roteiro.

Capítulo 8

( ) É a emissora de televisão, a estação de rádio, a sala de cinema, a internet.

( ) É quem solicita o trabalho e determina a verba. Pode ser uma empresa (indústria, comércio e serviços), uma entidade (governo, ministério, secretaria, estatal), uma organização (igreja, ONG) etc.

( ) Administra a verba do anunciante e sugere os investimentos em publicidade, propondo estratégias de comunicação alinhadas com o plano de *marketing* do cliente.

Agora, assinale a alternativa que corresponde à sequência correta:
a) 3, 4, 2, 1.
b) 3, 4, 1, 2.
c) 3, 2, 4, 1.
d) 4, 3, 2, 1.
e) 4, 1, 2, 3.

5) Identifique o elenco de profissionais que representam cada parte dos envolvidos na produção audiovisual.
1) Cliente
2) Agência
3) Fornecedor
4) Veículo

( ) Atendimento ou gerente de conta.
( ) Atendimento, diretor de cena, diretor de fotografia, diretor e/ou coordenador de produção, produtor, cenógrafo, maquiador/figurinista, equipe técnica e finalizador.
( ) Profissional de *marketing*.
( ) Atendimento, diretor e dupla de criação, RTVC e mídia.

Agora, assinale a alternativa que corresponde à sequência correta:
a) 4, 1, 3, 2.
b) 3, 4, 1, 2.

c) 4, 3, 2, 1.
d) 4, 2, 1, 3.
e) 4, 3, 1, 2.

6) Assinale com (V) as alternativas verdadeiras e com (F) as falsas.
(   ) A pré-produção compreende a fase inicial de toda e qualquer produção audiovisual.
(   ) A fase da pré-produção só é formalmente iniciada após a aprovação do roteiro.
(   ) A pós-produção é a fase mais importante de todas.
(   ) É durante a produção que as decisões são tomadas.
(   ) Decupagem significa desmembrar o roteiro em várias partes, identificando os enquadramentos e tudo o que será necessário para realizar o filme.
(   ) A filmagem ou gravação é realizada somente na pós-produção.
(   ) O material bruto diz respeito a todas as imagens captadas.
(   ) Existem várias técnicas de captação e finalização de imagens. Definir a melhor delas não depende apenas da tecnologia ou do processo empregado, mas da adequação à verba e ao objetivo do cliente.

Agora, assinale a alternativa correta:
a) F, V, F, F, V, F, F, V.
b) F, V, F, V, V, F, F, V.
c) F, V, F, V, V, F, V, V.
d) F, V, V, F, V, F, V, V.
e) F, V, V, F, V, F, V, F.

7) O vídeo é um registro magnético, _____, em equipamento e fita especialmente designados para esse fim.

Capítulo 8

A alternativa que preenche corretamente a lacuna é:
a) analógico ou digital.
b) analógico.
c) eletrônico.
d) *High Definition* (HD).
e) digital.

8) A nomenclatura utilizada para os materiais captados em filme – película cinematográfica – e finalizados em vídeo – sistema digital – é _____.
A alternativa que preenche corretamente a lacuna é:
a) filme 16 mm.
b) cine-vt.
c) filme 35 mm.
d) vídeo digital.
e) betadigital.

9) O _____ é o profissional que faz o elo entre a agência e o cliente.
a) diretor de arte.
b) diretor de cena.
c) atendimento
d) profissional de *marketing*.
e) produtor.

10) O _____ é responsável pela escolha dos meios para veiculação das peças publicitárias que integram uma campanha.
A alternativa que preenche corretamente a lacuna é:
a) produtor eletrônico.
b) mídia.
c) atendimento.
d) redator.
e) diretor de arte.

11) O _____ tem o papel principal no elenco de profissionais envolvidos com a produção do comercial.

A alternativa que preenche corretamente a lacuna é:
a) diretor de fotografia.
b) diretor de criação.
c) diretor de produção.
d) diretor de cena.
e) finalizador.

Para saber mais

Atualmente, a nova tecnologia lançada no mercado (ainda em processo de aprimoramento) é a realidade aumentada, que funciona em um processo linear, fundindo a captura da imagem com o universo 3D e promovendo a interação entre realidade e realidade virtual. Para saber mais, acesse:

> REALIDADE AUMENTADA. Disponível em: <http://www.realidadeaumentada.com.br/home/index.php?option=com_content&task=view&id=1&Itemid=27>. Acesso em: 21 jul. 2011.

Confira o *blog* do californiano John Pugh, que expõe sua arte em painéis e paredes, apresentando as facetas de um conceito real com base em sua técnica *trompe l'oeil* ou, em português, "truque do olho".

> NAPSE COMUNICAÇÃO. Disponível em: <http://napse.com.br/blog/?tag=3d>. Acesso em: 21 jul. 2011.

parte III
Produção sonora

Nesta parte de nosso estudo, abordamos desde o conceito até as especificações técnicas e humanas da produção sonora. Iniciamos o texto definindo os parâmetros que delimitam nosso campo de estudo. Nossa intenção é abranger o assunto de forma ampla e fornecer elementos básicos para que seja possível compreendê-lo. Em seguida, promovemos um breve passeio pela história, com destaque para os principais fatos que marcaram o desenvolvimento dessa área.

Discorremos também sobre os elementos da produção sonora, descrevendo-os, fornecendo alguns exemplos e comentando a respeito dos diversos tipos de produção existentes. Para os que pretendem trabalhar na área, é importante conhecer esses elementos, bem como a terminologia usada, a fim de que possam solicitar, usufruir e prestar adequadamente os serviços desejados.

É importante, ainda, conhecer os profissionais que atuam nessa área, pois o resultado do trabalho está diretamente ligado ao desempenho deles. Quanto aos recursos materiais, sabemos que é uma tarefa difícil conhecer todos os equipamentos existentes atualmente. Porém, saber quais são os equipamentos básicos e suas funções não só é possível como necessário, para que se possa fazer escolhas adequadas e produzir bons resultados sonoros.

capítulo 9
O que é produção sonora?

Conteúdos do capítulo:
- Conceito de produção sonora;
- História da produção sonora;
- História do rádio.

Após o estudo deste capítulo, você será capaz de:
- formular um conceito sobre produção sonora;
- diferenciar os diversos tipos de sons que nos rodeiam;
- entender um pouco da história da produção sonora antes do advento da eletricidade;
- analisar um pouco da história do rádio e dos avanços tecnológicos das últimas décadas.

Capítulo 9

9.1 Vamos ao conceito

Segundo o *Dicionário Aurélio*, *produção* (1998, p. 2 540) é: 1. Ato ou efeito de produzir, criar, gerar, elaborar, realizar; 2. Aquilo que é produzido ou fabricado pelo homem e, especialmente, por seu trabalho associado ao capital e à técnica. Por *sonoro* entendemos tudo o que se refere ao som. Assim, de forma bem simplista, produção sonora é o mecanismo de fabricar sons.

Ao inserirmos as variáveis "para que, como, quando, para quem, por quem e onde" produzir os sons, a questão assume maior abrangência. Essas variáveis envolvem aspectos históricos, geográficos, humanos, artísticos e tecnológicos. À medida que formos compreendendo cada uma delas e as relações que estabelecem entre si, formaremos um conceito amplo da produção sonora e de suas implicações no nosso cotidiano. Esse é o nosso objetivo nesta seção.

Para alcançá-lo, precisamos, primeiramente, estabelecer a diferença entre sons naturalmente produzidos e sons especialmente criados. Na natureza, vários sons são produzidos ininterruptamente. Os sons das águas (chuvas, cachoeiras, rios, mares etc.), dos ventos, dos trovões e dos animais são alguns exemplos. Não podemos, porém, dizer que o pio de uma coruja, o barulho de uma onda ou um grito de alegria sejam produções sonoras nos moldes com que pretendemos trabalhar.

> Estabelecer objetivos e metas facilita qualquer tipo de produção e evita desperdício de tempo, material e energia.

Existem ainda sons produzidos mecanicamente, resultantes de atritos, batidas e combustão. Como exemplos, temos os ruídos de máquinas, veículos, batidas de porta, entre outros. Embora diferentes dos sons da natureza, podemos dizer que também são fabricados naturalmente, uma vez que acontecem independentemente da nossa intenção de promover uma produção sonora. São simplesmente o resultado acústico decorrente da fricção ou da colisão de dois ou mais corpos materiais.

Os sons naturalmente produzidos vão se tornar objeto de uma produção se forem captados ou criados para serem inseridos dentro de contextos específicos. Por exemplo, num comercial no qual uma coruja é a protagonista, o seu piado poderá ser um elemento sonoro. Da mesma forma, o barulho do mar, um grito de alegria, uma porta batendo ou uma explosão podem exercer determinada função em certos contextos, mas, por si sós, não constituem produções sonoras. Podemos nos perguntar: e os sons humanos, como são classificados? Os sons humanos podem formar uma terceira categoria sonora, que tanto inclui os naturalmente produzidos (ronco, ranger de dentes, tosse, espirro, pum etc.) como os intencionalmente produzidos (fala, percussão corporal, assovio etc.), que, por fim, podem ser enquadrados no grupo dos sons naturais ou produzidos. Existem outras formas de se agrupar os sons se levarmos em conta, por exemplo, os efeitos provocados no organismo, a paisagem sonora na qual é incluído, entre outros contextos. Para os objetivos a que nos propomos, os dois grupos (sons naturais e sons produzidos) são suficientemente abrangentes.

Voltemos um pouco para as definições de produção adotadas no início do capítulo. Os sons naturalmente produzidos se enquadram no primeiro item – "Ato ou efeito de produzir, criar, gerar, elaborar,

Capítulo 9

realizar" –, mas são excluídos do segundo – "Aquilo que é produzido ou fabricado pelo homem e, especialmente, por seu trabalho associado ao capital e à técnica".

Embora as máquinas sejam criações humanas associadas ao capital e à técnica, elas não nos interessam neste momento, pois os sons que produzem são espontâneos, e não deliberados. A produção sonora, objeto do nosso estudo, constitui-se na produção intencional de sons feita pelo homem (por quem), visando a um objetivo específico (para quê), tendo um público-alvo definido (para quem), utilizando-se de técnicas (como) e locais apropriados (onde), tudo isso ocorrendo em certo período cronológico (quando).

Sobre a variável *por quem*, já sabemos que o homem é o produtor sonoro. Existem, porém, vários tipos de produção e, para cada uma delas, um produtor diferente. Há diferenças fundamentais entre as produções sonoras para cinema, comerciais, gravação de CDs e DVDs, *shows*, programas de televisão, internet etc. Cada mídia tem as suas especificidades e o produtor precisa conhecê-las para realizar bem o seu trabalho. Outra tarefa importante do produtor é a escolha da mão de obra adequada, bem como a definição das condições necessárias para a realização de um evento.

Antes, porém, de qualquer ação, devemos definir o que se pretende com ela (variável *para quê*). Estabelecer objetivos e metas facilita qualquer tipo de produção e evita desperdício de tempo, material e energia. No que se refere à produção sonora, devemos ter em mente o que se pretende com a realização de um *show*, um *jingle* ou um CD. No caso de produções feitas sob encomenda, como os materiais publicitários em geral, o *briefing* desempenha um papel fundamental na definição de objetivos e metas. Um *briefing* bem elaborado norteia toda a produção, dando início aos caminhos a serem percorridos para alcançar o que se pretende.

Na definição dos objetivos para a produção de comerciais, CDs, espetáculos ou qualquer outro tipo de evento sonoro, é fundamental termos em mente o público-alvo (variável *para quem*). Entre outros aspectos, devemos considerar a faixa etária, a classe social e o meio cultural desse público, a fim de realizarmos uma produção com linguagem que mais se adéqua a ele.

Depois de delineados os objetivos da produção e o público-alvo, o próximo passo é definir de que modo serão realizados os materiais ou eventos e quais técnicas serão usadas (variável *como*). Quando nos referimos à técnica, não estamos apenas nos remetendo a processos que envolvem equipamentos mecânicos, elétricos ou eletrônicos, mas, sim, a modos de se fazer determinada coisa. As técnicas de produção sonora são bastante variadas, podendo envolver desde o manuseio de equipamentos extremamente sofisticados até um jeito diferente de tocar um instrumento musical.

A variável *onde* se refere ao espaço físico em que ocorrerá a produção, sendo, por vezes, um fator decisivo para o sucesso ou o fracasso do evento. As condições acústicas do espaço (estúdio, teatro, igreja, cinema etc.) devem ser bastante consideradas no caso de gravações e apresentações. Em alguns casos, o tamanho do ambiente também pode interferir no resultado, não somente acústico, mas também psicológico ou emocional do trabalho. Por exemplo, um *show* num espaço para mil pessoas em que compareçam cinquenta ouvintes provavelmente será mais frustrante para o artista e a plateia do que um evento com casa lotada. Seria, porém, desconfortável colocar mil pessoas em um ambiente que comporta apenas duzentas. O dimensionamento do espaço físico é muito importante nesse tipo de produção. Outro ponto a considerar é a facilidade de acesso e de estacionamento, o que, embora pareça um mero detalhe, é muitas vezes decisivo no resultado. Eventos em lugares ermos, distantes ou sem espaço apropriado para estacionar veículos são fadados ao fracasso.

Além de ocorrer em determinado local, toda produção é realizada em determinado espaço temporal (variável *quando*). É importante saber a época de sua realização por diversos motivos. No que se refere a produções passadas, por exemplo, a história nos fornece elementos para avaliarmos sua qualidade pelos parâmetros técnicos e culturais de cada época. Devemos ressaltar aqui que, ao nos referirmos à qualidade sonora, não estamos colocando em pauta o conteúdo ou a qualidade musical dos artistas, mas, especificamente, a sonoridade das mídias produzidas em épocas diferentes. Comparar a sonoridade de um CD com a de um disco de acetato de 78 rpm (rotações por minuto), sem levar em conta a época em que foram produzidos, é como medir coisas completamente distintas com o mesmo instrumento de medição. Quando os discos de acetato foram lançados, certamente representaram um avanço tecnológico e fizeram muito sucesso. Hoje, são objetos de colecionador, mas nem por isso se pode menosprezar a sua importância no processo evolutivo da produção sonora.

Outra questão importante quanto ao tempo refere-se à quantidade de horas, dias ou meses disponíveis para realizar determinada produção. Distribuir as metas ao longo de determinado período facilita muito o andamento da produção, principalmente quando se consegue cumprir o planejamento feito. No caso de apresentações, a escolha da data e do horário também pode ser um fator determinante para o sucesso ou fracasso de um evento. Marcar o *show* de um artista iniciante no mesmo dia que o de um artista famoso do mesmo gênero pode ser um divisor de águas ou, nesse caso, de público. Antes de marcar dia e hora, é bom averiguar o que vai acontecer nas redondezas no mesmo espaço temporal, para evitar uma concorrência desnecessária e desgastante.

A título de curiosidade, observe esse relato de um caso real ocorrido em Curitiba.

Estudo de caso

Após três meses de ensaios e pré-produção, anúncios e divulgações na mídia, o grupo vocal Nymphas, renomado na cidade de Curitiba e com certa projeção nacional, apresentou-se no Teatro do Paiol, que tem capacidade para 220 pessoas. No mesmo dia da estreia, também se apresentou no Teatro Guaíra – com capacidade para 2 mil pessoas – o grupo vocal MPB4, bastante conhecido e prestigiado em todo o Brasil. Sendo dois grupos vocais de música popular brasileira, ambos disputaram o mesmo público.

Enquanto o MPB4 levou mais de mil pessoas para o Teatro Guaíra, no máximo 30 assistiram à estreia do Nymphas no Paiol, na sexta-feira. Em compensação, no sábado e no domingo, o Teatro do Paiol teve sua lotação esgotada, tanto que muitas pessoas não conseguiram entrar. A sexta-feira foi frustrante para o grupo vocal pela escassez de público, enquanto os demais dias acabaram frustrando o público, que ficou de fora e não pôde assistir a apresentação.

Essa situação aconteceu por conta de uma coincidência de agendas, que pode ocorrer em qualquer tempo, mas que talvez pudesse ter sido evitada com a consulta prévia da agenda dos outros teatros da cidade. Dizemos "talvez" porque muitas vezes, até mesmo para não se correr o risco de ficar sem opções de data, agendam-se com muita antecedência os eventos e posteriormente não há como mudar os fatos.

Para solucionar parcialmente a situação, o grupo Nymphas, ao saber do *show* concorrente, poderia ter feito alguma ação promocional, com distribuição gratuita de ingressos, principalmente ao público fiel composto por amigos e familiares, o que poderia equilibrar a frequência, deslocando parte do público de sábado e domingo para a sexta-feira. A produção do espetáculo, porém, não tomou nenhuma medida e mesmo com uma boa divulgação, a estreia resultou em fracasso de público.

Esse caso nos mostra a importância do planejamento da agenda dos eventos culturais, pois uma simples coincidência de dois programas simultâneos pode colocar um deles a perder. O sucesso de um evento está diretamente ligado à quantidade e à qualidade do público presente. Assim, é sempre recomendável verificar bem a agenda da cidade alguns dias antes do evento para, na eventualidade desse tipo de ocorrência, poder buscar uma solução estratégica.

Fonte: Dados fornecidos pela autora.

Capítulo 9

9.2 Mais um passeio pela história

Já temos o nosso objeto de estudo bem definido: a produção sonora. Para que possamos, porém, compreender melhor como chegamos ao quadro atual, precisamos ter um conhecimento mínimo de alguns fatos históricos que influenciaram, nortearam e definiram a produção sonora no mundo e, mais especificamente, no Brasil.

Não vamos entrar em detalhes, uma vez que uma infinidade de nomes e fatos marca cada período cronológico. Nossa intenção é tão somente fornecer um quadro resumido, que possibilite uma compreensão global sobre a história da produção sonora, ficando ao encargo de cada leitor a pesquisa posterior ou paralela a este estudo para o aprofundamento dos assuntos de seu interesse.

Apresentaremos a seguir um breve apanhado das produções sonoras anteriores à descoberta da eletricidade e do rádio, que constituem fatos relevantes para o nosso estudo.

9.2.1 Produção sonora sem eletricidade

A eletricidade foi descoberta por Benjamin Franklin e Hans Christian em meados do século XIX. Antes disso, não havia meios de se transmitir sons a longa distância. Havia, então, produção sonora nessa época? Considerando a definição apresentada no início do capítulo, podemos afirmar que sim, embora com características bem diferentes da produção sonora atual. A partir do momento em que o homem descobriu que podia produzir sons e passou a fazê-lo com propósitos bem definidos, podemos dizer que se iniciou a produção sonora.

Vamos tomar como exemplo uma tribo indígena brasileira do período em que o Brasil foi descoberto. Cada comunidade tinha suas músicas e danças para rituais religiosos, de guerra, entre outras finalidades. Para que essas músicas cumprissem seus propósitos com eficácia, precisavam ser aprendidas, treinadas e, então, apresentadas à tribo, sendo posteriormente repassadas boca a boca para as outras gerações. Ainda que o processo de ensino-aprendizagem-execução fosse informal, essas manifestações podem ser consideradas produções sonoras rudimentares. Eram produções intencionais (dos índios), visando a um objetivo específico (cumprir um ritual) e com um público-alvo definido (os elementos da tribo), com o uso de técnicas (modo de combinar e tocar os instrumentos) e realizadas em locais apropriados (parte central da aldeia ou outro local, conforme o ritual) e em determinada época (século XVI).

No início da colonização brasileira, além da música indígena, a produção sonora estava restrita à música dos escravos, dos jesuítas (com finalidade de catequização) e dos próprios colonizadores. Com a chegada da corte portuguesa ao Rio de Janeiro, em 1808, iniciaram-se as apresentações musicais para os nobres, feitas pelos próprios músicos da corte ou por artistas trazidos do exterior. Ainda que não houvesse um produtor ou diretor musical nos moldes atuais, certamente algum ministro ou funcionário real deveria desempenhar esse papel, encarregando-se de organizar os concertos e bailes para o deleite da nobreza. Os músicos da corte também eram responsáveis pela música religiosa durante as missas e celebrações reais.

> No início da colonização brasileira, além da música indígena, a produção sonora estava restrita à música dos escravos, dos jesuítas (com finalidade de catequização) e dos próprios colonizadores.

O músico que fazia a direção musical para os nobres, que era responsável pela composição das obras a serem executadas nas missas e em outros ofícios e que também comandava os demais músicos a serviço da corte, era chamado de *mestre de capela*.

Durante os primeiros séculos que se seguiram ao descobrimento do Brasil, a música aqui desenvolvida, salvo raras exceções, era de cunho mais religioso. A música mais popular estava presente apenas entre as camadas mais baixas da população, porém, aos poucos, as culturas foram se misturando, originando o sincretismo tão característico da música brasileira.

Capítulo 9

Outro tipo de produção sonora anterior à descoberta da eletricidade eram as sonorizações dos espetáculos teatrais, que incluíam efeitos sonoros produzidos ao vivo e, por vezes, acompanhamento musical, também executado ao vivo durante as apresentações.

9.2.2 Uma retomada da história do rádio

Com o advento do rádio, a história da produção sonora deu um salto gigantesco, pois muitas coisas aconteceram em pouco tempo. Quando o rádio chegou ao Brasil, em 1922, a programação era basicamente composta por recitais, músicas clássicas e palestras, atendendo às expectativas do público da classe mais abonada e erudita. No entanto, as emissoras precisavam de cada vez mais recursos para a sua manutenção, o que impulsionou o desenvolvimento do rádio comercial, mais um elemento importante da produção sonora, pois, além da produção dos programas, nasceu também a necessidade da produção dos comerciais.

Além disso, com o surgimento do rádio, a produção de discos, por poder contar com um veículo de maior alcance, recebeu um maior incentivo, o que veio a beneficiar grandemente os artistas e os produtores. Para atender à demanda pela produção de comerciais e discos, uma série de novas técnicas e equipamentos foi desenvolvida.

Uma curiosidade acerca dos primeiros programas de rádio é que tudo era feito ao vivo. Isso ocorria até mesmo com os reclames, que eram entoados pelos cantores contratados pela emissora, com o acompanhamento de músicos da casa. O primeiro *jingle* do país apresentava os serviços de uma padaria e foi ao ar no *Programa Casé*, coordenado por Ademar Casé, na Rádio Phillips (Saroldi; Moreira, 1988, p. 17). Muitos programas de rádio tinham plateia e eram chamados *programas de auditório*, nos quais cantores, compositores, humoristas, poetas, entre outros profissionais, exibiam o seu talento. O formato desses programas acabou servindo de modelo para produções de televisão posteriores.

9.3 A evolução do processo de gravação

Da invenção do fonógrafo até o surgimento dos processos de gravação da atualidade, a produção sonora evoluiu numa velocidade impressionante. Discorreremos agora sobre alguns inventos e eventos importantes que contribuíram para esse avanço, tais como a tecnologia de produção dos primeiros discos, as gravações digitais e os instrumentos elétricos, entre outros.

9.3.1 O fonógrafo

Em 1877, Thomas Edison inventou o fonógrafo, que consistia num cilindro coberto com papel alumínio sobre o qual uma ponta aguda (agulha ou estilete) era pressionada. Um receptor conectado à ponta convertia, em um bocal (corneta), os sinais eletrônicos em acústicos. A voz fazia a membrana (receptor) vibrar, produzindo sulcos na superfície do cilindro, que era girado manualmente. Quando se girava o cilindro já riscado ao contrário, a agulha decodificava os sinais gravados, produzindo vibrações para a membrana. Estas, por sua vez, eram amplificadas pela corneta, fazendo o som ser emitido.

Figura 9.1 – O fonógrafo de Thomas Edison

Esses cilindros, porém, comportavam apenas gravações curtas, com cerca de um minuto, além de ter uma qualidade sonora ruim e uma vida útil limitada – podiam ser utilizados, no máximo, três ou quatro vezes. Thomas Edison melhorou sua invenção no ano seguinte, substituindo o papel por uma folha de estanho e separando o estilete de gravação do de reprodução. Uma curiosidade sobre esses cilindros é que eram gravados um a um, o que encarecia bastante o custo de produção, uma vez que, para se obter dez cilindros, o artista precisava executar dez vezes a mesma peça.

Em 1886, Chichester Bell (primo de Graham Bell) e Charles Summer inventaram o grafofone, um fonógrafo aperfeiçoado: a folha de estanho foi substituída por um cilindro de cera mineral e a agulha de aço, por uma de safira em forma de goiva.

Em 1887, Emile Berliner deu um novo passo na história das gravações, com a invenção do gramofone e dos discos planos, em substituição aos cilindros. O disco permitia a duplicação em massa a partir de uma matriz, o que barateava grandemente a produção. Durante algum tempo, o gramofone continuou sendo aprimorado, dando um grande impulso à indústria fonográfica.

Figura 9.2 – Gramofone

No ano de 1898, o dinamarquês Valdemar Poulsen, engenheiro elétrico e inventor, demonstrou o princípio da gravação magnética com o telegrafone, que gravava magneticamente a voz em um condutor metálico. Desenvolveu, em seguida, um gravador de fita e um dispositivo que gravava magneticamente os sons em um disco metálico.

Em torno de 1900, o inglês Willian Duddel descobriu o princípio do arco cantante ou musical, que consistia em um arco produtor de ondas eletromagnéticas. Esse invento foi aperfeiçoado por Poulsen, passando a gerar ondas de alta frequência. Em 1904, Poulsen efetuou a primeira transmissão de voz por rádio por meio do telegrafone.

A partir daí, pesquisadores na Alemanha, na Inglaterra e nos Estados Unidos desenvolveram uma série de dispositivos e de mídias para gravação magnética. Entre estes, destacam-se as fitas e os discos magnéticos, que, além de gravar e reproduzir sinais de áudio e de vídeo, serviam para armazenar dados de computadores e medições de instrumentos de pesquisa médica, entre outras finalidades.

9.3.2 Mais alguns avanços tecnológicos

Os primeiros discos eram gravados em 78 rpm e feitos de materiais como alumínio, madeira, papelão, vidro, entre outros, sendo, porém, os mais comuns a goma-laca e o acetato. Inicialmente, tinham um lado só, passando posteriormente a ser gravados em ambos os lados. Além disso, eram gravados em mono, ou seja, em apenas um canal. Em 1933, a empresa inglesa Eletrix & Musical Industries, que viria a tornar-se a EMI, produziu as primeiras gravações estereofônicas em 78 rpm.

Em meados do século XX, o vinil passou a ser utilizado como matéria-prima na fabricação de discos. Esse novo material permitia a redução dos sulcos, comportando gravações de maior duração, que passaram a ser feitas em 33 rpm. Esse novo disco chamava-se *long-play* ou *LP*. A gravação dos LPs era inicialmente feita em mono, mas, no final de 1958 (25 anos após o lançamento dos primeiros discos estéreos da EMI), passou a ser estereofônica, com dois canais.

Em torno de 1950, surgiram os gravadores de rolo, que registravam e reproduziam os sons em fitas magnéticas. Foram desenvolvidos diversos tipos de gravadores, desde os de duas pistas até os multipistas, com capacidade de gravar e reproduzir quatro, oito, doze ou até mais canais simultaneamente. Na década de 1960, os cassetes foram introduzidos no mercado fonográfico pela empresa holandesa Philips. Era uma pequena caixa que continha carretos ou carretéis sob os quais corria uma fita magnética, largamente usada em gravações profissionais e domésticas até o início da década de 1990.

9.3.3 A era digital

Em torno de 1970, houve um novo salto tecnológico com o advento da gravação digital. A técnica usada para isso recebeu o nome de PCM (*Pulse Code Modulation*). A primeira matriz digital para disco foi feita pela Nippon Columbia, com a utilização de um gravador de vídeo profissional, que se prestava também à masterização de áudios.

Perto do final da década de 1980, as empresas Philips e Sony trabalharam juntas no desenvolvimento de um novo suporte, que consistia num disco de apenas 11,5 centímetros de diâmetro, gravado em um só lado, com 74 minutos de duração: era o *compact disc*, ou CD, que começou a ser comercializado em 1983. A partir daí, muitas outras mídias digitais surgiram, como o *mini disc* (MD), o DAT, o Adat, o DVD e o MP3 e seus sucessores, entre eles o MP4 e o MP5. O sistema de gravação também sofreu mudanças radicais, saindo das gravações analógicas em fita rolo para gravações digitais em fita, rolo, VHS, beta e, finalmente, HD (*hard disk*).

O desenvolvimento de novas tecnologias continua em velocidade crescente. Além do surgimento da internet, que deu novo impulso à difusão de todos os tipos de produção, surgiram novos e sofisticados aparelhos e sistemas de reprodução sonora. Hoje, além dos celulares, que gravam e reproduzem sons, destacam-se os *iPods** e *iPads*.

9.3.4 Os instrumentos musicais elétricos e eletrônicos

Até a descoberta da eletricidade, os instrumentos musicais eram todos acústicos. Paralelamente ao desenvolvimento da tecnologia da gravação, surgiram os instrumentos musicais elétricos, que também exerceram um importante papel na história da música e da produção sonora.

A guitarra elétrica surgiu em 1930. Alguns anos depois, veio o contrabaixo, os teclados e uma infinidade de outros instrumentos elétricos e eletrônicos, que revolucionaram a sonoridade até então existente e deram vez a novos processos de produção sonora.

Os teclados desenvolvidos produziam novos sons e também imitavam a sonoridade de outros instrumentos. Atualmente, são tão sofisticados que mesmo um ouvido bem acostumado a um som real pode confundir-se com o produzido por um teclado.

Além disso, aos instrumentos acústicos foram acoplados captadores e amplificadores, modificando-se suas propriedades sonoras. Foram criados módulos sonoros, equipamentos geradores de sons disparados por teclados, guitarras ou até mesmo computadores. Capazes de reproduzir uma orquestra inteira, são muito usados pela praticidade e pela economia de mão de obra em apresentações e gravações.

---

* iPod se refere à série de tocadores de áudio digital projetados pela Apple. A sigla POD (*portable on demand*), traduzindo de modo livre, significa "portátil desejado", que, acrescido do "i" (eu, em inglês) passa a designar "o portátil dos meus desejos".

Síntese

Vamos ao conceito

- Conceito do que é produção sonora, levando em conta: por quem é feita, para quê, para quem, como, onde e quando.

Mais um passeio pela história

- Descrição das modalidades de produção sonora no período anterior à eletricidade.
- Retomada de alguns elementos da história do rádio importantes para a compreensão do desenvolvimento histórico da produção sonora.

A evolução do processo de gravação

- A invenção do fonógrafo, um evento marcante que foi o ponto de partida para a criação de aparelhos para a gravação de sons.
- Surgimento dos primeiros discos feitos de materiais como madeira, papelão, vidro, entre outros.
- Utilização do vinil como matéria-prima para discos.
- Surgimento de gravadores de rolo e cassetes.
- Novo salto tecnológico com o advento da gravação digital.
- Surgimento do CD seguido de diversas outras mídias: MD, DAT, Adat, DVD, MP3 e seus sucessores, celulares com gravador, *iPods* e *iPads*.
- Internet intensificou a difusão e a produção sonora.
- Após a descoberta da eletricidade, surgiram os instrumentos elétricos e eletrônicos, como a guitarra, o baixo, o teclado, entre outros.

Questões para revisão

1) Defina produção sonora levando em conta as variáveis: feita por quem, para quê, para quem, como, onde e quando.

2) O advento do rádio foi responsável por um salto gigantesco na produção sonora. Por quê?

3) Enumere a segunda sequência de acordo com a primeira.

Primeira sequência:
1) Sons resultantes de atritos, batidas e combustão.
2) Sons das águas, dos ventos, dos trovões e dos animais.
3) Informações relevantes para a criação de uma peça e/ou campanha publicitária, como dados sobre o cliente, o produto, o mercado etc.
4) Mecanismo de gravação composto de um cilindro coberto com papel alumínio, sobre o qual uma ponta aguda era pressionada.
5) Invenção de Emile Berliner deu um novo passo na história das gravações. Fazia uso dos discos planos, em substituição aos cilindros.
6) Matéria-prima utilizada na fabricação de discos a partir de meados do século XX.
7) Na década de 1960, foram introduzidos no mercado fonográfico pela empresa holandesa Philips.
8) Em torno de 1970, houve um novo salto tecnológico a partir do qual a produção sonora passou a se desenvolver em velocidade crescente.

Segunda sequência:
( ) Vinil
( ) Naturalmente produzidos
( ) Briefing
( ) Gravação digital
( ) Gramofone
( ) Produzidos mecanicamente
( ) Fonógrafo
( ) Cassetes

Capítulo 9

Agora, assinale a alternativa que corresponde à ordem correta:
a) 6, 2, 3, 7, 8, 5, 1, 4.
b) 6, 2, 3, 8, 5, 1, 4, 7.
c) 2, 6, 3, 8, 5, 1, 7, 4.
d) 6, 2, 8, 3, 5, 1, 4, 7.
e) 6, 2, 3, 8, 1, 4, 5, 7.

4) Assinale as alternativas corretas:
a) Os sons das águas são naturalmente produzidos.
b) A divulgação não é importante para uma produção sonora.
c) A descoberta do rádio ampliou largamente o horizonte das produções sonoras.
d) Cassetes são mídias digitais.
e) Os primeiros discos eram feitos de materiais como alumínio, madeira, papelão, vidro etc.
f) Até a descoberta da eletricidade, os instrumentos musicais eram todos acústicos.
g) Sons de máquinas são naturalmente produzidos.
h) Sons humanos tanto podem ser naturalmente como intencionalmente produzidos.
i) *Mini disc* (MD), DAT, Adat, DVD e MP3 são mídias digitais.
j) Fonógrafo é o mesmo que gramofone.
k) Os primeiros programas de rádio eram ao vivo.

5) Antes da descoberta da eletricidade:
a) não havia produção sonora.
b) já havia alguns tipos de produção sonora.
c) a produção sonora era restrita ao governo.
d) a produção sonora era a principal atividade do povo.
e) não havia produção sonora intencional.

6) Com a chegada da corte portuguesa ao Rio de Janeiro, em 1808:
a) não houve qualquer alteração no quadro da produção sonora no Brasil.

b) os índios e os escravos passaram a produzir com frequência.
c) iniciaram-se as apresentações musicais para os nobres, feitas pelos próprios músicos da corte ou por artistas trazidos do exterior.
d) houve a proibição de produções sonoras pela corte.
e) somente as produções autorizadas pela corte eram aceitas.

7) Com a descoberta do rádio:
a) para atender à demanda pela produção de comerciais e discos, uma série de novas técnicas e equipamentos foi desenvolvida.
b) deixaram de existir outros tipos de produção sonora.
c) os concertos passaram a acontecer somente nas dependências das emissoras.
d) o quadro da produção sonora não foi alterado.
e) as emissoras não permitiam apresentações ao vivo.

8) A partir da descoberta do princípio do arco cantante pelo inglês Willian Duddel, em torno de 1900:
a) foi criado o gramofone.
b) iniciou a produção sonora no Brasil.
c) iniciou a produção em série de discos.
d) pesquisadores na Alemanha, na Inglaterra e nos Estados Unidos desenvolveram uma série de dispositivos e de mídias para gravação magnética.
e) nenhuma modificação ocorreu.

9) O advento da internet:
a) não promoveu mudanças substanciais para a produção sonora.
b) deu novo impulso à difusão de todos os tipos de produção.

c) fez diminuírem sensivelmente as produções sonoras no mundo todo.
d) limitou a difusão das produções a esse mecanismo.
e) promoveu a extinção dos demais veículos de comunicação.

Para saber mais

Para complementação da parte histórica da produção sonora, sugerimos a leitura de livros e artigos sobre a história da música no Brasil e sobre a história do rádio.

A MINHA RÁDIO. A rádio em história. 29 abr. 2006. Disponível em: <http://www.aminharadio.com/radio/radio_historia>. Acesso em: 10 ago. 2011.

ANDRADE, M. Pequena história da música. 10. ed. Belo Horizonte: Itatiaia, 2003.

LOCUTOR. História do rádio. Disponível em: <http://www.locutor.info/Biblioteca/Historia_do_Radio2.doc>. Acesso em: 10 ago. 2011.

MARIZ, V. História da música no Brasil. 6. ed. Rio de Janeiro: Nova Fronteira, 2005.

capítulo 10
Os elementos da produção sonora

Conteúdos do capítulo:
- Modalidades de produção sonora;
- Apresentação musical, *jingle*, *spot*;
- Trilha sonora.

Após o estudo deste capítulo, você será capaz de:
- diferenciar diversas modalidades de produção sonora;
- compreender boa parte da terminologia adotada para materiais publicitários;
- situar-se em relação a outros tipos de produção que envolvem gravação.

Capítulo 10

10.1 Conhecendo a terminologia

Antes de entrarmos na descrição dos elementos da produção sonora, é importante esclarecermos alguns conceitos básicos que, muitas vezes, nem os profissionais da área dominam. Não é raro nos depararmos com solicitações de *spots* para TV, locuções cantadas, *jingles* só com locução, entre outros absurdos.

Os cursos de Publicidade e de Produção Sonora deveriam orientar o futuro profissional sobre a terminologia adotada no mercado. No entanto, muitos terminam esses cursos sem conhecer tais termos, o que dificulta até mesmo que solicitem um simples material para campanhas publicitárias.

Sugerimos que, antes de continuar este texto, o leitor veja o glossário ao final do livro, no qual se encontram algumas definições de termos aqui usados, que facilitarão a compreensão a respeito do tema. Passamos, a seguir, para a definição dos principais tópicos de produção sonora.

10.1.1 Apresentações musicais

São eventos musicais ao vivo ou gravados realizados em teatros, igrejas, praças e ginásios de esporte, entre outros espaços. Quando as apresentações têm caráter erudito e são feitas por grupos grandes, são chamadas de *concertos*. Se forem de um grupo pequeno ou de um solista, dá-se o nome de *recital*. As apresentações de natureza mais popular são chamadas de *shows*.

Os tipos de apresentações possíveis são inúmeras: coros, corais, orquestras, bandas, solistas e ainda combinações das mais variadas entre dois dos tipos citados ou mais. Além das apresentações em caráter simplesmente demonstrativo, existem ainda os concursos e os festivais, nos quais os participantes concorrem a prêmios dentro de modalidades preestabelecidas, como composição, interpretação, arranjo, originalidade, revelação etc.

10.1.2 *Jingle*

Peça musical com finalidade publicitária, para divulgar algum produto, serviço ou instituição, o *jingle* é necessariamente cantado. Há duas categorias básicas: o institucional e o promocional. O primeiro divulga um produto, uma marca ou uma instituição. Serve para fixar o nome e algumas características do que é anunciado e pode ficar na mídia por longos períodos.

Devemos, porém, tomar certo cuidado com a exposição excessiva de uma peça para que ela não produza o efeito contrário, ou seja, o de aborrecer o consumidor. Assim, *jingles* veiculados por um tempo longo devem ter um número menor de inserções, pelo menos depois que a marca já estiver fixada.

O *jingle* institucional pode ser ainda subdividido em direto e indireto. O direto é aquele que cita as características do cliente ou do produto, e o indireto, aquele que traz mensagens subliminares de alegria, felicidade, prazer ou outras vinculadas à imagem institucional do cliente ou do produto.

O *jingle* promocional, como o próprio nome indica, tem como propósito fazer uma promoção do produto. Nesse caso, como as promoções em geral têm um tempo limitado, quanto mais ele for veiculado, maiores são as chances de atingir o público-alvo em um espaço de tempo menor.

Apresentamos, a seguir, algumas letras de *jingles*, a título de ilustração. Nosso produto fictício chama-se *Biscoitinhos da Vovó*.

> **Institucional direto**
> Hum, hum, hum!
> É tão crocante, croc, croc
> Delicioso, hum!
> Tem chocolate, morango,
> Baunilha, vejam só!
> Ninguém vai resistir a esse sabor! Croc, hum!
> Leve já pra casa os Biscoitinhos da Vovó!
> Leve já pra casa os Biscoitinhos da Vovó!

A letra descreve algumas características do produto, como *crocante* e *delicioso*, e os sabores disponíveis. A mesma estrutura, com algumas alterações, poderia ser aproveitada para institucionais indiretos, como nos exemplos que se seguem para férias e Natal.

> **Institucional férias**
> Hum, hum, hum!
> A vida com sabor e alegria
> É mais gostosa, vida assim pra se viver
> Aproveite sempre, pois a vida é uma só
> Férias gostosas têm Biscoitinhos da Vovó
> Férias gostosas têm Biscoitinhos da Vovó

> **Institucional Natal**
> Hum, hum, hum!
> Natal com muita paz e alegria
> Família, presentes, festa e muito amor
> Aproveite sempre, pois a vida é uma só
> Natal gostoso tem Biscoitinhos da Vovó
> Natal gostoso tem Biscoitinhos da Vovó

A campanha poderia, ainda, incluir um *jingle* promocional para incrementar as vendas, como mostrado no exemplo a seguir.

> **Promocional**
> Hum, hum, hum!
> Juntando dez embalagens de qualquer sabor
> Dos saborosos Biscoitinhos da Vovó
> Você troca por chaveirinhos
> Que maneiro, vejam só!
> Leve já pra casa os Biscoitinhos da Vovó!
> Leve já pra casa os Biscoitinhos da Vovó!

A duração de um *jingle* varia de acordo com a sua finalidade e a quantidade de informações inseridas, sendo geralmente representada por números múltiplos de 15, em função dos espaços oferecidos pelos veículos de comunicação. As durações mais comuns são de 15, 30, 45 e 60 segundos.

10.1.3 *Spot*

O *spot* é uma peça publicitária para rádio que consiste em um fonograma produzido com uma ou mais locuções, podendo ou não ter

Capítulo 10

trilha musical de fundo e efeitos sonoros. Pode ser também institucional ou promocional. Por ter uma produção relativamente barata, se comparada à do *jingle*, é usado em rádios do mundo inteiro. Como não tem o apoio de imagens, o *spot* deve transmitir todas as informações necessárias para atingir o público-alvo somente por meio da audição. Assim, é fundamental ter um bom texto, com um adequado BG (*background*), que pode consistir em uma trilha e/ou efeitos sonoros.

Um cuidado que se deve ter na elaboração de um *spot* diz respeito à quantidade de informações a serem repassadas aos ouvintes. O excesso de texto obriga a uma locução muito rápida, podendo torná-la desagradável ou incompreensível. É muito importante que o redator se atenha às informações imprescindíveis, cabendo também a ele o bom senso e a criatividade na forma de agrupá-las, para que o *spot* seja eficiente.

Além disso, para que se atinjam os objetivos desejados, é importante que todas as etapas de produção desse material sejam bem executadas: é preciso começar por uma boa ideia, que deve ser concretizada por uma boa produção, e o material produzido deve ser veiculado adequadamente. Muitas empresas, porém, negligenciam a produção do *spot*, gravando-o em condições precárias nos próprios veículos, sem o acompanhamento de uma agência ou produtora de áudio. Dessa forma, a peça pode se tornar simplesmente mais uma em meio a tantas outras veiculadas, não produzindo o efeito que poderia, sem que a maioria dos clientes se dê conta desse fato.

10.2 Trilha sonora

Podemos definir *trilha sonora* como todo suporte musical que acompanha, complementa ou descreve outra mídia (vídeo, cinema, poesia, teatro etc.). Dentro desse conceito, podemos subdivi-la em diversos tipos. Antes, porém, de listarmos algumas dessas subdivisões, gostaríamos de esclarecer que, em nossa concepção, a trilha sonora deve necessariamente envolver música, diferenciando-se, assim, do som direto, do som ambiente e dos efeitos sonoros, chamados de *audiodesign*.

A trilha exerce um papel fundamental em um filme, vídeo, novela, entre outros produtos audiovisuais. Ela complementa e reforça a emoção que se pretende passar em uma cena. Sons graves e longos produzidos por violoncelos, por exemplo, podem criar o efeito de tensão necessário a determinada cena. Já melodias alegres executadas por violinos são mais adequadas a imagens de crianças brincando descontraidamente numa praça. Os sentimentos de tristeza, alegria, raiva, melancolia, indiferença ou ações como pular, correr, sonhar, dormir etc. podem ser reforçados pela trilha. Embora algumas pessoas não se deem conta desse fato enquanto estão vendo um filme, basta excluir a trilha para que percebam a diferença que ela faz.

O universo das trilhas é infinito devido à grande gama de estilos musicais, instrumentos, vozes e modos de combiná-los, e o criador da trilha, para qualquer tipo de mídia, deve ser um profissional dotado de grande sensibilidade e conhecimento musical.

No que se refere à originalidade, podemos dividir as trilhas em dois tipos: especial e pesquisada. Denomina-se *trilha especial* aquela que é especialmente criada e executada para a finalidade a que se destina. Ela sempre produz um resultado melhor, uma vez que é criada conforme a duração de cada material, cena, texto, poesia etc., evitando, assim, *fades* ou cortes, muitas vezes forçados. Outra vantagem é que o arranjo pode ser feito e executado exatamente com a instrumentação e a dinâmica desejada pelo produtor, o que nem sempre ocorre com uma trilha já existente (pesquisada). O único inconveniente da trilha especial é que ela exige mais tempo e um orçamento maior, o que nem sempre é viável em todo tipo de produção.

Já a chamada *trilha pesquisada* é um recurso paliativo usado quando não há tempo ou verba disponível para uma trilha especial. Refere-se à pesquisa de trilhas já existentes e à sua respectiva inserção no material. Não se pode, porém, simplesmente escolher uma música já existente e usá-la ao bel-prazer. Praticamente todos os materiais existentes têm um autor ou uma editora que detêm os direitos autorais e um produtor fonográfico que detêm o direito de produção. O uso

Capítulo 10

de qualquer material sem a devida autorização é crime passível de duras punições. Mesmo assim, muitas produtoras e emissoras de rádio usam trilhas não autorizadas, expondo a si mesmas e a seus clientes a riscos desnecessários. Pagar pela cessão de direitos de algumas obras e/ou fonogramas acaba sendo mais oneroso que a produção de uma trilha especial. O que fazer, então, para conseguir uma trilha sem ter grandes custos e sem desrespeitar a lei? Existem muitas trilhas de direitos autorais livres, disponíveis em CDs e em *sites* específicos. São produzidas por grandes companhias mundiais e comercializadas a um preço bastante acessível. Normalmente, é possível usá-las por um tempo determinado, independentemente do número de utilizações.

Os aspectos positivos das trilhas de direitos livres são a facilidade e a rapidez na produção, uma vez que estão prontas, além do baixo custo. Os aspectos negativos dizem respeito à falta de originalidade, uma vez que a mesma trilha pode estar sendo usada por vários clientes, e também ao fato de nem sempre ser possível encontrar exatamente a trilha desejada.

É importante ressaltarmos que, quando se cria um novo arranjo para uma música já existente, essa trilha é considerada especial, uma vez que foi recriada para uma nova finalidade.

Ao se produzir uma trilha para *spot*, CD de autoajuda ou outro tipo de mídia em que a palavra ocupa o primeiro plano, jamais se recomenda usar trilha cantada, com letra, para não prejudicar a inteligibilidade da mensagem pelo excesso de informações. A trilha, nesses casos, deve ser um elemento complementar, não devendo sobressair-se à palavra.

10.2.1 Trilha para comerciais de televisão

Nos comerciais de televisão, diferentemente dos *spots* e dos *jingles* para rádio, conta-se também com a imagem como elemento de comunicação. Dessa forma, a trilha adquire um caráter complementar, não menos importante, mas diferente das mídias exclusivamente sonoras. A exibição dos fatos por meio de elementos visuais não requer, em geral, tanto texto, podendo, em alguns casos, ser acompanhada somente por música, sem letra. A trilha de um comercial de televisão pode ser uma peça cantada (que podemos chamar de *jingle para televisão*), uma obra já produzida com ou sem letra ou uma música instrumental especialmente criada para o roteiro.

10.2.2 Trilha para cinema

Refere-se a todo um conjunto de obras especialmente criadas ou selecionadas para cada momento do filme, podendo ser com ou sem letra, cantadas e/ou instrumentais. Não existem fórmulas rígidas para a criação de trilhas para cinema. Isso depende de vários fatores, como a cultura musical do país onde o filme é produzido, a época e a cultura a ser retratada, entre outros. Além disso, um mesmo filme produzido em épocas diferentes ou por produtores diferentes certamente terá trilhas distintas. Podemos perceber essas nuances se compararmos versões antigas e modernas de um mesmo filme ou mesmo versões contemporâneas produzidas em países distintos. Outra variante, cujo efeito multiplicador aumenta ainda mais a gama de possibilidades, é o gosto pessoal dos responsáveis pela produção, entre eles o diretor do filme, o produtor musical, o compositor e o arranjador.

> Não existem fórmulas rígidas para a criação de trilhas para cinema. Isso depende de vários fatores, como a cultura musical do país onde o filme é produzido, a época e a cultura a ser retratada, entre outros

Conforme o tipo do filme, as trilhas são inseridas de maneiras diferentes. Em alguns deles, os personagens têm uma música exclusiva. Em outros, há um tema musical central, utilizado de diferentes formas, conforme o desenvolvimento do roteiro. Há casos, em que o roteiro é baseado em músicas, como nos musicais, por exemplo, e então a trilha passa a ter relevância central.

10.2.3 Trilha para novela

A trilha para novela é programada capítulo a capítulo e, por isso, é mais flexível do que a trilha para cinema, por exemplo. Normalmente, são criadas ou selecionadas canções para os principais protagonistas,

Capítulo 10

as quais são inseridas de acordo com o desenrolar da trama. É bastante comum que esse tipo de narrativa tenha uma música de abertura e outra de encerramento.

As trilhas para novela são, em geral, lançadas em outras mídias, como CD ou DVD. Pela veiculação maciça, acabam se tornando um sucesso e sendo consumidas por um grande público. Esse fato, porém, tem como aspecto negativo tornar a trilha cansativa depois de algum tempo.

10.2.4 Trilha para teatro

Nem sempre as peças teatrais têm trilha, pois é difícil encontrar o equilíbrio entre a música e a fala dos atores. Assim, no teatro, os efeitos sonoros e as ambientações são mais comuns. Em geral, executa-se música em momentos sem fala. Há peças que incluem canções contextualizadas, muitas vezes interpretadas pelos próprios atores, com acompanhamento ao vivo ou com *playback*.

Já no teatro infantil, as trilhas são bastante utilizadas, e as canções geralmente descrevem ou ilustram as ações da peça. A música de abertura de uma peça, como *Branca de Neve*, pode descrever o reino, a princesa e suas virtudes, preparando o clima para o início da ação. Outro exemplo é o momento em que os anõezinhos vão ao trabalho ou voltam dele: uma música acompanhando a marcha alegre dos pequenos trabalhadores reforça a ação de marchar. Enfim, a trilha é muito importante no teatro infantil, pois propicia coreografias, danças e movimentos rítmicos que muito agradam às crianças.

10.2.5 Trilha para teatros musicais

Em torno da década de 1940, surgiu um gênero muito apreciado pelos americanos: os musicais ou teatros musicais, que consistem em peças cujos roteiros são baseados na música. A dança também exerce um papel importante nesse tipo de apresentação.

Os musicais ainda persistem e muitos são exibidos durante anos, conforme a aceitação do público e da crítica. Alguns deles foram transformados em filmes e exibidos em diversos países.

Originalmente, eram exibidos em grandes salas, criadas especialmente para essa finalidade, como o Broadway Theatre, um dos espaços culturais mais famosos e prestigiados nos Estados Unidos.

10.2.6 Trilha para espetáculos de dança

Existem diversos tipos de espetáculos de dança e, para cada um deles, a produção sonora é diferenciada. No balé clássico, que consiste numa espécie de teatro dramatizado por meio da dança, as músicas são de autoria de renomados compositores e criadas especificamente para essa finalidade. Entre as mais famosas, podemos citar *Giselle* (Adolphe Adam), *O lago dos cisnes* (Piotr I. Tchaikovsky), *Coppelia* (Arthur Saint-Léon) e *Petrouchka* (Igor Stravinski). Como as músicas já existem, cabe ao produtor musical buscar a melhor maneira de executá-las, de forma a estarem em harmonia com o corpo de baile.

Tradicionalmente, as músicas feitas para o balé são executadas por uma orquestra. No entanto, devido ao custo de produção e à infraestrutura necessária para um grupo orquestral se apresentar ao vivo, muitas companhias optam por reproduzir gravações já existentes das obras. É importante salientarmos que a criação e a produção de trilhas para balé exigem um profundo conhecimento musical e também de teatro e de dança.

No balé contemporâneo, observamos tanto peças com roteiros dramatizados, semelhantes aos do balé clássico, como apresentações com peças independentes, sem necessariamente seguirem um roteiro teatral.

Existe também a dança folclórica, acompanhada por peças musicais tradicionais, as quais são executadas com instrumentos característicos de cada povo ou comunidade.

10.2.7 Trilha para ópera

A ópera consiste num drama que usa elementos típicos do teatro, como cenografia, vestuário e atuação. No entanto, o texto é cantado em vez de falado. Assim, a música sempre é executada ao vivo, por uma orquestra. As vozes são divididas em diversos naipes e há solos dos personagens do drama entremeados por intervenções do coral.

Da mesma forma que no balé clássico, existem muitas óperas famosas. Entre elas, podemos citar *Carmen* (Georges Bizet) e *A flauta mágica* (Wolfgang Amadeus Mozart). Existem também óperas contemporâneas cuja linguagem musical é adaptada para o contexto em que se insere.

10.2.8 Trilha para espetáculos de circo

As trilhas para espetáculos de circo, principalmente de circo mambembe, tinham um estilo característico. Usavam-se, por exemplo, marchinhas animadas para a entrada e a saída de personagens, valsinhas para os momentos leves e descontraídos, rufar de caixas e tambores para momentos de tensão.

A modernização do circo, que incluiu a adoção de novas técnicas e a apresentação de um número mais variado de artistas e *performances*, levou à produção de um novo tipo de música para o circo, acompanhando as tendências atuais.

10.2.9 Trilha para CDs e DVDs de poesia e de autoajuda

Como já citamos anteriormente, existem dois tipos de trilha, a pesquisada e a especialmente criada. Em muitos CDs e DVDs de poesia, autoajuda ou similares, são usadas trilhas pesquisadas. O produtor do material escolhe o tipo de música que melhor se adapta ao conteúdo e faz a edição de acordo com a duração dos textos. Com raras exceções, tanto os CDs de poesia quanto os de autoajuda requerem um tipo de música mais tranquila e com instrumentação mais leve, para que cumpram o papel de reforçar a emoção e a introspecção.

10.2.10 Trilha para audiovisuais

Como o próprio nome indica, audiovisuais são meios, sistemas ou veículos de comunicação que usam imagens e sons simultaneamente. Em outras palavras, é uma linguagem que usa o som e a imagem por meio de recursos eletrônicos. Inserem-se nesse conceito os filmes, os DVDs, os clipes, entre outras mídias.

Emprega-se ainda o termo *audiovisual* para materiais dinâmicos usados com o objetivo de apresentar, informar ou fixar determinados conteúdos. Alguns exemplos são os audiovisuais para a apresentação institucional de empresas, o treinamento de pessoal, o apoio a vendas, a prevenção de acidentes de trabalho, a complementação de conteúdos educacionais, a educação para o trânsito, entre muitos outros.

A trilha para esse tipo de material tanto pode ser pesquisada quanto especial, devendo ser compatível com cada parte do roteiro.

10.2.11 Trilha para CD-ROMs e jogos virtuais

Voltado para o armazenamento de dados, imagens e sons ou conteúdo misto, o CD-ROM é uma mídia específica para computadores, sendo usado como suporte para livros, dicionários, aulas, jogos, entre outros. Nele, muitas vezes não se usam trilhas, nem sequer áudio, sendo o conteúdo todo escrito. Nos materiais em que são necessárias músicas, a produção segue os mesmos parâmetros das demais trilhas descritas, mudando somente o formato do arquivo (*wave*, *aiff* ou MP3, sendo este o mais usado), para determinar como o som será inserido na mídia.

Para jogos virtuais, estabeleceu-se um padrão de trilha bem diferenciado, que geralmente se constitui de pequenas melodias em *looping* (repetição sucessiva de um mesmo trecho sonoro) durante todo o jogo ou em uma fase dele.

10.2.12 Outros tipos de trilha

Além dos casos anteriormente descritos, existem outros eventos em que se se costuma usar trilhas sonoras, como formaturas,

Capítulo 10

casamentos, aniversários, eventos escolares e empresariais, além de outras comemorações.

10.3 Vinhetas

Entende-se por *vinheta* uma peça de pequena duração, com cerca de 3 a 10 segundos. Esse termo é usado para peças exibidas na abertura e no encerramento da programação de uma emissora de rádio ou de televisão e também durante os programas. No caso dessa segunda definição, não há uma rigidez quanto à duração da vinheta. Ela pode ser mais longa que um *jingle* e, diferentemente deste, pode ter segundos quebrados, ou seja, não necessariamente múltiplos de 15.

É comum as emissoras de rádio usarem essas peças para abrir e fechar programas, para anunciar quadros ou para passar informações, como a hora certa, a previsão do tempo, o prefixo e os telefones de contato da emissora, o nome dos apresentadores, entre outras. Para cada momento, existem vinhetas das mais variadas: lentas, dinâmicas, modernas e tradicionais, conforme o estilo da programação.

Nos comerciais, as vinhetas também são comuns, sendo usadas de diversas formas. Podem, por exemplo, aparecer isoladamente durante a programação patrocinada pela empresa para fixar a marca, servir de abertura ou assinatura de *spots* e *jingles* da empresa ou como "rabicho" durante os créditos finais de programas. São também usadas em mídias como o CD, o DVD, o cinema, entre outras.

10.4 Espera telefônica

A espera telefônica é um artifício muito usado pelas empresas para entreter seus clientes e fornecedores enquanto estes aguardam para falar com um departamento ou uma pessoa. Consiste na gravação de uma mensagem que é repetida em *looping* e dura de 30 segundos a 3 minutos, em média.

Síntese

Conhecendo a terminologia

- Importância de se conhecer a linguagem utilizada nos meios de produção.
- Descrição sobre apresentações musicais.
- Definição de *jingle* e de algumas de suas variantes institucional e promocional.
- Definição de *spot*, suas características e cuidados na produção.

Trilha sonora

- Definição de trilha sonora e descrição de algumas modalidades, como trilha para comerciais de televisão, cinema, novela, teatro, teatros musicais, espetáculos de dança, ópera, espetáculos de circo, trilhas para CDs e DVDs de poesia e de autoajuda, audiovisuais, CD-ROMs e jogos virtuais e outros tipos de trilha.

Vinhetas

- Conceituação de vinheta como peça de pequena duração ou de chamada institucional de emissoras de rádio e televisão.

Espera telefônica

- Definição de espera telefônica.

Questões para revisão

1) Defina apresentações musicais.

2) No que se refere à originalidade, pode-se dividir as trilhas em dois tipos: especial e pesquisada. Qual a diferença entre ambas?

3) Enumere a segunda sequência de acordo com a primeira.

Primeira sequência:
1) Anuncio de rádio em que se utilizam locuções.
2) Voz falada para gravações.
3) Chamada institucional de emissoras de rádio ou televisão.
4) Peça musical para vídeo, cinema, teatro e outras mídias.
5) Peça musical cantada, muito utilizada em anúncios comerciais.
6) *Jingle* ou *spot* que promove ofertas ou similares.
7) Combinação de instrumentos e vozes em uma peça musical.
8) Utilizada para entreter clientes e fornecedores enquanto aguardam para falar com um departamento ou uma pessoa da empresa.

Segunda sequência:
( ) Locução
( ) Espera telefônica
( ) Promocional
( ) Trilha
( ) Vinheta
( ) Arranjo
( ) Jingle

Agora, assinale a alternativa que corresponde à ordem correta:
a) 2, 8, 6, 3, 4, 7, 5, 1.
b) 8, 6, 3, 4, 2, 7, 5, 1.
c) 2, 8, 6, 3, 4, 1, 5, 7.
d) 2, 8, 6, 4, 3, 7, 5, 1.
e) 8, 6, 4, 3, 5, 1, 2, 7.

4) Assinale as alternativas corretas, relacionadas à produção sonora:
   a) *Shows* musicais.
   b) Exposições de escultura.
   c) Galerias de arte.
   d) Concertos didáticos.

e) Gravação de CD.
f) Comercial de rádio.
g) Feira de artesanato.
h) Espera telefônica.
i) Lançamento de livro.
j) Aula de artes.
k) Audio-livro.
l) Trilha para filmes.

5) Os comerciais de rádio e TV, em geral, têm duração de:
a) 20, 40 e 60 segundos.
b) 15, 30 e 45 segundos.
c) 10, 30 e 50 segundos.
d) 10, 15 e 15 segundos.
e) 15, 30 e 49 segundos.

6) Locuções são apropriadas para:
a) gravações de *jingles* e trilhas.
b) gravações de CDs.
c) gravações de espera telefônica e *spots*.
d) comerciais de internet.
e) Nenhuma das alternativas está correta.

7) Vinheta refere-se a:
a) propaganda política.
b) peça musical bem curta, que pode assinar comerciais.
c) locução de assinatura.
d) comercial de vinho.
e) propaganda de varejo.

8) As trilhas referem-se:
a) somente a comercias de TV.
b) somente a comerciais, em geral.

c) a comerciais e também a outros eventos, como cinema e teatro.
d) a qualquer comercial cantado.
e) exclusivamente a filmes.

9) Um material promocional presta-se a:
a) promover uma oferta ou similar.
b) divulgar institucionalmente uma empresa.
c) divulgar um candidato político.
d) difundir os locutores.
e) Nenhuma das alternativas está correta.

Para saber mais

A produção sonora, nos moldes atuais, ainda é um assunto pouco explorado em termos de literatura, e são poucos os materiais disponíveis no mercado. Por outro lado, os estúdios e as produtoras se multiplicam pela facilidade, cada vez maior, na aquisição de equipamentos, o que facilita a pesquisa *in loco* por meio de visitas e entrevistas com produtores.

Sugerimos alguns *links* em que constam informações interessantes a respeito da produção sonora:

DICIONÁRIO DA PUBLICIDADE E PROPAGANDA. Disponível em: <http://*web*cache.googleusercontent.com/search?q=cache:WxS52VKGbKUJ:www.ebah.com.br/content/ABAAAAFW8AI/dicionario-publicidade-propaganda+%22dicion%C3%A1rio+de+publicidade%22&cd=2&hl=pt-BR&ct=clnk&gl=br&source=www.google.com.br>. Acesso em: 25 jul. 2011.

EDUCOM BRASIL. Disponível em: <http://educombr.blogspot.com/p/textos-artigos-e-livros.html/>. Acesso em: 25 jul. 2011.

MACEDO, F. A. B. O processo de produção musical na indústria fonográfica: questões técnicas e musicais envolvidas no processo de produção musical em estúdio. In: SIMPÓSIO DE PESQUISA EM MÚSICA, 3., 2006, Curitiba. Disponível em: <http://www.rem.ufpr.br/_REM/REMv11/12/12-Macedo-Producao.pdf>. Acesso em: 25 jul. 2005.

capítulo 11
A tecnologia na produção sonora: recursos humanos e materiais

Conteúdos do capítulo:
- Profissionais atuantes nos tipos de produção;
- Equipamentos de produção.

Após o estudo deste capítulo, você será capaz de:
- diferenciar a mão de obra utilizada nos dois tipos de produção sonora: apresentação e gravação;
- descrever os diversos profissionais que atuam em cada um dos tipos de produção.

Capítulo 11

11.1 Apresentações

Estão incluídos nessa categoria diversos tipos de apresentações possíveis – desde concertos eruditos até *shows*, balé ou teatro – que envolvam de alguma forma o som. Em uma apresentação, podemos ter sons ao vivo, sons reproduzidos ou ambos. Há casos, como nos concertos de música erudita, em que os equipamentos de som são dispensáveis, mas, para isso, é necessário que o local tenha tamanho e acústica compatíveis com a sonoridade dos instrumentos ou vozes. Comentaremos, a seguir, algumas das funções mais comuns em apresentações musicais.

11.1.1 Produtor musical

O produtor musical é a pessoa responsável pela coordenação e acompanhamento de todas as tarefas e etapas de um evento que tenham relação com a parte musical. Geralmente, é quem decide o repertório, os músicos participantes, o cronograma de ensaios e as demais tarefas.

11.1.2 Produtor executivo

Ao produtor executivo cabe a função de executar ou coordenar as tarefas administrativas do evento, como elaboração da pauta de apresentações, locação de teatro e de equipamentos de som e luz, busca de patrocínio, pagamento de cachês, apoio logístico na aquisição dos materiais necessários para a apresentação e providência de documentação (Ecad – Escritório Central de Arrecadação e Distribuição, cessão de direitos autorais, autorizações, contratos etc.).

11.1.3 Diretor musical

Como o próprio nome indica, o diretor é quem dirige ou orienta os músicos durante os ensaios e as apresentações, verificando a *performance* dos músicos e/ou cantores envolvidos. Entre outras tarefas, ele cuida da afinação, do sincronismo, do andamento, das entradas e finais das músicas, da dinâmica, da execução correta das partituras. Essa função existe em grupos de MPB, de *rock*, de *pop*, de *jazz* e afins. No caso de corais, madrigais, bandas marciais, orquestras e grupos de câmara, há normalmente um regente em vez de um diretor musical. Em outras palavras, podemos dizer que o diretor faz o papel do regente em grupos menos formais.

11.1.4 Regente

Também chamado de *maestro*, o regente é quem dá as coordenadas em uma orquestra, banda ou coral, por meio de gestos específicos para cada ação pretendida. O regente faz com que o grupo seja uniforme na dinâmica, no andamento, nas entradas e pausas e em todos os demais possíveis elementos musicais constantes na partitura. De certa forma, é ele quem define a interpretação do grupo por ele regido. Alguns maestros usam somente as mãos para reger, enquanto outros usam a batuta – uma espécie de varinha ou bastão delgado de tamanho variável, feito geralmente de madeira leve. Entre outras vantagens, a batuta facilita a orientação da entrada dos naipes e a marcação do ritmo.

Para se tornar um maestro, o candidato precisa, além de um grande conhecimento musical, dominar bem os gestos de regência, para que possa coordenar com precisão e conduzir com segurança os músicos* e os cantores.

11.1.5 Apresentadores

Em muitos eventos ao vivo, bem como em programas de televisão, é comum a figura do apresentador. Em geral, trata-se de uma pessoa de boa aparência, bem vestida e de voz agradável. No caso dos radialistas, que não são visíveis ao público, o que mais importa é o timbre de voz e a capacidade de comunicação.

Ao apresentador cabe conduzir o evento ou programa. Entre outras funções, deve anunciar os participantes e informar ao público a sequência de acontecimentos. Portanto, é preciso que tenha boa leitura e fluência verbal, além de ser comunicativo e ter capacidade de improviso diante de situações inesperadas.

Em eventos oficiais ou atos solenes, o apresentador recebe o nome de *mestre de cerimônias*.

11.1.6 Técnicos de som

São os profissionais responsáveis pela operação dos equipamentos de som usados durante as apresentações musicais. Para ser um bom técnico de som, além de saber tirar dos equipamentos disponíveis o melhor resultado sonoro possível, é também necessário ter um bom ouvido e sensibilidade para

---

* Músico é todo aquele que pratica música, mas estamos nos referindo aqui, de modo mais específico, ao instrumentista, ao músico que toca algum instrumento. Cantor é o que usa a voz para entoar melodias, para cantar. Existem cantores solistas (que cantam sozinhos) e coristas (que atuam em grupo). Os cantores são também chamados de *vocalistas*.

equilibrar a sonoridade de instrumentos e vozes, perceber a hora de aumentar ou diminuir o volume de determinados sons, conforme as particularidades de cada apresentação.

Um técnico de som incompetente pode pôr a perder todo o trabalho de um grupo na hora da apresentação, razão pela qual a escolha desse profissional é muito importante em uma *performance* sonora. Muitos grupos musicais têm seu próprio técnico de som, que os acompanha em suas apresentações.

Esses são os elementos principais de uma apresentação. Além deles, ainda pode haver outros, como o *holdie*, o produtor de palco, os assistentes etc., de acordo com o tipo de produção.

Nem sempre cada uma dessas funções é desempenhada por uma pessoa diferente. Muitas vezes, um mesmo profissional pode cumprir várias delas. Por exemplo, as funções de produtor e diretor musical podem ser acumuladas por um mesmo profissional, o arranjador ou um dos elementos do grupo pode ser também o diretor musical, o regente pode ser o produtor musical, e assim por diante.

11.1.7 Equipamentos para apresentações

As apresentações de orquestras, corais e bandas não exigem, geralmente, equipamentos de amplificação e processadores de som. Já outras, principalmente se envolverem instrumentos elétricos ou eletrônicos, necessitam de uma lista grande de equipamentos.

Cada produção é diferenciada e não nos aprofundaremos, aqui, nas especificidades de cada uma delas. Apresentaremos somente os principais equipamentos usados nas apresentações.

P.A. (*public address*)

É o som, ou sistema de som, direcionado para o público numa audição sonora. Além do conjunto de caixas acústicas (alto-falantes, *twiters* e cones) necessário para cada tipo de ambiente a ser sonorizado, conforme seu tamanho e suas características acústicas, o P.A. é composto de *mixer* ou de mesa, processadores de efeitos etc.

Mesa

É o equipamento responsável pelo agrupamento e mistura dos sinais sonoros advindos de diferentes fontes, no momento de uma apresentação ou gravação. Uma mesa tem diversos canais de entrada e saída, bem como controles e recursos variados para suprimir ou evidenciar sons, aplicar efeitos, equalizar sons, fazer panorâmicas, entre outras funções.

Microfones

São equipamentos usados para a captação do som de vozes e de instrumentos. Eles transformam o sinal sonoro acústico em elétrico, processo chamado de *transdução*.

Sob o aspecto da transdução, os microfones podem ser classificados basicamente em dois tipos: o dinâmico e o capacitivo. Em geral, os microfones dinâmicos têm pouca sensibilidade e, como não requerem alimentação elétrica, são mais fáceis de usar, sendo os mais adotados em apresentações ao vivo. Já os microfones capacitivos têm maior sensibilidade e requerem alimentação elétrica, por meio de bateria interna ou de *phanton power*, uma fonte especial para esse tipo de microfone.

No que se refere à forma de captação, podemos dividi-los em omnidirecionais, que captam os sons vindos de todas as direções, e direcionais, que captam intensamente os sons vindos de frente, mas não os sons vindos das laterais e de trás.

Processadores de efeitos

São equipamentos usados para modificar os sinais de áudio. Existem diversos tipos de processadores para diferentes funções, como manipulação de ganho (aumentar ou diminuir os sinais sonoros), manipulação de resposta de frequência (presença ou atenuação de graves, médios e agudos), manipulação de tempo (produção de eco e reverberações) e distorções. Alguns profissionais referem-se a esses processadores como *periféricos*.

11.2 As gravações

Existem inúmeros tipos de mídia em que as gravações são necessárias. Vamos nos concentrar em dois tipos básicos, que englobam a maior parte dos profissionais atuantes na área: gravação de CDs e gravação de comerciais. Os profissionais envolvidos na gravação de CDs e comerciais não são muito diferentes dos envolvidos na produção de apresentações. O que muda é a sua forma de atuação.

Embora atualmente sejam produzidas inúmeras mídias, o CD, paralelamente ao DVD, ainda é uma das mais usadas. Cabe ressaltarmos que o importante não é a mídia em si, mas sim os seus mecanismos de produção e a mão de obra envolvida. Na prática, o processo de gravação para as diversas mídias existentes é o mesmo, independentemente de ser CD, MP3, internet ou outra.

11.2.1 Produtor musical

Esse profissional coordena e acompanha todas as etapas, desde a pré-produção das gravações até a mixagem e a masterização. No caso da gravação de um CD, ele pode participar da escolha do repertório, juntamente com o intérprete e/ou arranjador, decidir a estrutura e a instrumentação a ser usada, arregimentar músicos e cantores, além de cuidar de outros aspectos referentes à produção musical. No caso da gravação de um comercial, o produtor recebe o *briefing* e, conforme a necessidade, escolhe a mão de obra a ser usada. Por exemplo, num *jingle* em estilo *rock* voltado para o público jovem, escolherá um compositor, um arranjador, instrumentistas e vocalistas que conheçam a linguagem apropriada para esse estilo musical. Dificilmente um grupo de pagode seria o mais adequado para essa produção, da mesma forma que um grupo de *rock* não seria o mais indicado para a gravação de uma música de um gênero como o pagode. Cabe, portanto, ao produtor o bom senso na escolha dos profissionais.

Capítulo 11

11.2.2 Produtor executivo

Na gravação de um CD, gerencia os recursos financeiros (captação de recursos e administração da verba), o cronograma de ensaios e gravações, os prazos e os custos das outras tarefas envolvidas, como produção de material gráfico, fabricação do CD, liberação dos direitos autorais, ISRC (*International Standard Recording Code*) etc. Na produção de comerciais, a função do produtor executivo cabe geralmente ao gerente ou administrador do estúdio.

11.2.3 Diretor musical, regente e diretor de estúdio

No processo de gravação, o diretor musical e o regente cumprem exatamente a mesma função descrita na seção das apresentações. Pode haver ainda outro profissional, o diretor de estúdio, que atua especificamente na hora da gravação, caso o diretor musical não esteja presente ou participe da gravação como músico instrumentista ou como cantor. Ele também é necessário no caso de grupos em que se precisa de regência, uma vez que o maestro não pode ao mesmo tempo orientar os músicos e os cantores durante a execução e, ainda, avaliar o resultado da gravação.

 O diretor de estúdio geralmente fica na sala de controle, também chamada de *técnica*, juntamente com o técnico de som, que opera os equipamentos enquanto os que estão gravando ficam na sala de gravação, também denominada de *aquário*. Em geral, é possível a comunicação visual entre a técnica e o aquário, por meio de uma janela de vidro colocada entre os dois ambientes. Da técnica, ouvem-se os sons do aquário e, para que o contrário aconteça, usa-se o *talk back*, uma espécie de microfone embutido na mesa que, ao ser acionado, permite às pessoas no aquário escutar pelos fones de ouvido os sons vindos da técnica.

 Quando se gravam grupos grandes, como orquestras e corais, nem todos os elementos usam fones de ouvido no momento da gravação, pois a *performance* é realizada como se fosse uma apresentação. Já com outros tipos de formação, principalmente quando é necessário ouvir sons anteriormente gravados, o fone é imprescindível.

11.2.4 Músicos e cantores

Na gravação, a função dos músicos e dos cantores também é similar à exercida na apresentação. Existem, porém, alguns aspectos que diferenciam os músicos de estúdio dos músicos de apresentação. Nas apresentações, há o contato direto com o público, o que faz diferença no aspecto emocional. Para grande parte dos músicos, esse contato é uma fonte constante de motivação. Eles gostam de realizar suas *performances* e de receber os aplausos, o calor, o carinho da plateia. Quando entram no estúdio para gravar, acham, por vezes, esse processo "frio e mecânico" e nem sempre conseguem um rendimento igual ao das apresentações ao vivo. Há, porém, uma minoria mais introvertida que não gosta de exposição pública, preferindo limitar sua atuação a um grupo mais restrito. Esses artistas encontram no estúdio as condições ideais para desenvolver seu trabalho com excelência.

Outra diferença, de caráter mais técnico, refere-se à execução ao vivo e em estúdio. No momento de uma apresentação, o grupo pode, em um nível tolerável, desafinar, errar notas, sair do andamento normal etc., sem que o público se dê conta disso ou se importe com esses deslizes. A maior parte das pessoas vai aos espetáculos para apreciar o *show*, e não para buscar defeitos. Há também aquele já citado aspecto emocional, que corrobora essa atitude condescendente com os erros ocorridos. Finda a apresentação, fica somente a lembrança do espetáculo, sem provas concretas do que foi bom ou ruim.

Numa gravação, os erros se tornam mais evidentes e, como ficam gravados, perpetuam a *performance* ruim de quem os cometeu. A gravação exige um desempenho técnico mais apurado, uma execução mais precisa, adaptação ao uso de fones, entre outros quesitos a que nem sempre é fácil se adaptar. Há músicos que são excelentes para apresentações nas que têm dificuldades na hora de gravar.

Capítulo 11

11.2.5 Locutores

Já falamos anteriormente sobre a função do apresentador. Em se tratando especificamente de gravações, usamos o termo *locutor*. Além do bom timbre, da boa leitura e da fluência verbal, esse profissional deve ter também uma boa noção de tempo, uma vez que a maioria das mídias gravadas tem uma duração exata. Saber acelerar e diminuir o ritmo na hora de ler um texto é uma arte que se adquire com a prática da gravação.

11.2.6 Criadores ou compositores

As músicas, os textos e as poesias são matérias-primas da produção sonora. Se o material for ruim, os efeitos desastrosos serão logo constatados pelos consumidores. Falar de criação boa ou ruim se torna bastante difícil se essa questão for analisada do ponto de vista do gosto individual. Podemos não apreciar determinado gênero musical, mas a música produzida pode ser de boa qualidade, independentemente de nossa opinião. A boa criação é aquela que consegue atingir e sensibilizar o público consumidor, alcançando os objetivos culturais ou comerciais a que se propõe.

Muitas vezes, ingredientes como humor, delicadeza, charme ou a natureza de alguns assuntos conseguem se sobrepor aos padrões estéticos individuais e agradar a um público mais amplo. O papel do compositor ou do criador é fundamental nesse processo. Tanto o repertório musical de um CD ou de uma apresentação quanto o sucesso de um *jingle* ou *spot* numa campanha publicitária dependem de boas ideias e criações.

A criação artística e a publicitária, por sua natureza, são bastante diferentes. Um bom compositor de músicas não é necessariamente um bom criador de *jingles*, mas o criador de *jingles* tem de saber compor bem. A criação artística é mais livre, tanto na temática como na estrutura e forma musical. O *jingle* tem assunto, duração e, por vezes, até gênero definido, obrigando seu criador a se adaptar a esses aspectos. Por isso a dificuldade que alguns compositores têm de se enquadrarem no perfil do criador de *jingles*, pois nem sempre se dispõem a criar sem "inspiração" ou acham difícil produzir sob encomenda e com tantos agentes limitadores.

11.2.7 Técnicos de som

O trabalho do técnico de gravação de estúdio é bastante diferente do trabalho de um técnico de som ao vivo. Embora ambos operem equipamentos semelhantes, como mesas, microfones, processadores e outros, a forma de captação e processamento dos sons é bem diferente na apresentação e na gravação.

Resumidamente, o técnico de som ao vivo deve usar toda a sua capacidade e seus recursos de equipamento no momento da apresentação, com a finalidade de produzir o melhor som possível para o público, sem ter uma segunda chance para acertar, pois o mesmo evento não vai se repetir. O técnico de estúdio, por sua vez, tem a chance de errar algumas vezes, pois pode regravar ou mesmo consertar alguns problemas ocorridos durante o processo de mixagem, finalização e edição. Isso, porém, não diminui a sua responsabilidade, pois o resultado de seu trabalho ficará registrado por muito tempo, em algum tipo de mídia.

Existem subdivisões no trabalho do técnico de estúdio. Há profissionais que trabalham com gravações de músicas e os que trabalham com a gravação e edição de comerciais. Há ainda o técnico de edição, mixagem e masterização.

Edição, mixagem e masterização são tratamentos dados aos áudios gravados.

Edição, no processo de gravação, significa promover cortes e emendas numa música, locução ou trechos de ambas. Muitas vezes, fazemos várias tomadas da mesma música ou de uma locução e aproveitamos as melhores partes de cada tomada. Em outros casos, gravamos um trecho de improviso muito longo e promovemos alguns cortes. Ainda na edição, podemos acrescentar alguma parte ou efeito que não pode ser realizado no momento da gravação original. Enfim,

Capítulo 11

de forma simples, podemos dizer que a edição é a montagem de uma peça final a partir do material bruto gravado.

Se conseguíssemos visualizar os sons, observaríamos que a edição é um processo horizontal, ou seja, uma colagem das partes musicais lado a lado. Já a mixagem consiste no processo tanto horizontal quanto vertical, pois, a partir dos trechos editados, trata-se cada canal separadamente, trabalhando suas propriedades de grave, médios, agudos, nível, panorâmica etc., para depois juntar todos verticalmente, ou seja, som sobre som, conferindo a sonoridade de todos os timbres devidamente tratados e misturados.

> A boa criação é aquela que consegue atingir e sensibilizar o público consumidor, alcançando os objetivos culturais ou comerciais a que se propõe.

Depois de mixados, os áudios passam por um tratamento final que é a masterização. De modo básico, ela consiste na comparação entre as diversas faixas, no caso de um CD, para se buscar um padrão de equalização e de volume. Quando se trata de um áudio único, compara-se com outros existentes para se chegar a um padrão de mercado. É o acabamento final de todo o processo de gravação que resultará na matriz do trabalho produzido. A partir da matriz, o áudio será aplicado em um filme ou comercial ou será feita a duplicação de um CD ou outro tipo de mídia.

11.2.8 Equipamentos para gravações

Existem dois tipos básicos de gravação: em estúdio e ao vivo. Gravações ao vivo são aquelas feitas simultaneamente à apresentação, em um teatro, igreja ou outros espaços apropriados e com a presença de público – podem também ser feitas gravações nesses lugares sem a presença do público, mas, nesse caso, deixam de ser ao vivo.

Nas gravações em que a plateia está presente, são necessários tanto equipamentos de P.A. quanto de gravação – alguns são comuns às funções de apresentação e de gravação e outros são específicos. Quando uma gravação é feita fora da estrutura fixa do estúdio, chama-se o equipamento de *gravação de estúdio móvel* ou *unidade móvel de gravação*.

Alguns equipamentos para gravação em estúdio são semelhantes aos usados em gravações ao vivo, diferindo, porém, em certas características e recursos. Usam-se, em ambos os casos, mesas, microfones, caixas acústicas e processadores de efeitos, por exemplo. Além deles, há ainda os gravadores, que antigamente eram aparelhos específicos para essa função, mas hoje foram substituídos por programas de computador. Estamos em plena era digital e as gravações analógicas estão praticamente em desuso. Existem diversas plataformas para a gravação digital, sendo o Pro Tools o sistema mais adotado atualmente.

Síntese

Apresentações

- Descrição das funções de produtor musical, produtor executivo, diretor musical, regente, apresentadores, técnicos de som no que se refere às apresentações.
- Descrição dos equipamentos para apresentações.

As gravações

- Descrição das funções de produtor musical, produtor executivo, músicos e cantores, locutores, criadores ou compositores e técnicos de som no que se refere às gravações.
- Descrição dos equipamentos para gravações.

Questões para revisão

1) Defina a função do diretor musical em apresentações musicais.

2) Qual a atuação de um produtor musical nos processos de gravação?

3) Enumere a segunda sequência de acordo com a primeira.

Primeira sequência:
1) Produção da matriz final de uma gravação.
2) Refere-se ao processo de misturar todos os canais de uma gravação.
3) Profissional encarregado de dirigir músicos, cantores e locutores durante as gravações.
4) Encarregado da logística das produções, contratações, pagamentos etc.
5) Promover cortes, emendas e outros tipos de alterações em gravações.
6) Responsáveis pela execução instrumental em apresentações e gravações.
7) Responsáveis pela voz cantada em apresentações e gravações.
8) Aquele que opera a mesa em gravações e mixagens.

Segunda sequência:
( ) Editar
( ) Mixagem
( ) Técnico de estúdio
( ) Diretor musical
( ) Produtor executivo
( ) Masterização
( ) Cantores
( ) Músicos

Agora, assinale a alternativa que corresponde à ordem correta:
a) 5, 2, 8, 3, 1, 4, 6, 7.
b) 2, 5, 3, 8, 4, 1, 7, 6.
c) 5, 2, 8, 3, 4, 1, 7, 6.
d) 3, 4, 5, 8, 7, 1, 2, 6.
e) 5, 2, 6, 8, 3, 4, 1, 7.

4) Assinale as alternativas corretas a respeito dos termos relacionados à mão de obra, aos serviços e aos equipamentos utilizados na produção sonora:
   a) Microfones.
   b) Regente.
   c) Orientador pedagógico.
   d) Mixagem.
   e) Técnico de informática.
   f) Diretor musical.
   g) Mesa de som.
   h) Mesa de luz.
   i) Figurinos.
   j) Masterização.
   k) Diretor cênico.
   l) Compositor.

5) São equipamentos utilizados para gravação profissional:
   a) microfones, mesa de som, fones de ouvido.
   b) microfones, celulares, mesa de som.
   c) microfones, fones de ouvido, aparelhos de fax.
   d) gravadores, computadores e celulares.
   e) gravadores, computadores e impressoras.

6) Um *spot* pode incluir:
   a) somente locução.
   b) somente voz cantada.
   c) locução, trilha ou efeitos sonoros.
   d) somente efeitos sonoros.
   e) Nenhuma das alternativas está correta.

7) No que se refere aos direitos autorais de obras de terceiros:
   a) podem ser usadas livremente em publicidade.

b) devem ter a autorização do compositor ou da editora para serem utilizadas em publicidade ou outras finalidades.
c) não existe legislação para esse assunto.
d) a legislação é bastante flexível.
e) é proibida a utilização de obras de terceiros em publicidade.

8) Edição, mixagem e masterização:
a) são tratamentos conferidos a áudios gravados.
b) são exatamente a mesma coisa.
c) não dizem respeito à produção sonora.
d) consiste na captação dos áudios.
e) são os primeiros passos numa gravação.

9) Regente é:
a) o mesmo que produtor executivo.
b) quem dá as coordenadas em uma orquestra, banda ou coral, por meio de gestos específicos para cada ação pretendida.
c) o nome dado a quem toca em orquestras.
d) o produtor executivo de um grupo vocal ou instrumental.
e) o mesmo que diretor de estúdio.

Para saber mais

Sugerimos alguns livros e *links* que consideramos interessantes para a complementação do conhecimento sobre produção sonora.

BURGESS, R. A arte de produzir música. Rio de Janeiro: Gryphus, 2003.

MAZZOLA, M. Ouvindo estrelas. São Paulo: Planeta, 2007.

ZASNICOFF, D. Manual de bolso da produção musical para músicos, técnicos e produtores. Disponível em: <http://www.audicaocritica.com.br/downloads/Manual_de_Bolso_da_Producao_Musical_por_Dennis_Zasnicoff.pdf>. Acesso em: 25 jul. 2011.

parte IV
Os meios informáticos de comunicação audiovisual:
multimeios e internet

Com o desenvolvimento das novas tecnologias, surgem novas formas de comunicar e de divulgar informações, produtos e serviços. O surgimento da internet e o seu desenvolvimento a partir de 1993, quando os computadores do mundo inteiro passaram a se conectar em rede, levaram os meios de comunicação e o mundo dos negócios a descobrirem novas oportunidades em todas as áreas. As empresas passaram a se preocupar em criar *sites* para divulgar seus produtos e serviços, bem como para fortalecer suas marcas perante os seus clientes e os usuários da *web*. Assim, as campanhas publicitárias passaram a explorar a rede mundial de computadores, e novos formatos de anúncios começaram a surgir, explorando cada vez mais a interação entre anunciante e cliente.

Sem dúvida, com o desenvolvimento da internet e o interesse cada vez maior das empresas pelo meio, a publicidade passou a ocupar um lugar importante na *web*, exigindo cada vez mais conhecimentos dos profissionais de propaganda. Considerando essa necessidade, elaboramos esta parte do livro com o objetivo de apresentar informações a respeito do desenvolvimento e da aplicabilidade da publicidade na internet. Abordamos, inicialmente, as transformações mais significativas que as novas tecnologias estão trazendo, principalmente em termos de oportunidades de negócios para empresas e anunciantes, bem como a importância da publicidade na *web*. Em seguida, apresentamos os diferentes termos referentes à internet e ao seu significado. Além disso, com base em dados retirados do Comitê Gestor da Internet de 2007, mostramos como é composto o perfil do internauta, o que pode tornar-se uma informação importante para os profissionais que planejam campanhas publicitárias para a *web*.

Ao final, conceituamos publicidade *on-line* e apresentamos uma breve história de como surgiu e como se deu o seu desenvolvimento. Apontamos ainda as vantagens de se anunciar na *web* em comparação com os meios de comunicação tradicionais, bem como a linguagem e os modelos de anúncios desenvolvidos para a internet, que vão desde *banners* e propagandas via *e--mail* até as propagandas mais interativas. Destacamos também os cuidados que se deve ter ao planejar uma campanha de publicidade na grande rede e os profissionais necessários para desenvolver um *site*, entre outras curiosidades sobre o tema.

capítulo 12
Novas tecnologias e suas relações

Conteúdos do capítulo:
- Evolução tecnológica;
- A tecnologia da informação e da mídia;
- Algumas definições: digital, *on-line*, internet e *world wide web*;
- Usuários da internet.

Após o estudo deste capítulo, você será capaz de:
- discutir o impacto da internet sobre o mercado consumidor;
- evidenciar o desenvolvimento das novas tecnologias na sociedade;
- discorrer a respeito da evolução dos meios de comunicação com a chegada das novas tecnologias;
- entender os conceitos básicos relacionados à internet;
- identificar o perfil dos usuários da internet no Brasil e no mundo.

Capítulo 12

12.1 Evolução tecnológica

Enquanto a tecnologia anuncia uma era de maior facilidade na comunicação e na informação, além de novos veículos para gerá-las, a economia da publicidade do mercado de massa passa por mudanças consideráveis. Como nossa capacidade de produzir e distribuir informações aumentou, diariamente somos bombardeados por inúmeros textos, imagens e sons. O mercado está saturado de mensagens, todas competindo por nossa atenção.

As novas tecnologias não estão mudando somente a economia da atenção, mas também as relações entre consumidores e produtores. Com as novas mídias interativas, que usam como suporte principalmente o computador, os indivíduos passam a ter a capacidade de procurar as informações que lhes interessam e a recusar aquelas que não querem ver ou ouvir. Como observam Adler e Firestone (2002), o consumidor consegue, desse modo, controlar as mensagens que recebe e, consequentemente, dirige a demanda por mercadorias e serviços, tornando-se cada vez mais exigente.

Além disso, não precisa mais se deslocar até um supermercado, banco ou loja de departamentos, pois pode fazer todas as suas compras e administrar os seus negócios diretamente de sua casa, do trabalho, da escola ou de uma *lan house*. Para isso, basta ter acesso a um computador e à internet que, em segundos, consegue atender às suas necessidades. A internet tornou-se sinônimo de velocidade e de praticidade para a sociedade do consumo. Cabe ao profissional de comunicação e *marketing* preparar a interface de cada uma das atividades desenvolvidas para o usuário da *web*, a fim de satisfazer seus desejos.

O desafio da publicidade quanto às novas mídias é forjar novas relações com os consumidores, as quais não se baseiam tanto nas mensagens que os anunciantes querem transmitir, mas, sim, na união destas com as informações que os consumidores desejam ter. Para Adler e Firestone (2002), simplesmente dispor de uma parcela do mercado não é suficiente para garantir o sucesso da publicidade. Os meios de comunicação têm de atingir os consumidores certos.

12.2 A tecnologia da informação e a mídia

A comunicação sempre foi, e continua sendo, uma necessidade humana básica. Desde os tempos dos sinais nas cavernas até o advento da internet, o homem vem aperfeiçoando as formas e os meios de comunicação. Na cultura moderna, a ciência comunicacional tornou-se extremamente valorizada e muitos são os esforços para ampliar o alcance da comunicação e derrubar suas barreiras ao redor do mundo. Esses esforços deram origem à chamada *revolução tecnológica* ou *revolução informacional*.

A primeira forma organizada de comunicação humana foi a linguagem oral, que apresenta limitações, como a impossibilidade de permanência e de alcance. Para superar a impossibilidade de permanência, o homem utilizou primeiramente os desenhos e, mais tarde, a escrita[*], a qual, principalmente depois da invenção do papel e dos

---

[*] Mesmo com o surgimento do alfabeto, a imagem é amplamente usada até os dias atuais para a transmissão de mensagens e a difusão de cultura.

Capítulo 12

tipos móveis de imprensa pelos chineses, solucionou definitivamente o problema do alcance.

Em paralelo ao desenvolvimento da linguagem, os meios de comunicação foram amplamente aperfeiçoados, internacionalizados, padronizados e deixaram de ser privilégio das elites. A invenção da imprensa por Gutenberg, em 1445, foi um grande marco dessa evolução, assim como o aperfeiçoamento do papel. Não podemos deixar também de citar a associação dos avanços da indústria gráfica com a mecânica, a química e a eletrônica, o que possibilita, por transmissões via satélite, a impressão de jornais em vários países ao mesmo tempo.

O alcance da comunicação deixou de ter barreiras com a invenção dos meios eletrônicos, como o telégrafo, o telefone, o rádio, a televisão, o satélite e a internet, que fazem uso de diversos tipos de tecnologias para transmitir signos. Além disso, a vinculação dos meios de comunicação com os de processamentos de dados gerou uma nova ciência: a informática, que coloca ao alcance das pessoas os recursos de inúmeros bancos de dados, como se fossem um único e gigantesco banco.

Na década de 1980, o mundo presenciou a chegada de microcomputadores potentes e a modernização da tecnologia, que permitiu a interligação em rede das máquinas e o compartilhamento de informações em âmbito mundial. O que, no princípio, tinha apenas uso militar passou a ser usado para pesquisas e, mais tarde, ganhou espaço comercial, transformando o computador numa mídia de massa.

O processo de desenvolvimento dos aparelhos eletrônicos – o *hardware* – e das técnicas de programação e produção – o *software* – foi acompanhado do aumento da influência e do poder da comunicação na sociedade, gerando a exploração comercial dos recursos de comunicação. Hoje, a internet é a mais conhecida das redes internacionais de computadores e se transformou em uma mídia universal e interativa, permitindo, por meio de uma variedade de recursos, a mais ampla obtenção, disponibilização e troca de dados, informações e *e-mails* digitais, contendo textos, imagens e sons.

12.3 Algumas definições

Antes de examinarmos como os publicitários e as pessoas interessadas em publicidade na internet podem dominar a comunicação *on-line* de maneira eficaz, é útil apresentarmos brevemente a terminologia usada neste capítulo. Começamos por definir e diferenciar os termos *digital, on-line, internet* e *world wide web*, que, muitas vezes, acabam sendo usados como sinônimos. No entanto, seus significados não são idênticos, como veremos a seguir.

12.3.1 O que é digital?

De acordo com Ward (2006), o processo digital separa todas as informações – dados, textos, gráficos, sons, imagens fixas ou vídeos – em uma sequência de números (dígitos) e as transporta a um destino por fio, cabo ou frequência de transmissão, voltando a agrupá-las em sua forma original no ponto de destino.

As informações armazenadas e transmitidas digitalmente podem ser quantificadas como *bits*. Até serem impressas, elas não têm forma física. Uma vez impressas, elas entram para o mundo real.

O autor ainda observa que a tecnologia tem reduzido os equipamentos de *hardware*, como os microprocessadores, a um tamanho que permite acesso a informações digitalizadas em quase todos os lugares – em casa, no carro ou mesmo no bolso.

12.3.2 O que é *on-line*?

On-line é um termo genérico, muitas vezes usado livremente para descrever o acesso, a recuperação ou a disseminação da informação digital. Para estar *on-line*, basta acessar a internet por meio de um *modem* e de uma linha telefônica.

12.3.3 O que é internet?

O termo *internet* foi cunhado a partir da expressão inglesa *INTERaction* ou *INTERconnection between computer NETworks*. A internet é formada pelas centenas de redes de computadores conectadas em diversos países dos seis continentes para compartilhar informações e, em situações especiais, também recursos computacionais.

> A internet é centrada nas pessoas, e não em governos.

Usam-se diversas tecnologias para a conexão com a grande rede, como linhas telefônicas comuns, linhas dedicadas de transmissão de dados, satélites, linhas de micro-ondas e cabos de fibra óptica.

Devido às suas características, a internet tornou-se a primeira mídia de massa que permite a interação entre o cliente e a empresa a um custo relativamente baixo.

Nenhum governo, empresa ou instituição controla a rede mundial. Seus padrões e normas são organicamente estabelecidos pela comunidade. As organizações pagam para instalar e manter a sua própria rede. Portanto, a internet é centrada nas pessoas, e não em governos.

Os grupos de notícias foram criados a partir da ideia e inspiração de alguns usuários de trocar mensagens em torno de determinado assunto. Mais tarde, essa ideia se desenvolveu, e esses grupos constituem-se, hoje, em um sistema no qual todas as mensagens são o resultado de um comitê ou grupo de trabalho governamental que tenha discutido a sua criação.

É importante destacar que a internet não é somente a *world wide web*. Ela é a infraestrutura que permite aos computadores se comunicarem entre si por todo o globo terrestre. Já a *web* é a interface que permite às pessoas trocarem dados, textos, fotos, gráficos, sons e vídeos por meio da internet.

12.3.4 O que é *world wide web*?

A *world wide web*, também conhecida pelas abreviaturas *www*, *w3* ou simplesmente *web*, é a designação de um dos serviços oferecidos na internet, sendo uma interface de utilização simples, que permite acessar diversos serviços na rede mundial.

12.4 Usuários da internet

Diversas empresas de pesquisa têm estudado o perfil do usuário da internet, de modo que se possa levantar dados que permitam auxiliar as empresas nas decisões de *marketing* nesse meio. Além disso, vários *websites*, como os portais e outros *sites* de conteúdo, têm divulgado o perfil de seus usuários para orientar essas decisões.

Apresentamos, a seguir, alguns dados que têm como base o Comitê Gestor da Internet (CGI) e o Instituto Brasileiro de Opinião Pública e Estatística (Ibope), que servem como exemplo de informações úteis para que o profissional de comunicação possa identificar os clientes em potencial ou mesmo traçar uma campanha publicitária na *web*. É importante salientarmos que, a cada segundo, a internet ganha um novo usuário e que os dados são atualizados mensalmente pelo CGI. Dessa forma, é necessário fazermos um gerenciamento constante dessas informações para a realização de um planejamento publicitário com base em dados reais dos usuários que integram a *web*.

Gráfico 12.1 – Acesso à internet no mundo

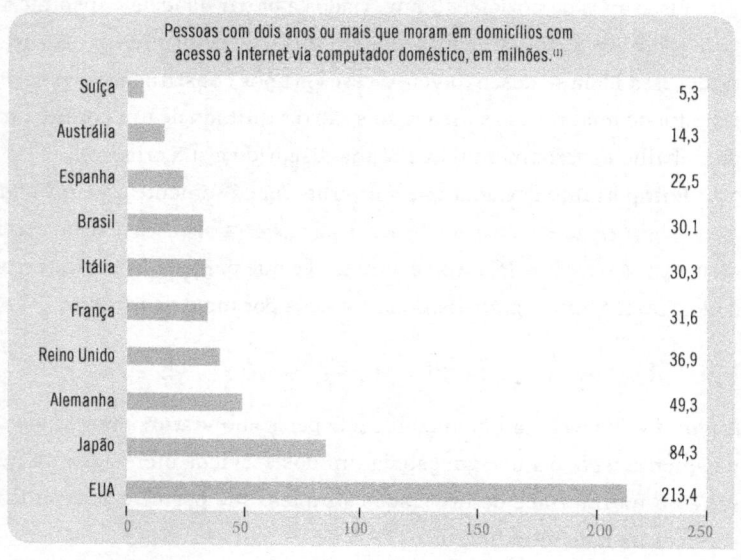

Pessoas com dois anos ou mais que moram em domicílios com acesso à internet via computador doméstico, em milhões.[1]

Suíça	5,3
Austrália	14,3
Espanha	22,5
Brasil	30,1
Itália	30,3
França	31,6
Reino Unido	36,9
Alemanha	49,3
Japão	84,3
EUA	213,4

Fonte: Cetic.br, 2011a.
Nota: (1) 3º trimestre de 2007.

Capítulo 12

Tabela 12.1 – Acesso à internet no mundo

Países	2005			2006				2007		
	2º tri.	3º tri.	4º tri.	1º tri.	2º tri.	3º tri.	4º tri.	1º tri.	2º tri.	3º tri.
EUA	201,6	203,5	203,8	204,4	205,5	208	211,1	208,9	211,4	213,4
Japão	67,8	70,4	71,8	73,1	73,1	80	80,6	82,0	83,3	84,3
Alemanha	44	43,9	45,7	47,1	47,9	47,8	47,5	47,0	47,4	49,3
Reino Unido	32,8	32,9	33,3	33,5	33,8	34	34,2	35,2	35,9	36,9
Itália	27,9	27,9	27,9	27,9	27,9	27,9	27,9	29,0	29,6	30,3
França	22,1	21,5	22,9	23,8	24,8	26,1	27,7	28,8	30,4	31,6
Brasil	18,3	18,9	20	21,2	21,2	21	22,1	25,0	27,5	30,1
Espanha	15,6	16,1	17,1	17,6	18,5	19,2	19,8	19,8	21,8	22,5
Austrália	12,8	13	13,2	13,3	13,7	13,7	13,9	14,4	14,3	14,3
Suíça	4,8	4,8	4,9	5,1	5,1	5,1	5,1	5,1	5,3	5,3
Suécia	6,4	6,4	6,4	-	-	-	-	-	-	-

Fonte: Cetic.br, 2011a.
Nota: Base – total de pessoas com dois anos ou mais que moram em domicílios com acesso à internet via computador doméstico, em milhões.

Esses dados demonstram que o Brasil ficou em sétimo lugar no *ranking*, com aproximadamente 30 milhões de acessos via computador doméstico. Os Estados Unidos continuam sendo os líderes, com aproximadamente 213 milhões de usuários domésticos.

Tabela 12.2 – Internautas ativos e horas navegadas no Brasil

	Jan. 07	Fev. 07	Mar. 07	Abr. 07	Maio 07	Jun. 07	Jul. 07	Ago. 07	Set. 07	Out. 07	Nov. 07	Dez. 07
Internautas(1) (em milhões)	14,0	14,0	16,2	15,8	17,9	18,0	18,5	19,3	20,1	19,9	21,5	21,3
Tempo(2) (em horas)	21:20	19:07	20:54	21:43	22:43	22:26	23:29	23:27	22:00	23:12	23:04	22:59

Fonte: Cetic.br, 2011g.
Notas: (1) Pessoas com dois anos ou mais que navegaram na internet por meio de computadores no domicílio, no mês.
(2) Tempo médio de uso do computador pelos internautas brasileiros ativos no mês.

Gráfico 12.2 – Internautas ativos e horas navegadas no Brasil

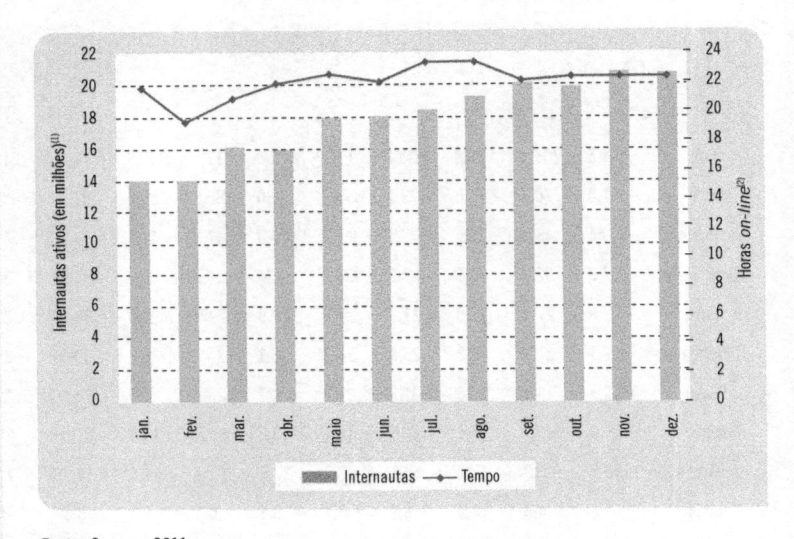

Fonte: CETIC.BR, 2011G.
Notas: (1) Pessoas com dois anos ou mais que navegaram na internet por meio de computadores no domicílio, no mês.
(2) Tempo médio de uso do computador pelos internautas brasileiros ativos no mês.

Gráfico 12.3 – Perfil da audiência por gênero (dez./2007)

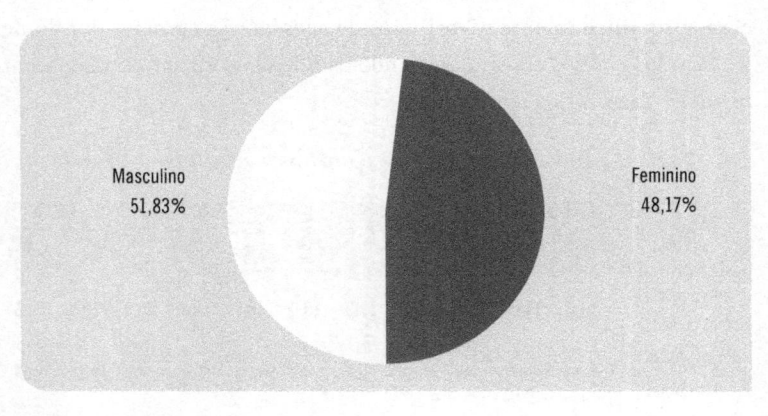

Masculino 51,83%
Feminino 48,17%

Fonte: CETIC.BR, 2011H.
Nota: Base – pessoas com dois anos ou mais que navegaram na internet por meio de computadores no domicílio no mês.

Capítulo 12

Tabela 12.3 – Perfil da audiência por gênero

	Jan. 07	Fev. 07	Mar. 07	Abr. 07	Maio 07	Jun. 07	Jul. 07	Ago. 07	Set. 07	Out. 07	Nov. 07	Dez. 07
Masculino	52,65%	51,43%	52,60%	52,04%	51,97%	52,05%	51,52%	52,33%	51,95%	50,95%	50,96%	51,83%
Feminino	47,35%	48,57%	47,40%	47,96%	48,03%	47,95%	48,48%	47,67%	48,05%	49,05%	49,04%	48,17%

Fonte: Cetic.br, 2011h.
Nota: Base – pessoas com dois anos ou mais que navegaram na internet por meio de computadores no domicílio, no mês.

Os dados acima demonstram que as pessoas do sexo masculino foram responsáveis pela maior parte da audiência da internet em dezembro de 2007, com 51,83% dos acessos, enquanto as mulheres contabilizaram 48,17% de acessos durante o ano.

Tabela 12.4 – Penetração do computador nos domicílios

Total de domicílios[1]	2005			2006				2007		
	2º tri.	3º tri.	4º tri.	1º tri.	2º tri.	3º tri.	4º tri.	1º tri.	2º tri.	3º tri.
Percentual[2]	27,5%	28,4%	30,4%	30,9%	31,2%	30,7%	31,9%	35,0%	37,3%	39,9%

Fonte: Cetic.br, 2011b.
Notas: (1) Base – total de domicílios com linhas telefônicas fixas.
(2) Domicílios com computador doméstico.

Tabela 12.5 – Penetração da internet nos domicílios

Total de domicílios[1]	2005			2006				2007		
	2º tri.	3º tri.	4º tri.	1º tri.	2º tri.	3º tri.	4º tri.	1º tri.	2º tri.	3º tri.
Percentual[2]	11%	11%	12%	12%	12%	12%	13%	14%	15%	17%

Fonte: Cetic.br, 2011c.
Notas: (1) Base – total de domicílios no país.
(2) Percentual de domicílios com acesso à internet via computador doméstico.

Tabela 12.6 – Local de acesso à internet

	2006			2007		
	2º tri.	3º tri.	4º tri.	1º tri.	2º tri.	3º tri.
Residência	29,8%	29,4%	30,9%	33,4%	35,4%	38,1%
Trabalho	26,4%	25,7%	26,0%	26,7%	26,3%	27,8%
Instituição educacional	27,0%	27,2%	27,9%	29,3%	30,3%	31,5%
Outros locais	21,5%	21,5%	23,5%	24,7%	26,5%	29,7%

Fonte: Cetic.br, 2011d.
Nota: Base – pessoas com 16 anos ou mais que moram em domicílios com linhas telefônicas fixas e que usaram a internet.

Pelos dados dessas tabelas, podemos perceber que, nos dois últimos anos, no Brasil, as pessoas acessaram mais a internet em seus domicílios. Em 2006, esse tipo de acesso representou 30,9% do total e, em 2007, 38,1%; o acesso em escolas e instituições educacionais ficou em segundo lugar, com 27,9% em 2006 e 31,5% em 2007.

Tabela 12.7 – Navegação e compras na internet

	2006			2007		
	2º tri.	3º tri.	4º tri.	1º tri.	2º tri.	3º tri.
Navegação(1)	25%	26%	27%	29%	29%	33%
Compras(2)	12%	12%	13%	14%	14%	17%

Fonte: Cetic.br, 2011e.
Notas: Base – pessoas com 16 anos ou mais que moram em domicílios com linhas telefônicas fixas.
(1) Usou a internet nos últimos 6 meses. (2) Navegou e comprou na internet nos últimos 6 meses.

A tabela 12.7 comprova que, no 3º trimestre de 2007, 33% dos internautas usaram a internet somente para navegação, enquanto apenas 17% deles a acessaram para fazer compras.

Os baixos índices do uso da internet para compras *on-line* explicam-se pelo fato de que muitos internautas ainda não conseguem confiar nesse tipo de transação. No entanto, dados apresentados pelo Ibope apontam que um dos segmentos da economia que mais se beneficiam com o desenvolvimento da *web* é o varejo. A venda pela internet permite a oferta de uma maior seleção de produtos para consumidores dispersos geograficamente e com custos operacionais reduzidos (estoques, locação de lojas, atendimento).

De acordo com o Ibope/NetRatings, mais de 3,9 milhões de internautas residenciais visitaram *sites* de varejistas *on-line* no Brasil, em agosto de 2007. Esse número representa um aumento de 17,5% em relação ao Natal de 2006. Se considerarmos que a influência da *web* no processo de compra vai além da simples transação, pois há também a questão das informações sobre preços e características dos produtos, o impacto é ainda maior. Foram mais de 5,7 milhões de acessos domiciliares em agosto, incluindo visitas aos *sites* de comparação de preços e aos diretórios de compras dos grandes portais.

Tabela 12.8 – Perfil do internauta e atividades realizadas

		Pessoas com 16 anos ou mais, com acesso de qualquer local[1]									
		2005			2006				2007		
	Usuários	2º tri.	3º tri.	4º tri.	1º tri.	2º tri.	3º tri.	4º tri.	1º tri.	2º tri.	3º tri.
Sexo	Masculino	58%	57%	59%	59%	60%	60%	61%	62%	64%	67%
	Feminino	46%	46%	48%	48%	49%	48%	50%	51%	53%	56%
Faixa etária	De 16 a 24 anos	74%	75%	76%	77%	78%	77%	80%	80%	82%	86%
	De 25 a 34 anos	56%	57%	60%	63%	63%	63%	63%	65%	67%	70%
	De 35 a 49 anos	51%	52%	52%	53%	53%	52%	53%	54%	57%	61%
	De 50 a 64 anos	33%	31%	32%	31%	33%	34%	35%	38%	39%	41%
	Acima de 65 anos	14%	14%	15%	13%	15%	13%	12%	14%	14%	17%

(continua)

(Tabela 12.8 – conclusão)

Escolaridade	Até 2º grau completo	27%	29%	30%	30%	31%	30%	32%	33%	35%	38%
	Superior incompleto	62%	62%	64%	65%	66%	65%	64%	64%	65%	69%
	Superior completo/Pós	91%	90%	90%	90%	88%	88%	88%	89%	92%	92%
Atividades(2)	E-mail	73%	73%	73%	73%	75%	76%	78%	79%	80%	80%
	Chat	32%	32%	33%	33%	35%	35%	36%	36%	35%	35%
	Mensagem instantânea	42%	43%	47%	48%	53%	56%	59%	61%	62%	64%
	Conteúdo audiovisual	30%	30%	31%	32%	36%	38%	40%	43%	44%	46%
	Ouviu rádio via *web*	33%	33%	36%	36%	38%	40%	41%	43%	44%	44%

Fonte: Cetic.br, 2011f.
Notas: (1) Base – total da população com 16 anos ou mais que mora em domicílios com linhas telefônicas fixas.
(2) Base – total da população com 16 anos ou mais que mora em domicílios com linhas telefônicas fixas e que utilizaram a rede nos últimos 6 meses.
Obs.: Percentuais referentes à penetração em cada estrato da população, considerando que cada célula da tabela totaliza 100%.
Ex.: Dentre o total de homens com 16 anos ou mais, com acesso de qualquer local, 58% usaram a internet no 2º trimestre de 2005.

A tabela 12.8 apresenta informações gerais sobre o perfil do usuário brasileiro da internet. Os dados revelam que pessoas do sexo masculino usam mais a rede e que a faixa etária que mais acessa a internet encontra-se entre 25 e 34 anos. Outra informação relevante é que, entre as atividades mais exercidas na internet, está o acesso aos *e-mails*, o que significa que a publicidade via correio eletrônico torna-se uma importante ferramenta e estratégia de *marketing* para atingir os consumidores dentro da sua própria casa.

Capítulo 12

12.4.1 Uso da internet em 2011

De acordo com os dados coletados pela Pesquisa Nacional por Amostra de Domicílios (Pnad), divulgados pelo IBGE (Carpanez, 2010), o Sudeste é a região do país onde se concentra o maior número de internautas: 33, 5 milhões de pessoas, o que corresponde a 49,3% dos usuários da *web* no Brasil. Em segundo lugar, aparece o Sul, com 11 milhões de usuários, em terceiro o Centro-Oeste, com 5,5 milhões, e em quarto o Norte, como 4,2 milhões de usuários.

Além disso, segundo pesquisas divulgadas em abril de 2011 pelo Ibope Nielsen Online (Caixeiro, 2011), o número de internautas no Brasil que acessam a internet em casa ou no trabalho é de 43,2 milhões. Esse número sobe para 73,9 milhões se forem incluídos outros lugares de acesso, como *lan houses* e escolas. Ainda de acordo com a pesquisa, o brasileiro passa em média cerca de 66 horas mensais na internet, o que corresponde a um aumento de 6,6% em relação ao mês de março de 2010.

Tabela 12.9 – Tempo de uso do computador em horas, minutos e segundos

	Fev/11	Mar/11	Variação
Tempo de uso do computador (hh:mm:ss) – aplicativos incluídos trabalho e domicílios	62:19:38	66:25:44	6,6%
Tempo de uso do computador (hh:mm:ss) – aplicativos excluídos trabalho e domicílios	45:03:58	48:04:23	6,7%
Número de usuários ativos (000) trabalho e domicílios	41.361	43.187	4,4%
Número de de pessoas com acesso (000) trabalho e domicílios	56.016	56.016	...

Fonte: IBOPE Nielson Online, citado por Caixeiro, 2011.

Gráfico 12.4 – Número de usuários brasileiros que acessam a internet em casa ou no trabalho

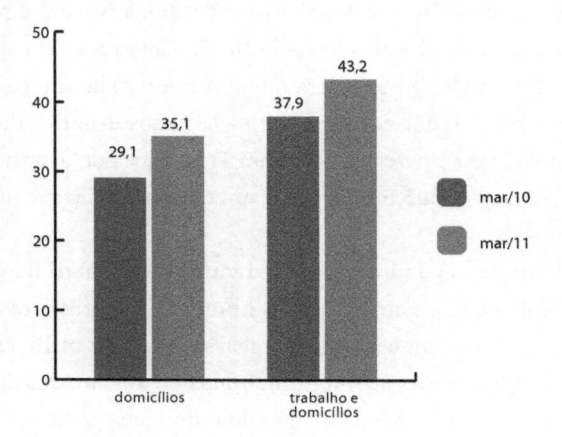

[Gráfico de barras comparando mar/10 e mar/11:
- domicílios: 29,1 (mar/10) e 35,1 (mar/11)
- trabalho e domicílios: 37,9 (mar/10) e 43,2 (mar/11)]

Fonte: IBOPE Nielson Online, citado por Caixeiro, 2011.

12.4.2 Redes sociais

As mídias sociais e os *blogs* consomem quase 25% do tempo *on-line* de seus usuários – um em cada quatro minutos e meio. É o que diz o relatório divulgado pela Nielsen Wire em julho de 2010 (Digital Markketing, 2011). Segundo os dados publicados, no mundo são gastos 110 bilhões de minutos nas redes sociais e nos *blogs*, e o número de pessoas que visitam as mídias sociais aumentou 24% em 2010, se comparado a 2009. O relatório aponta, ainda, o Brasil como a nação que ocupa a posição de maior porcentagem de internautas que visitam *sites* de redes sociais – 86%, contra 74% nos Estados Unidos. O Facebook é a mídia social mais acessada no mundo (54% da população).

A comScore, empresa especializada em medição de audiência *on-line*, aponta que os internautas brasileiros somam 46,7 milhões e, desses, 44,9 milhões acessam redes sociais pelo menos uma vez ao mês

(99%) (Caixeiro, 2011). Ainda de acordo com a comScore, 29% dos internautas têm entre 15 e 24 anos; 34% entre 25 e 34 anos.

Quadro 12.1 – Países com maior acesso a sites de rede social

EUA	174,4 milhões
China	97,1 milhões
Alemanha	37,9 milhões
Rússia	35,2 milhões
Reino Unido	35,1 milhões
India	33,1 milhões
França	32,7 milhões

Fonte: Adaptado de CGI.BR, 2010; Ibope, 2010.

Estudo de caso

Internet Banking e seus serviços

O Bradesco foi o primeiro banco brasileiro a usar o computador, há quase 40 anos e, desde então, vem sendo considerada a empresa que inaugurou a internet no país, pois, com investimentos de 1,8 bilhão de reais na área de tecnologia, o banco passou a ser pioneiro na área de *Internet Banking*. Todo esse investimento levou o banco a ficar entre os finalistas da mais importante premiação americana, o SmithSonian Awards, para as empresas que melhor aplicam recursos tecnológicos em benefício da sociedade, com a ferramenta que permite o acesso ao *Internet Banking* a deficientes visuais.

Com os recursos do *Internet Banking*, os clientes do banco podem fazer qualquer transação bancária *on-line*, de maneira prática, rápida e econômica. Além disso, essa ferramenta conta com recursos de segurança, que protegem os dados de seus clientes e asseguram que nenhuma transação seja feita sem autorização.

Com toda essa segurança e facilidade, os acessos têm aumentado a cada ano e, em virtude disso, os serviços prestados pelo *Internet Banking* vem crescendo. Atualmente, o Bradesco conta com 49 *sites* institucionais e 21 transacionais e busca atender a todos os nichos de mercado, oferecendo, de maneira *on-line*, todos os serviços prestados em uma agência bancária, tanto que, de acordo com o Relatório Anual da Federação Brasileira de Bancos (Febraban), houve um salto de 50%, entre 2003 e 2004, nas transações bancárias on-line.

Fonte: Bradesco, 2010; 2011; Febraban, 2011; Melo, 2011.

Síntese

Neste capítulo, vimos que as novas tecnologias estão mudando as relações entre consumidores e empresas. O desafio da publicidade quanto às novas mídias está em estabelecer novas relações com os consumidores certos. E, para isso, as empresas devem investir em pesquisas de mercado, a fim de estudar o perfil dos usuários da internet, de maneira a levantar dados que permitam auxiliar nas decisões de *marketing*.

A internet foi que, sem dúvida, possibilitou esse cenário virtual das comunicações e relações. Termo do idioma inglês, cunhado da expressão INTERaction ou INTERconnection between computer NETworks, transformou-se em conceito significativo da nossa civilização, uma vez que representa a ideia de rede e/ou trama, no caso inúmeras redes de computadores de todas as regiões do planeta conectadas para compartilhar informações (a aldeia global) e recursos computacionais. Contexto no qual encontramos, por exemplo, a World Wide Web (WWW), que se constitui de um sistema de documentos que estão alocados na Internet, sendo uma interface de utilização simples com acesso a diversos serviços na rede mundial, onde as informações são apresentadas no formato de hipertexto. Os navegadores mais usados de acesso a WWW são Internet Explorer, Mozila Firefox. Google Chrome e Safari.

Capítulo 12

Em razão de suas características, a internet tornou-se a primeira mídia de massa que permite a interação entre o cliente e a empresa a um custo relativamente baixo. Nenhum governo, empresa ou instituição controla a rede mundial. Seus padrões e normas são organicamente estabelecidos pela comunidade. As organizações pagam para instalar e manter a sua própria rede. Portanto, a internet é centrada nas pessoas, e não em governos.

Observamos, ainda, como a internet vem sendo usada pelos usuários do Brasil e de outros países. De acordo com as pesquisas, pessoas do sexo masculino, entre 25 e 34 anos, são os que mais usam a rede no país. Entre as atividades mais exercidas por esse público, encontra-se o acesso aos *e-mails*. Os dados atualizados do uso da internet comprovam que, das redes sociais, a mais usada no mundo é o Facebook, com 54% da população.

Questões para revisão

1) A internet tornou-se sinônimo de velocidade e de praticidade para a sociedade do consumo. Pesquise e relacione os principais serviços que a internet oferece, atualmente, para as pessoas.

2) Nenhum governo, empresa ou instituição controla a rede mundial (internet), principalmente em países com regimes democráticos como o Brasil. Explique de que forma a internet funciona.

Nos exercícios a seguir, assinale a alternativa correta:

3) Em que década o mundo presenciou a chegada dos microcomputadores potentes e a modernização da tecnologia, que permitiu a interligação em rede das máquinas e o compartilhamento de informações em âmbito mundial?
   a) 1970.
   b) 1980.
   c) 1990.
   d) 2000.
   e) 2010.

4) A imprensa foi inventada, em 1445, por:
   a) Castells.
   b) Ward.
   c) Adler.
   d) Gutenberg.
   e) Fireston.

5) As informações armazenadas e transmitidas digitalmente podem ser qualificadas como:
   a) *pixels*.
   b) *gis*.
   c) *modem*.
   d) *nós*.
   e) *bits*.

Questões para reflexão

1) Com o aparecimento da *word wide web* na década de 1990, a diminuição dos custos e o aumento do conteúdo, a internet espalhou-se pelo mundo. Em 1996, ela já era usada com frequência nos países desenvolvidos. Desde a sua popularização, há mais de 15 anos, a internet vem conquistando espaço em todo o mundo. Com base em dados atualizados, trace um perfil do uso da internet no Brasil, nos dias atuais.

2) Quais mudanças significativas podemos identificar na atual sociedade com o advento da internet? Comente.

3) Por que os usuários ainda não sentem confiança na hora de efetuar compras pela internet? Discuta e apresente soluções.

4) Para Adler e Firestone (2002), "simplesmente dispor de uma parcela do mercado não é mais suficiente para garantir o sucesso da publicidade". Os meios de comunicação têm de

atingir os consumidores certos. Explique de que forma isso deve ser feito.

Para saber mais

Os leitores que pretendem estudar mais sobre a sociedade e as novas tecnologias, os conceitos básicos relativos à internet, publicidade e vendas na internet e, ainda, sobre comércio eletrônico podem consultar a seguinte bibliografia:

BASSO, M. Comércio eletrônico: uma visão geral. Porto Alegre, 2000.

CASTELLS, M. A sociedade em rede. São Paulo: Paz e Terra, 1999.

CEBRIAN, J. L. A rede. São Paulo: Summus, 1999.

KALAKOTA, R.; ROBSON, M. E-business: estratégias para alcançar o sucesso no mundo digital. 2. ed. Porto Alegre: Bookman, 2001.

PINHO, J. B. Publicidade e vendas na internet: técnicas e estratégias. São Paulo: Summus, 2000.

capítulo 13
Publicidade *on-line*

Conteúdos do capítulo:

- A importância da publicidade na internet;
- Conceito de publicidade *on-line*;
- Breve história da publicidade *on-line*;
- Objetivos da publicidade *on-line*;
- Veículos de publicidade tradicional e *on-line*;
- Outros meios;
- Vantagens da publicidade *on-line*;
- Benefícios da publicidade *on-line* para o consumidor;
- Formatos da publicidade e da propaganda na internet;
- Etapas de campanhas na *web*;
- Diretrizes da propaganda *on-line*;
- Medição de audiência da publicidade na internet;
- Equipe de produção para internet.

Após o estudo deste capítulo, você será capaz de:

- discutir a importância da publicidade na internet para qualquer tipo de empresa;
- analisar a história da publicidade na internet;
- definir publicidade *on-line*;
- diferenciar publicidade na internet de publicidade tradicional;
- descrever as vantagens das empresas em anunciar na internet;
- identificar os diferentes formatos de publicidade na internet;
- planejar uma campanha de *marketing* na internet.

Capítulo 13

13.1 A importância da publicidade na internet

A internet é o meio de comunicação mais interativo que existe e tem a capacidade de reunir todos os outros meios em um único ambiente, chamado de *ciberespaço**. Além disso, trouxe mudanças significativas em todas as formas de comunicação, principalmente na publicidade. Ela se tornou um balcão de oportunidades para as empresas anunciarem seus produtos e serviços, bem como para tornarem suas marcas mais conhecidas entre os seus clientes, atuais e potenciais. A publicidade *on-line* se tornou uma valiosa ferramenta de comunicação por ser persuasiva, interativa e dirigida, de modo personalizado e individualizado, para os consumidores e os *prospects*** de produtos, serviços e marcas.

Se, no mundo real, a propaganda é obrigatória para uma empresa que quer crescer, no mundo virtual essa necessidade passa a ser a diferença entre um *site* visitado e um de cuja existência ninguém sabe. No mundo virtual, o

---

* Termo cunhado em analogia com o espaço sideral explorado pelos astronautas. Sua invenção é atribuída ao escritor de ficção científica William Gibson, que o usou pela primeira vez na sua obra *Neuromance*.
** *Prospects* significa "clientes em potencial".

poder de visibilidade é menor se comparado ao dos meios de comunicação tradicionais. Por isso, os anunciantes têm de fazer um esforço maior para que o público seja informado sobre seus produtos e serviços. Ao mesmo tempo, têm a seu favor a facilidade e a agilidade com que as pessoas conseguem obter informações na web. Para localizar uma empresa na rede, basta que o internauta ou cliente digite o nome em algum site de busca para que apareçam em segundos as páginas relacionadas à organização.

Certamente, a web facilitou muito o trabalho de quem deseja informações sobre as empresas. Dessa forma, é imprescindível que as organizações tenham seu site na internet e invistam em publicidade on-line. Não há dúvidas de que a grande rede está começando a ocupar um espaço tão importante quanto os demais meios de comunicação quando se trata de publicidade. Pesquisas comprovam que os internautas aceitam anúncios on-line da mesma forma como aceitam aqueles veiculados em outras mídias.

13.2 O que é publicidade *on-line*

A publicidade na internet é definida como uma convergência da publicidade tradicional e do *marketing* de resposta direta ou, ainda, como a convergência de *branding*, de disseminação de informações e de vendas, todos no mesmo lugar (Zeff; Aronson, 2000, p. 13). Assim como qualquer publicidade tradicional, tenta disseminar informações com o objetivo de influenciar a transação entre computador e vendedor. Mas, como apontam Zeff e Aronson (2000, p. 10), a publicidade na *web* difere da veiculada em outras mídias pela sua possibilidade de interação. "Para obter mais informações, os consumidores podem dar um clique sobre o anúncio, ou ir um passo além comprando o produto ao longo da mesma sessão *on-line*. Os consumidores podem até comprar produtos de dentro dos anúncios na *web*".

Capítulo 13

A interatividade oferecida pela internet é uma característica da comunicação bilateral ou multilateral entre dois ou mais indivíduos, antes só possível na comunicação face a face. No modelo tradicional da comunicação de *marketing*, veiculada na mídia de massa, o cliente era meramente um receptor passivo. Com a internet, a comunicação tornou-se uma via de mão dupla, em que as pessoas têm a possibilidade de interagir diretamente com o anunciante, permitindo um aprofundamento nos relacionamentos entre as empresas e os consumidores.

13.2.1 Uma breve história da publicidade *on-line*

A publicidade *on-line* surgiu com os primeiros *sites* de empresas que marcavam presença na rede. Tinha como propósito oferecer informações úteis a respeito dos produtos e serviços dessas organizações, que, na maioria das vezes, estavam relacionadas com internet e informática. Foi a partir de 1993, quando a *world wide web* se tornou acessível ao público e foram abolidas as restrições para o uso comercial da internet, que foram lançadas na grande rede as primeiras publicações comerciais.

A seguir, fazemos um breve relato sobre a história da publicidade *on-line*, com base em autores como Pinho (2000) e Zeff e Aronson (2000).

A primeira tentativa de divulgação comercial massiva pela internet ocorreu nos Estados Unidos em 1994, como parte da estratégia de comunicação do escritório de advocacia Canter e Siegel. Esse fato ficou mundialmente conhecido, na época, pela violenta reação que provocou entre os usuários e teve ampla cobertura da imprensa americana. O autor assim relata esse episódio: "O escritório de advocacia Canter e Siegel imaginou uma maneira de usar a rede como um meio barato de comunicação e enviou um anúncio que oferecia seus serviços, para obtenção do *green card*, a mais de 7 mil grupos de discussão" (Pinho, 2000, p. 101-102).

O anúncio veiculado na internet trouxe resultados surpreendentes para a empresa de advocacia. "A empresa e o seu provedor de serviço receberam em torno de 30 mil '*flames*' em apenas 18 horas, o que acabou ocasionando sucessivos colapsos no provedor e abalou seriamente a reputação do escritório de advocacia entre os membros da comunidade 'on-line'" (Pinho, 2000, p. 102).

Para Zeff e Aronson (2000), essa empresa de advocacia achou que tinha descoberto "o ovo de Colombo" do *marketing* barato. No entanto, sua iniciativa resultou na colocação da empresa na lista negra da comunidade virtual pelos colapsos que o imenso número de mensagens enviadas causou no provedor.

De acordo com Pinho (2000), o primeiro contrato publicitário foi assinado com a AT&T no dia 15 de abril de 1994. O anúncio foi veiculado no *site* Hotwired. Entre os anunciantes pioneiros que veicularam seus *banners* nesse *site*, estavam a IBM e a Zima. Em 1994, surgiram também vários *sites* de diretórios e mecanismos de busca, entre eles o Yahoo! (Pinho, 2000, p. 102). Daí para a frente, vários outros *sites* surgiram, principalmente de empresas de computadores, de *softwares*, de comércio de produtos especiais, como vinhos e flores, e de prestação de serviços, como agências de viagens.

Pinho (2000) observa que a expansão dos anunciantes nos *sites* da *web* resultou na queda nos preços da veiculação publicitária, embora ainda fossem considerados comparativamente altos em relação ao retorno do investimento. No final de 1994, os usuários começaram a perceber que a *web* não era mais, como no princípio, parte de uma rede exclusivamente acadêmica e filantrópica, direcionada apenas para pesquisas do governo e de instituições educacionais, razão pela qual seus produtos e serviços precisavam ser pagos.

A partir de 1995, as empresas começaram a perceber a necessidade de estar presentes na rede, para não perder de vista o novo mercado que se abria: o da internet. Elas foram estimuladas a ter os seus próprios *sites* na rede mundial, e não somente *banners*, possibilitando aos internautas obter informações mais detalhadas sobre elas. Além disso, surgiram novas formas e tipos de anúncios. Ainda de acordo com Pinho (2000, p. 103), começou-se a usar a tecnologia interativa na *web* a partir de 1995, permitindo a criação de propagandas com animação, som e mesmo pequenos vídeos. Começaram a ser criados também *sites* que possibilitavam maior interatividade com os usuários e ofereciam entretenimento, com a finalidade de manter a fidelidade dos visitantes.

13.2.2 Objetivos da publicidade *on-line*

Assim como a publicidade veiculada em qualquer meio de comunicação, a que circula na internet tem como objetivo apresentar ou promover produtos, serviços e marcas de uma empresa, além de informar, convencer e animar os consumidores ou motivar determinadas atitudes e comportamentos.

Como instrumento de promoção de vendas e negócios, a publicidade desempenha oito tarefas, conforme aponta Pinho (2000, p. 98), com base nas considerações de Sampaio (1999), as quais destacamos a seguir:

- Divulgação da marca para torná-la mais íntima do público que já a conhece ou torná-la conhecida por novos consumidores.
- Promoção da marca ou da empresa para seus consumidores, ressaltando-se os aspectos mais competitivos em relação aos concorrentes.
- Criação de mercado tanto para a empresa quanto para a marca, com o objetivo de conquistar mais consumidores.
- Expansão do mercado pela conquista de mais consumidores.
- Correção de mercado, com o objetivo de corrigir a imagem da marca ou da empresa, caso ela não esteja sendo percebida pelos consumidores como deveria.
- Educação do mercado, quando o consumo depender da formação de uma atitude ou de um hábito do consumidor.
- Consolidação do mercado para reafirmar qualidades da marca ou empresa.
- Manutenção do mercado pela constante reafirmação das características e vantagens da marca ou empresa e pela ação de resposta aos ataques e esforços da concorrência.

Essas oito tarefas dizem respeito à publicidade veiculada em todos os meios de comunicação e, principalmente, na internet, em que é necessário estabelecer uma relação do produto ou serviço com o consumidor.

13.2.3 Veículos de publicidade tradicional e *on-line*

Se olharmos a publicidade *on-line* segundo as maneiras tradicionais de anunciar, poderemos revelar o alcance e a profundidade dessa mídia como veículo publicitário. Antes de discutirmos a publicidade *on-line* em relação às tradicionais, apresentaremos, a seguir, um quadro comparativo das vantagens e desvantagens da veiculação da publicidade em várias mídias.

Quadro 13.1 – Principais vantagens e desvantagens das mídias

Mídia	Vantagens	Desvantagens
TV	▪ Devido à sua alta intrusividade, consegue altos níveis de awareness. ▪ É insuperável para mostrar produtos e situações, pois se trata de um filme. ▪ Tem cobertura nacional.	▪ Sua produção é cara. ▪ A TV a cabo está levando as faixas mais nobres de consumo para sua programação, que não aceita anúncios.
Rádio	▪ É altamente seletivo, pois foca muito bem no target. ▪ Permite o uso de anúncios que se aproveitem de situações que estão ocorrendo no momento.	▪ É difícil a compra de espaço, devido ao número de estações. ▪ Não há estatísticas e testing sobre a audiência e o feedback a respeito dela é, em geral, pobre.
Revista	▪ Possibilita uma segmentação bastante precisa. ▪ Permite o estudo dos anúncios antes e depois da sua exposição.	▪ As impressões são, em sua maioria, mensais e, por isso, é difícil fazer anúncios relacionados aos eventos do dia.

(continua)

Capítulo 13

(Quadro 1 – conclusão)

Revista	• Possibilita uma segmentação bastante precisa. • Permite o estudo dos anúncios antes e depois da sua exposição.	• As impressões são, em sua maioria, mensais e, por isso, é difícil fazer anúncios relacionados aos eventos do dia.
Jornal	• Devido ao fato de ser diário, permite aproveitar bem os eventos do dia para fazer anúncios criativos. • Os leitores costumam ler anúncios nesse meio antes de se decidirem por uma compra. • É portátil.	• Não há seletividade demográfica, pois cobre vários tópicos que interessam a vários grupos sociais. • A qualidade é baixa e não se pode usar cor.
Internet	• Está no ar 24 horas por dia, 365 dias por ano. O preço é o mesmo, não importa o horário nem a localização da audiência. • Possibilita uma grande segmentação, uma vez que cada *site* é acessado para um propósito específico. • Permite o relacionamento direto e íntimo com o consumidor. • O uso de tecnologias multimídia acrescenta valor às campanhas. • Tem baixo custo de distribuição, independentemente do número de usuários atingido. • O material promocional é facilmente atualizável. • Existe facilidade de navegação – o usuário clica onde e como desejar.	• Há falta de padrões de indústria ou dificuldade à sua adaptação. • As ferramentas de medição são imaturas ou ainda não foram dominadas. • É difícil medir o tamanho do mercado, assim como seu alcance ou frequência. • A audiência está em crescimento muito rápido, mas ainda é pequena. • Não é portável, pois precisa de um computador para ser visualizada.

Fonte: Adaptado de Zeff; Aronson, 2000; Pinho, 2000.

Em relação aos meios de comunicação, Pinho (2000) observa que, mesmo que a internet esteja se mostrando um dos espaços mais eficientes para veicular a propaganda de qualquer empresa, ela não deverá substituir os tradicionais instrumentos de comunicação publicitária. Cada meio de comunicação possui suas vantagens e desvantagens. Basta saber usá-los de forma eficaz para atingir os consumidores e obter resultados positivos para a empresa.

13.2.4 Outros meios

Discutiremos, a seguir, quais as diferenças entre *outdoors*, impressos, *marketing* direto e televisão em relação à publicidade na *web*, com base nas perspectivas de Zeff e Aronson (2000) e de Pinho (2000).

- **Publicidade externa – o *outdoor*:** o *banner* é comparado ao *outdoor* porque chama a atenção do usuário no momento em que ele entra no *site*, da mesma forma que ocorre quando alguém está andando por uma estrada e se depara com um *outdoor*. Ele pode apontar um *site* para um usuário da internet. Mas, enquanto os *outdoors* são estáticos, os *banners* são interativos. Clicando nele, os internautas podem ser transportados a outros *sites* ou obter mais informações. Além disso, um anunciante na *web* pode saber com precisão a quantidade de vezes que um *banner* recebeu cliques, com base nos relatórios que recebe dos gerenciadores do *site* em que o *banner* está inserido. Já com relação ao *outdoor*, não é fácil obter o mesmo retorno.

- **Publicidade impressa:** num meio impresso (jornal ou revista), um anúncio de uma ou meia página é claramente identificado. De acordo com Zeff e Aronson (2000), o jornal é o meio de comunicação mais usado para publicidade no Brasil. Embora disponha de grandes anunciantes nacionais, principalmente dos setores financeiro e automobilístico, veicula significativa quantidade de anúncios de varejo, constituindo-se em um excelente meio para divulgação de promoções de âmbito local e regional. Já a principal característica da revista está na seleção dos leitores, em razão dos muitos títulos voltados aos mais diversos segmentos da população.

Capítulo 13

Além disso, esse meio oferece espaço para uma abordagem mais profunda dos assuntos de interesse do seu público. Existem revistas infantis, de atualidades, de informação, femininas, de interesse geral, de turismo e lazer, entre outros tipos. Os anúncios em revistas possibilitam, assim, o direcionamento preciso para o segmento desejado de consumidores. A penetração do meio chega a 91% entre a classe A e 72% entre a classe B. A identificação do leitor com a revista escolhida é muito grande, pois ele compra os títulos que tratam de temas de seu interesse. Uma revista é lida por mais de uma pessoa e mais de uma vez, durante certo tempo, proporcionando que o meio tenha maior permanência entre os consumidores. Na *web*, os *banners* se assemelham aos anúncios impressos, pois têm delimitações muito claras. De acordo com Zeff e Aronson (2000), o espaço destinado a eles é bem delimitado – em geral, 10% da área visível.

- **Publicidade na televisão**: o comercial de 30 segundos é um dos formatos de publicidade mais importantes para os anunciantes. Os comerciais televisivos permitem ao anunciante "tomar conta" da tela da TV, veiculando uma peça publicitária em pleno movimento, que pode enfocar os interesses, as necessidades e mesmo as emoções do consumidor. A visibilidade de uma peça publicitária na televisão é maior do que em qualquer outro meio, principalmente se ela for inserida no horário nobre de uma emissora entre um programa e outro. Contudo, o custo também é maior.

- **Publicidade na TV a cabo**: a audiência da TV a cabo é muito mais seletiva e, por isso, é extremamente atraente para os anunciantes. Como observam Zeff e Aronson (2000), o aumento da focalização de públicos-alvo levou ao surgimento de comerciais especializados, com mensagens direcionadas e provocadoras. A internet oferece a possibilidade de compra de anúncios direcionados, mas também de anúncios que podem alcançar audiências de massa.

- **Publicidade no cinema**: o cinema é um meio pouco usado para veiculação de anúncios publicitários, em função de seu baixo alcance entre a população em geral. Além disso, existem restrições legais para a apresentação dos comerciais – os anúncios só podem ser veiculados no início de cada sessão. Apesar dessas desvantagens, o cinema oferece um clima propício para a veiculação de comerciais. Ele consegue atrair e manter a atenção do espectador, e as dimensões da tela aumentam o impacto do anúncio, pois a cor, as imagens, os sons e os movimentos ganham mais destaque.

- *Marketing* direto: a capacidade inata da internet de contabilizar audiência levou os anunciantes a empregar uma abordagem de *marketing* direto na publicidade via *web* – em particular, baseando suas campanhas sobre seu custo por resposta. Zeff e Aronson (2000) nobservam que a capacidade da internet de monitorar as vendas feitas, correlacionando-as com certo anúncio num *site* específico, torna o uso da *web* muito fácil para os profissionais dessa área, como ocorre com os veículos tradicionais de resposta direta, que são capazes de avaliar cada anúncio com base no número de vendas que ele gera. O *marketing* direto dispõe de uma variada gama de veículos por meio dos quais pode atingir uma audiência determinada, com o objetivo de obter uma resposta direta. Pinho (2000) destaca os principais meios usados como instrumentos do *marketing* direto para atingir os consumidores, apresentados a seguir.
  - Mala direta: o uso do correio para o envio ao consumidor de material promocional, como cartas, brochuras, cupons de desconto, catálogos e outros, constitui o canal de maior volume de faturamento em *marketing* direto, sendo denominado de *mala direta* ou *propaganda direta*. As vantagens do sistema estão na natureza de veículo de comunicação mais pessoal, que se aproxima da venda feita pessoalmente por um indivíduo, na possibilidade de selecionar a clientela e atingi-la por

meio de uma lista de endereços e na conveniência estratégica de determinar, com toda a precisão, a repetição dos anúncios. A mala direta* exige que a mensagem seja criativa e formulada de maneira a superar os obstáculos naturais, como a inércia do consumidor e a competição com as outras mensagens comerciais.

- **Telemarketing**: mostra-se útil em vendas, na marcação de hora para apresentação e demonstração de produtos, na pesquisa de mercado e de audiência, na renovação de assinaturas e nos serviços de pós-venda, para verificar a satisfação do consumidor com o produto ou serviço prestado. O imediato *feedback* proporcionado pelo telefone é a grande vantagem do *telemarketing* sobre as outras formas de *marketing* direto.
- **Mídia interativa**: a internet se mostra como um poderoso meio de comunicação para atingir de forma direta os consumidores. O correio eletrônico tem natureza profundamente vocacionada para o *marketing* direto por ser um canal de comunicação que assegura a remessa de mensagens individuais e personalizadas para *targets* extraídos de bancos de dados precisamente segmentados, bem como por permitir o recebimento, pelo mesmo meio, das respostas do consumidor. A única preocupação que se deve ter com o uso do correio eletrônico é o desenvolvimento de mensagens interessantes e atrativas para que os *e-mails* não sejam ignorados pelos internautas ou se tornem *spams*.
- **Veículos de comunicação de massa**: o *marketing* direto pode usar como canal de comunicação as mesmas mídias tradicionais empregadas pela publicidade e pela promoção de vendas. Destacam-se, aqui, os meios de comunicação tradicionais, como revista, jornal, televisão e rádio, e a forma como são usados no *marketing* direto. A revista e o jornal são muito

---

* Para saber mais sobre o uso da mala direta, consulte Pinho (2000).

aproveitados para estimular a resposta direta dos seus leitores. A principal vantagem do uso do jornal para *marketing* direto está na sua periodicidade diária, que permite a inserção de encartes em qualquer dia específico, enquanto a revista oferece como ponto positivo a maior segmentação dos seus leitores. Na televisão, os comerciais de *marketing* direto, por serem mais informativos, exigem quase sempre um tempo de veiculação de, no mínimo, 60 segundos, o que onera consideravelmente os custos de veiculação. Em relação ao rádio, seu uso para *marketing* direto é muito ocasional no Brasil. Pela sua natureza, ele não obtém a atenção total do ouvinte, que pode, ao mesmo tempo que escuta a programação, executar alguma outra tarefa. Além disso, é muito difícil criar uma mensagem comercial para esse meio, porque se leva em consideração somente o som.

13.2.5 Vantagens da publicidade *on-line*

Como mídia, a publicidade na internet tem grandes vantagens, entre elas a interatividade imediata do consumidor e sua capacidade tanto de atender a uma campanha massiva como de atingir públicos extremamente segmentados. A interação com o consumidor potencial é instantânea, uma vez que permite que a empresa tenha um *feedback* da efetividade de sua publicidade *on-line*, que ela saiba imediatamente o que o visitante pensa sobre a mensagem e o produto ou serviço anunciados e que receba o pedido do comprador diretamente do *site*. Além disso, anunciar na internet oferece às empresas a oportunidade de enfocar determinado público e de veicular anúncios personalizados para o interesse e o gosto particulares de cada usuário.

Destacamos, a seguir, algumas das vantagens da publicidade *on-line*:

Capítulo 13

Dirigibilidade e focalização: é possível focar os usuários geograficamente ou psicograficamente, identificando-se a hora de acesso ou o *site* onde a publicidade será inserida. Podem-se utilizar as ferramentas do *marketing* direto, como os *mailing list*, formados a partir da base de dados dos provedores ou lojas *on-line*. (Zeff; Aronson, 2000)

Monitoramento e rastreamento: o *marketing* pode monitorar a interação de seus clientes atuais e potenciais com sua marca, descobrindo ou ratificando o real interesse deles em relação ao produto/serviço oferecido. Esse monitoramento pode ser medido também pela medição dos *page views* ou de compras efetivas geradas pela publicidade. (Zeff; Aronson, 2000)

[...] Um fabricante de carros, por exemplo, pode descobrir como o visitante navega pelo seu *site* e identificar em que tipo de informação ele está mais interessado, como o desempenho do automóvel, especificações de segurança ou opcionais que acompanham determinado modelo. A audiência de um *site* pode ser medida pela contagem dos visitantes que o acessam, enquanto a resposta a um anúncio pode ser verificada pelo número de vezes que o *banner* é clicado pelos usuários. (Pinho, 2000, p. 119)

Entrega e flexibilidade: a internet possibilita que uma campanha esteja disponível o tempo todo e que possa ser suspensa ou alterada em tempo real. Isso possibilita maior controle da mensagem e de sua efetividade durante o processo. (Zeff, Aronson, 2000, p. 13)

Baixo custo de colocação: é relativamente mais barato o espaço da propaganda na internet. Além disso, o custo de atualização também é baixo e rápido, permitindo que os anúncios estejam sempre atuais. (Turban et al., citados por Limeira, 2003)

Interatividade: a internet é a única mídia que permite transformar de forma simples o papel do consumidor, do papel de receptor da informação, para agente de busca e compra. Aqui, o papel da publicidade é ampliado de fomentador da decisão de compra, para efetivador de compra. A *web* permite alcançar o objetivo com maior efetividade porque o consumidor pode interagir com o produto, testá-lo e, se escolhido, comprá-lo imediatamente. [...] Além dessas ainda faz a captação de dados: anunciar na internet pode, também, conduzir tráfego ao *site*, criar bases de dados de clientes para poder fazer *marketing one to one*, fidelizar clientes e fomentar a imagem de marca do *site*, produto ou empresa. Portanto, a empresa pode facilmente capturar informações dos usuários à medida que eles usam a internet. (Zeff; Aronson, 2000, p. 13)

No entanto, a propaganda na internet apresenta também algumas limitações. Entre elas, podemos citar as seguintes:

- formas ainda não completamente desenvolvidas de mensuração;
- audiência relativamente pequena;
- dificuldades em medir o tamanho do mercado e o perfil psicográfico dos usuários.

13.3 Benefícios da publicidade *on-line* para o consumidor

A *web* é um eficiente canal de publicidade, cujas vantagens não são exclusivas dos anunciantes. Os consumidores também podem usufruir de vários benefícios, enumerados a seguir (Pinho, 2000):

- acesso a uma grande quantidade de informações, oferecidas de maneira altamente dinâmica pela natureza interativa do meio e pelo ambiente em hipertexto, permitindo a pesquisa de forma não linear, o que auxilia e facilita o processo de decisão de compra;
- facilidade de levantamento, análise e controle de dados a respeito de produtos e serviços, permitindo a compra por comparação e a experimentação de produtos *on-line* pelo usuário;

Capítulo 13

- redução de preços em decorrência da competição entre os vários fornecedores presentes na rede, o que resulta em melhor qualidade e variedade de itens.

13.3.1 O cliente da internet

Para Castro (2000), o cliente típico da internet é um dos mais complexos de todas as mídias. "Ele é um paradoxo na sua maneira de atuar, pensar e consumir, e a sua clara compreensão é a chave para conseguirmos lhe vender um produto ou ideia". O autor comenta que a rede possibilita maior privacidade entre o cliente e a empresa, principalmente no que diz respeito a reclamações e insatisfações, pois somente um endereço de *e-mail* os separa.

Destacamos, a seguir, algumas das necessidades dos clientes apontadas por Castro (2000):

- **Barato ou gratuito**: na *web*, a palavra *grátis* ganha cada vez mais espaço entre os clientes. Muitos *sites* estão usando essa estratégia para atrair compradores. A palavra *free* é tão poderosa que seu uso em *banners* é recomendado, pois aumenta a possibilidade de visualização do internauta.
- **Individualidade**: a internet dá maior liberdade para os clientes fazerem reclamações às empresas sobre serviços e produtos.
- **Tratamento**: como a internet possibilita a interatividade em tempo real entre o cliente e a empresa, essa relação é mais próxima, apesar de não ser real, mas sim virtual.
- **Qualidade**: a *web* é composta, até o presente momento, de clientes das classes A, B e C. A importância dessas classes é óbvia e, por isso, elas não devem ser levianamente consideradas. Os anúncios das empresas precisam atender às necessidades desses consumidores e, portanto, devem ser planejados a fim de atingi-los de forma satisfatória, uma vez que são eles que realmente têm poder aquisitivo para fazer compras *on-line*.

Podemos, então, perceber, pelo que foi visto anteriormente, que o cliente da *web* é talvez o mais difícil de todos, pois exige níveis de qualidade extremamente difíceis de atingir, considerando o que ele está disposto a gastar. O desafio, segundo Castro (2000), é oferecer um serviço que seja personalizado, que leve em consideração as necessidades e os desejos dos clientes.

13.4 Formatos de publicidade e propaganda na internet

A primeira forma de publicidade na *web* foi a própria *web*. No entanto, Zeff e Aronson (2000, p. 10) destacam que, como a rede ficou infestada de *sites* comerciais, já não bastava construir uma página para atingir os consumidores na internet. Os anunciantes precisavam de uma ferramenta para levar os usuários aos seus *sites* e os *publishers* precisavam de um meio para pagar por seus esforços na internet.

Como se constitui num meio de comunicação em que se pode usar áudio, vídeo e interatividade, a *web* apresenta inúmeras possibilidades para o desenvolvimento eficaz e criativo de diferentes tipos de anúncios. Veremos, a seguir, alguns deles, desde os *sites* corporativos até os mais interativos e modernos que existem.

13.4.1 O *site* como anúncio

Para muitas empresas, a criação de um *site* foi a primeira iniciativa de publicidade na internet. Por meio dele, as organizações passariam a imagem de estar acompanhando as novas tecnologias e estariam presentes na rede para que o mundo todo pudesse vê-las. De acordo com Zeff e Aronson (2000), os primeiros *sites* apresentavam uma ampla gama de apresentações, que iam desde os *brochurewares*, que nada mais são do que uma reprodução *on-line* do material impresso, até seu extremo oposto, ou seja, um *site* que usa todos os recursos tecnológicos e de *design* disponíveis.

Capítulo 13

Pinho (2000) destaca, porém, que a *web* não pode ser encarada pelas empresas apenas como uma vitrine ou um balcão de vendas avançado. O *site* deve ser uma extensão de toda a companhia, que trabalha a imagem da empresa na internet, com todos os seus setores presentes: relações com o mercado, recursos humanos, departamento financeiro, vendas, estoque etc. Ele é um produto virtual, que precisa ser visto e gerenciado não apenas com foco na informática, mas também no *marketing*.

Outro ponto importante e que deve ser levado em conta pelas empresas que pretendem fazer da rede um canal de troca de informações com o consumidor são os elevados custos de construção e manutenção dos *sites*. De acordo com Pinho (2000), o volume de interação não pode ser subestimado, pois, muitas vezes, exige uma equipe completa de atendimento ao consumidor para não deixar sem resposta os *e-mails* recebidos.

Entre os modelos de *sites* que as empresas podem adotar, estão os *sites* de destinação e os *microsites*.

De acordo com Pinho (2000), os *sites* de destinação combinam informação, entretenimento e recursos tecnológicos que agregam valor ao produto, ao serviço ou à marca que estão sendo divulgados na *web*, como CDs, livros e *softwares*, produtos que podem ser vendidos *on-line*. O objetivo desses *sites* é promover o conhecimento da marca, permitir a sua comparação com marcas similares e proporcionar serviços de pós-venda, como a assistência técnica. É preciso ainda ressaltar que, segundo Pinho (2000), os *sites* de destinação "não devem existir simplesmente por existir. É preciso divulgar o seu endereço de todas as formas possíveis e reservar uma dotação orçamentária para esse fim, estimada em no mínimo 20% dos gastos totais com a comunicação interativa".

Quanto aos *microsites*, eles são menores que os *sites* – geralmente contêm menos de dez páginas –, têm poucos subníveis e navegação intuitiva. Nesses sites é comum encontrar *plug-ins*, animações e janelas *pop-ups*. Em relação à durabilidade, os *microsites* ficam no ar um mês, em média, focalizando determinado produto ou serviço. Uma das suas vantagens é comunicar os benefícios do produto e reunir informações acerca do consumidor sem os custos dos *sites* de destinação (Pinho, 2000).

13.4.2 *Hot site* ou *sitelet*

É uma página especial que o internauta acessa por meio de um clique em um *banner* e que oferece mais detalhes sobre uma campanha promocional, em vez de levar diretamente para a página principal do *site*. Seu objetivo é comunicar, de modo claro e objetivo, informações a respeito de determinado produto ou promoção. Permanece no ar por curto período de tempo.

13.4.3 *Splash page*

Também conhecida como *jump page*, é uma página especial que atrai a atenção dos internautas por um pequeno período de tempo, como uma promoção ou um guia para a página principal do *site*.

13.4.4 *Pop-up*

É uma janela independente e flutuante que se abre quando o internauta visualiza determinada página em um *site*, sobrepondo-se à tela do navegador. É muito usado para notícias importantes ou promoções. Para um material ser considerado *pop-up*, deve ser menor que a tela do navegador. É um formato de impacto, pois a janela se abre sobre o conteúdo da página. Os *pop-ups* são vendidos por dia ou por faixa de horário.

13.4.5 *Floater*

É uma figura que flutua na página do *site*, movimentando-se sobre o conteúdo. O *floater* pode ter *link* para o *site* do anunciante ou para uma oferta especial. Cada inserção de *floater* tem duração de 24 horas, para não cansar o internauta.

13.4.6 Intersticial

É a propaganda que surge e preenche o espaço de uma página na internet, interrompendo a visão e a navegação do usuário. Ela vai aparecendo à medida que o internauta sobe e desce na página. A situação é similar à da propaganda nos intervalos dos programas de televisão. A diferença é que o usuário pode interromper o anúncio clicando em qualquer espaço da página. Geralmente, contém grandes gráficos (*rich graphics*), *shockwave* e *streaming video*.

13.4.7 Supersticial

É um arquivo de 100 Kb e imagem de vídeo ampla, com espaço suficiente para movimentação real, áudio de alta qualidade, animação e *rich graphics*. Usa uma tecnologia denominada *push-polite*, que permite que o internauta navegue por um *site* enquanto o filme é carregado, sem que ele perceba, não interferindo em sua conexão. Só depois que ele estiver totalmente carregado é que o usuário assiste à propaganda, que tem duração de 20 segundos e combina sons e imagens gráficas. O supersticial não interfere no conteúdo e causa impacto maior do que o *intersticial*.

13.4.8 *In-stream ads*

Stream é o nome dado à transmissão de imagens e sons pela internet. O conteúdo é transferido para o computador do usuário durante sua exibição na tela. Há diferentes tipos de formatos de *streaming*, sendo os mais populares o Windows Media Player, o Flash, o Real Media, o MP4, o QuickTime, o MP3 e o Liquid Audio. Com essa tecnologia, o anunciante pode veicular os mesmos comerciais ou vinhetas produzidos para a televisão, ampliando o nível de recordação da sua campanha. Os áudios *streaming spots*, produzidos para emissoras de rádio, também podem ser veiculados. O *spot* é transmitido entre as músicas, exatamente como numa rádio.

13.4.9 Patrocínio (sponsoring)

É a associação entre uma marca e um site. O objetivo é vincular o conteúdo oferecido na página ao seu patrocinador, o qual poderá escolher uma página ou ainda um boletim de e-mail – newsletter. Geralmente, os patrocínios incluem banners e são baseados em um fee, pagamento fixo durante determinado período, como um mês.

13.4.10 Point-roll

São os anúncios que permitem ao anunciante entregar mensagens múltiplas aos usuários. Quando se passa o mouse sobre um anúncio point-roll, mensagens adicionais aparecem abaixo, acima, à direita ou à esquerda dele, dependendo da sua localização e do seu tamanho. Quando se retira o mouse do anúncio ou do painel, ele desaparece instantaneamente e permite que se volte a visualizar o site original.

13.4.11 Broadcast

É o nome dado à veiculação maciça de um anunciante em praticamente todas as páginas de um site, durante determinado intervalo de tempo. Ao longo do período comercializado, o anunciante consegue uma exposição sem igual, atingindo toda a audiência do site ou do portal.

13.4.12 Publicidade via e-mail

O e-mail constitui um veículo publicitário eficiente, mas é importante saber usá-lo de forma correta, para que não se torne um spam. Entre os formatos de publicidade via e-mail, está o boletim de e-mail, que é uma publicação criada por uma empresa ou um indivíduo e depois enviada às pessoas, mediante solicitação. Outro formato é

Capítulo 13

a lista de discussão via *e-mail*, constituída de "conversações" que os assinantes mantêm sobre um tópico em particular. Quem quiser contribuir para a discussão deve enviar uma mensagem para o moderador ou para um endereço de *e-mail*, que é automaticamente repassada para todos os assinantes. O moderador é responsável pela revisão de todas as mensagens e decide quais são apropriadas para circular pela lista inteira.

    De acordo com Zeff e Aronson (2000), as listas de discussão e os grupos de notícias são um meio eficaz e econômico de se obter um nicho no mercado. Os anunciantes podem promovê-los durante uma semana ou um mês. É importante destacarmos que a vantagem de se patrocinar uma lista de discussão ou um boletim por *e-mail* é que eles alcançam com exatidão a audiência-alvo. Eles podem ser enviados por *e-mail* como texto ou usando os formatos em HTML, que fazem as mensagens se parecerem com páginas da *web*. Satisfeitas as duas condições, o destinatário recebe o material no formato HTML.

13.4.13 Botões

Os botões são *banners* de dimensões diminutas, com a vantagem de que podem ser colocados em qualquer lugar de uma página. Geralmente, estão localizados na parte inferior do *site*, à direita ou à esquerda, e têm um manejo extremamente simples. Os botões de *download* possibilitam que, com um simples clique no anúncio, o interessado possa copiar um *software*. De acordo com Pinho (2000), muitas empresas de *software* usam intensivamente os botões para disseminar seus programas entre os usuários da *web*.

    Os botões também são empregados para que os usuários conheçam a marca de determinado produto ou serviço ou se lembrem dela. Esse formato está bastante disseminado na *web*, sendo usado por bancos, montadoras de automóveis, jornais, revistas e muitas outras organizações comerciais, que tentam seduzir o internauta a fazer uma visita ao *site* dos seus produtos ou da própria instituição.

*Figura 13.1 – Exemplo de um botão retirado da web**

13.4.14 Banners

A necessidade de uma ferramenta para conduzir os usuários aos *sites* resultou no surgimento dos *banners*, inspirados no tradicional modelo da mídia impressa: pequenos anúncios retangulares com bordas claramente definidas e colocados no alto ou na parte inferior de *homepages* e *sites* de tráfego elevado. Basta o usuário clicar neles para ser levado ao *site* de destino. Os *banners* são feitos em MultiGIFs ou GIFs animados. O formato GIF permite que se regule a quantidade de compreensão que o arquivo deverá ter. Esse formato aceita até 256 cores.

A utilidade dos *banners* está no fato de que, quando clica em algum deles, o consumidor é levado exatamente para a página que o anunciante deseja, no seu *site*. Eles são apresentados numa gama variada de tamanhos, mas geralmente têm em torno de 18 cm de largura por 2,5 cm de altura ou 468×60 *pixels*. Seu tamanho não deve passar de aproximadamente 7 Kb. O *banner* é como se fosse a página

---

* Este botão pode ser acessado em: <http://www.grupouninter.com.br/sistemaeducacional/>.

Capítulo 13

inicial do *site*. É imprescindível que haja uma extrema integração entre os dois, pois são realmente partes inseparáveis do processo de comunicação com o cliente na *web*.

Para Pinho (2000), o *banner* deve ser interativo, permitindo ao usuário solicitar amostras grátis, registrar-se para participar de um concurso, concorrer a prêmios ou encomendar um produto. As empresas devem incrementar suas vendas com o emprego de *banners* em campanhas criativas e manter *sites* corporativos, com o propósito de manter relações com investidores, fornecedores e recrutamento de pessoal.

Figura 13.2 – Exemplo de um banner retirado da web*

Categorias de *banners*

Para Zeff e Aronson (2000), há três categorias de *banners*: estáticos, animados e interativos. Além dessas três categorias, destacamos, aqui, também os *banners* desenvolvidos em HTML.

---

* Este *banner* pode ser acessado em: <http://www.grupouninter.com.br/>.

- *Banners* estáticos: são compostos de imagens fixas. Foram os primeiros tipos de *banners* a serem empregados nos primórdios da publicidade na *web*. Sua vantagem reside na facilidade de produção e na aceitação universal por todos os *sites*. No entanto, por não usarem todos os recursos da tecnologia, geram um número muito menor de respostas do que os animados e interativos.
- *Banners* animados: são os que se movimentam e giram, ou seja, que têm algum tipo de animação. Eles usam a animação GIF89, repleta de imagens consecutivas. A maioria desses *banners* usa de 2 a 20 quadros (*frames*). São extremamente populares e capazes de produzir uma taxa de *click-through* muito maior do que os estáticos. Por terem mais quadros, conseguem veicular muito mais informações e produzir um impacto visual também maior do que os estáticos. Esse tipo de *banner* tem produção barata e um tamanho pequeno, abaixo de 15 KB.
- *Banners* interativos: servem para envolver o usuário de alguma forma. Para isso, podem fazê-lo brincar um jogo, inserir uma informação, responder a uma pergunta, abrir um *menu*, preencher um formulário ou comprar algum produto. Esses *banners* exigem uma interação direta e dividem-se em dois tipos: HTML e *Rich Media*.
- *Banners* HTML: são uma opção *low-tech* que permite ao consumidor inserir dados ou fazer uma escolha em um *menu pull-down* ou em um botão de rádio, localizados dentro do próprio *banner*.

Tamanhos de *banners*

Os *banners* constituem um importante meio de propaganda e uma grande fonte de investimentos publicitários na *web*. Assim como os anúncios impressos para revistas e jornais, têm várias formas

Capítulo 13

e tamanhos. O Internet Advertising Bureau* – IAB (Departamento de Propaganda da Internet) especifica oito tipos diferentes de tamanho, de acordo com as dimensões em *pixels*. Um *pixel* é a menor unidade de cor usada para criar imagens em um computador ou em uma tela de televisão. A medida usada para medir um *pixel* equivale a 0,010 milímetros.

No quadro a seguir, apresentamos os tamanhos padronizados de *banners* do IAB.

Quadro 13.2 – Tamanhos padronizados de banners

Tipo	Tamanho em pixels	Tamanho em centímetros
Full *banner* (1)	468×60	12,4×1,6
Full *banner* com barra de navegação vertical	392×72	10,4×1,9
Half *banner*	234×60	6,2×1,6
Banner vertical	120×240	3,2×6,4
Botão quadrado	125×125	3,3×3,3
Botão 1	120×90	3,2×2,4
Botão 2	120×60	3,2×1,6
Microbotão	88×31	2,3×0,8

Fonte: INTERNET ADVERTISING BUREAU, citado por HARRIS, 2011.
Nota: (1) O *full banner* é considerado o mais popular dos anúncios da *web*.

Segundo Harris (2008), não existe um padrão universal para o tamanho do arquivo dos *banners*. Os próprios *sites* impõem os limites, de acordo com os seus interesses e necessidades, podendo variar entre 12 KB e 16 KB. A preocupação com o tamanho deve existir em função do tempo necessário para carregar

---

* Associação sem fins lucrativos, exclusivamente dedicada a maximizar o uso e a eficácia da propaganda na internet, patrocinando pesquisas e eventos relacionados a esse tema. De acordo com as normas do IAB, mesmo se a solicitação de uma página provocar a exibição de uma série de *frames* – moldura ou subdivisão da tela de um *site* –, para que ela seja mostrada, deve ser contada apenas uma única vez, ou seja, corresponde a um único *page view*.

carregar a página e abrir a propaganda. Se demorar muito tempo, o internauta pode desistir ou se cansar e passar para outro *site*. Como a internet é um meio interativo e ágil, essas características devem ser seguidas com rigor na hora de desenvolver um *banner*, sem riscos de perder o consumidor.

Figura 13.3 – Exemplos de tamanhos de banners usados em sites

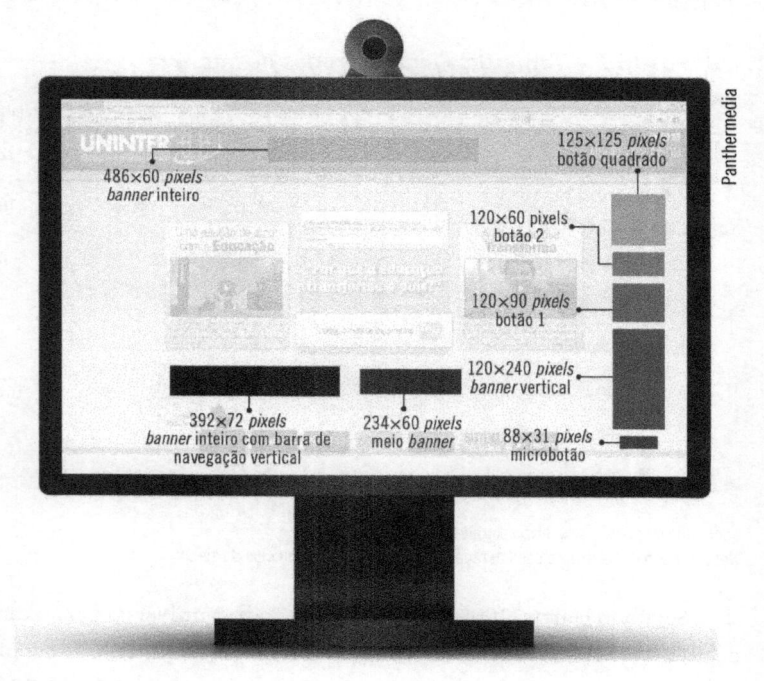

[Figura: monitor exibindo exemplos de banners: 486×60 *pixels* banner inteiro; 125×125 *pixels* botão quadrado; 120×60 *pixels* botão 2; 120×90 *pixels* botão 1; 120×240 *pixels* banner vertical; 392×72 *pixels* banner inteiro com barra de navegação vertical; 234×60 *pixels* meio *banner*; 88×31 *pixels* microbotão. Panthermedia]

Fonte: Harris, 2011.

Comercialização de *banners*

Os *banners* são vendidos por impressões, isto é, pelo número de vezes que são visualizados na tela do computador do usuário. O custo de um conjunto de mil impressões é chamado de *CPM – custo por mil*.

Capítulo 13

O anunciante deve levar em consideração que apenas uma parcela desses mil internautas atingidos se interessará pelo *banner*. Mas não é apenas o clique que conta, pois a visibilidade da marca, produto ou serviço também é muito importante. O preço da impressão varia de acordo com o tamanho da mensagem e da audiência da página em que se quer veicular o anúncio.

Outro tipo de contratação é a veiculação por tempo predeterminado. O *banner* fica no *site* durante certo período, independentemente do número de impressões. O anunciante pode ainda entrar em acordo com o veículo e fechar cotas de patrocínio com preços especiais, no caso, por exemplo, de um evento específico, como Dia das Mães, Dia dos Namorados ou mesmo Natal.

O que faz um *banner* ser eficaz?

Não existe uma fórmula que faça todo e qualquer *banner* ser bom. Como em qualquer propaganda, um *banner* eficaz é produto de vários fatores, e não existe uma maneira de saber com certeza se ele vai dar certo. No entanto, existem alguns truques que podem ajudar a alcançar resultados mais eficazes (Harris, 2011):

- Colocar *banners* em páginas com conteúdo relacionado a eles – quanto maior for essa relação, melhor.
- Preferir anunciar determinado produto ou serviço no *banner*, e não no *site* em geral.
- Para anunciar determinado produto ou serviço, fazer o *link* do *banner* para a parte do *site* que trata deles especificamente, e não para a página inicial.
- Colocar os *banners* no topo da página, e não na parte inferior. As mensagens inseridas no topo da página são visualizadas mais facilmente, porque chamam mais rapidamente a atenção dos internautas e são de fácil leitura.
- Preferir usar mensagens simples a complicadas. Os textos devem ser curtos, objetivos e escritos de forma adequada para a internet, ou seja, com frases diretas, usando a voz ativa: sujeito, verbo e

complemento. Deve-se evitar o uso de palavras desconhecidas ou gírias.

- Preferir anúncios com animação a estáticos. Não se pode esquecer que a internet tem várias outras funções além de informar, e a principal delas é divertir. Por isso, os anúncios animados chamam mais a atenção do que os parados, que não têm estímulos.
- Apresentar um conteúdo gráfico que desperte a curiosidade do visitante, sem ser obscuro demais.
- Reduzir ao máximo o tamanho de arquivo do *banner*. Se a página demorar muito para carregar, muitos visitantes passarão para outros *sites*. A internet é um meio ágil e, portanto, a informação deve ser imediata. O visitante não deve dar mais do que dois cliques no *mouse* para chegar à informação que deseja. Se não for esse o caso, isso significa que o tripé digital* não está em equilíbrio.

No entanto, Pinho (2000) observa que não basta a empresa desenvolver *banners* para fazer suas marcas, produtos e serviços marcarem presença em *sites* de busca ou de conteúdo. Como em qualquer outra atividade de comunicação e *marketing*, as campanhas de *banners* devem seguir um plano de ação claro e preciso. Dessa forma, apresentamos a seguir as etapas de desenvolvimento de campanhas de publicidade *on-line*.

13.5 Etapas de campanhas na *web*

Pinho (2000) ressalta que, ao desenvolver uma campanha na *web*, é necessário levar em consideração algumas questões:

---

* Entende-se por *tripé digital* os elementos que compõem a interatividade, a navegabilidade e a arquitetura da informação.

Capítulo 13

- O *target* de mercado do produto está *on-line*?
- Se estiver, onde ele pode ser encontrado na rede?
- É preciso ainda levar em consideração o número de pessoas que a propaganda poderá atingir e pensar na natureza informativa do produto a ser anunciado na *web*.

Apresentamos, a seguir, quatro passos para desenvolver uma campanha de publicidade *on-line*:

- Determinar com precisão o perfil do prospect para a marca, produto ou serviço.
- Fixar os objetivos pretendidos pelos anunciantes.
- Selecionar os *sites* e comprar espaços para a exposição dos *banners*.
- Mensurar os resultados obtidos pela campanha.

13.5.1 *Target* da campanha

Nesta fase, deve-se levantar informações e descrever os perfis socioeconômico, profissional e psicográfico dos clientes. Essas informações devem ser baseadas em indicadores como classe social, sexo, idade, profissão, escolaridade, ocupação, posição social e cultural, atitudes em relação ao preço, a qualidade, a utilidade, a conveniência do produto, aos hábitos de consumo e de uso e às principais razões de compra.

As informações apuradas ajudam no direcionamento da mensagem dos *banners* e na seleção dos *sites* em que os produtos e serviços podem ser anunciados.

13.5.2 Objetivos da campanha

De acordo com Pinho (2000, p. 197), a fixação dos objetivos da campanha serve para traçar o que deve ser comunicado, quem deve ser atingido e em que quantidade, qual a atitude ou resposta que se deseja obter a curto e a longo prazo. Além disso, ajuda a verificar se a campanha foi ou não bem-sucedida.

Esse mesmo autor destaca que, na *web*, as campanhas de *banners* têm como objetivos gerar tráfego, criar o conhecimento de marca e promover vendas (Pinho, 2000, p. 197). Veremos cada um desses itens a seguir:

- Gerar tráfego: os sistemas de busca e os provedores de acesso e conteúdo empreendem campanhas de publicidade *on-line* para aumentar a base de usuários e o número de visitas.
- Criar o conhecimento da marca: o processo de conhecimento da marca é conhecido como *branding* e tem como objetivos prever, analisar e determinar as possíveis utilizações da marca para consolidar a sua percepção pelo consumidor e gerar mais vendas.
- Promover vendas: aplica-se na *web* o *marketing* direto, permitindo que o *prospect* percorra o caminho que vai da coleta de informações sobre o produto ou serviço, a partir do clique de abertura do *banner*, até o preenchimento do pedido de compra.

13.5.3 Compra de espaço para *banners*

É necessário selecionar o modelo apropriado de anúncio e identificar os melhores locais para a sua exposição. Segundo Pinho (2000), as opções do anunciante são amplas e variadas. Para a veiculação da publicidade *on-line*, destacam-se os mecanismos de busca, os provedores de acesso, os *sites* de conteúdos e os *chats*.

Vale ressaltarmos que, após verificar os espaços em que a publicidade *on-line* será veiculada, o anunciante deve também negociar com os veículos a compra de mídia e os custos de inserção. Pinho (2000) recomenda que, além de discutir a localização dos *banners* e os preços de exposição, é importante definir o tipo e a periodicidade dos relatórios de audiência.

Capítulo 13

De acordo com esse mesmo autor, a ordem de inserção da campanha publicitária a ser assinada pelo anunciante deve conter, no mínimo, os seguintes itens:

- nome do anunciante;
- pessoa responsável pelo pagamento;
- data de entrega do *banner*;
- localização do anúncio;
- período de exposição;
- número de impressões adquiridas;
- custo de inserção dos *banners*.

13.5.4 Mensuração dos resultados da campanha

Assim como em qualquer plano de campanha publicitária nos meios de comunicação tradicionais, é importante que os objetivos da campanha na *web* sejam claramente apresentados. Dessa forma, pode-se fazer uma análise satisfatória dos dados produzidos pelos relatórios de audiência dos *sites* em que está sendo veiculado o anúncio. O plano de campanha deve permitir que, com base nos resultados obtidos, os objetivos e as metas sejam ajustados e corrigidos conforme as necessidades do anunciante.

13.6 Diretrizes da propaganda *on-line*

Limeira (2003) aponta algumas diretrizes que devem ser seguidas pelos profissionais ao elaborar uma propaganda *on-line*:

- Todo anúncio deve estar de acordo com as leis do país e ser honesto e verdadeiro.
- Todo anúncio deve ser de responsabilidade do anunciante, da agência de publicidade e do veículo de divulgação.

- Todo anúncio deve respeitar os princípios da leal concorrência, geralmente aceitos no mundo dos negócios.
- Nenhum anúncio deve fornecer ou estimular qualquer espécie de ofensa ou discriminação racial, social, política, religiosa ou referente à nacionalidade.
- Os anúncios não devem conter afirmações ou apresentações visuais ou auditivas que ofendam os padrões de decência que a publicidade pode atingir.
- Os anúncios devem ser realizados de forma a não abusar da confiança do consumidor, não explorar sua falta de experiência ou de conhecimento e não se beneficiar de sua credulidade.
- Os anúncios devem conter uma apresentação verdadeira do produto oferecido.

No anúncio, todas as descrições, alegações e comparações que se relacionem com fatos ou dados objetivos devem ser comprobatórias, cabendo aos anunciantes e às agências fornecer as comprovações, quando solicitadas.

13.7 Como medir a audiência da publicidade na internet

No início da *web*, os *hits* eram a única maneira de medir o acesso a uma página. Já a principal forma de mensuração do impacto das campanhas de publicidade *on-line* era o *page view*, que mede o número de exposições do anúncio para compor a cobrança do CPM.

Castro (2000) observa que a escolha do método mais adequado de medição da audiência deve estar baseada nos objetivos determinados para a campanha.

Capítulo 13

Caso o anunciante tenha interesse exclusivo na divulgação de sua marca, o mais relevante é o número de "page-views", que vai corresponder a quantas pessoas vão estar expostas à marca. Entretanto, se o anunciante pretende promover seus produtos e serviços, o "click through" é o método mais adequado, porque representa o número de internautas que foi efetivamente levado até seu *site*.

É importante destacarmos que a base de medição está na informação capturada pelo computador que hospeda o *site*, ou seja, pelo servidor. Quando, por exemplo, uma pessoa visita uma página e solicita um documento, o pedido é gravado pelo servidor. Embora não forneçam dados demográficos, os registros rastreiam o comportamento do internauta no *site* e incluem dados como o nome do *host* do visitante, data de acesso, tempo de permanência no *site*, plataforma do computador usado, navegador usado, URL de origem e páginas do *site* que foram solicitadas.

Zeff e Aronson (2000) destacam ainda outras informações básicas que podem ser úteis para as empresas:

- Número de visitas: ajuda a dar uma visão geral da quantidade de impressões no *site*.
- Páginas por visita e tempo da visita: esse dado permite avaliar como os usuários interagem com o conteúdo do *site*.
- Distinção entre a pessoa que faz a primeira visita e os visitantes habituais: o número de visitantes que acessa repetidas vezes o *site* é um firme indicador da fidelidade do usuário.
- Tempo e horários de acesso mais comuns: essa informação pode indicar o momento em que o *site* precisa ser atualizado ou mesmo reformulado, por causa do pouco tempo de permanência dos internautas, ou a melhor hora para realizar a manutenção do equipamento.
- Páginas mais populares e menos visitadas: essa informação constitui um modo prático de identificar o conteúdo de maior interesse dos internautas para promover seu constante desenvolvimento, bem como de conhecer as páginas cujo conteúdo não atrai os visitantes.

- Caminho seguido dentro do *site*: alguns *softwares* de análise interpretam os dados do arquivo *log* para determinar o caminho seguido pelos internautas no *site*, uma informação muito valiosa para determinar mudanças que melhorem as condições de navegabilidade.
- Taxa de *click through*: fornece dados aos anunciantes das páginas do *site* que geram os maiores índices de resposta aos *banners*, além de mostrar o desempenho de cada anúncio.
- *Browser* usado: ter conhecimento dos navegadores mais utilizados pelos internautas ajuda o responsável pelo desenvolvimento do *site* a criar um *design* mais adequado às características deles, além de auxiliar na decisão do emprego de recursos multimídia, que devem ser compatíveis com os *browsers*.
- URL de referência: mostra de onde vem o usuário, sendo um bom indicador da eficácia de eventuais *links* e de outras fontes de tráfego alto para a eventual exposição de *banners*.
- Domínio do usuário: ao revelar se os usuários são comerciais, educacionais ou pessoais, o nome do domínio pode indicar se o *site* está alcançando a audiência certa.
- Plataforma do computador do usuário: essa informação é valiosa principalmente para os fabricantes e vendedores de *hardware* e *software*.
- Páginas de entrada do *site*: durante a navegação, o usuário nem sempre entra em um *site* pela homepage. Assim, uma página de entrada deve merecer um tratamento especial para atrair e manter o interesse do internauta.
- Páginas de saída do *site*: a identificação da página pela qual habitualmente deixa-se o *site* é motivo para ela ser redesenhada de maneira a garantir a permanência do internauta.

Capítulo 13

13.8 Equipe de produção para a internet

A implantação do *site* da empresa na *web* deve obedecer a duas premissas importantes. "A primeira diz respeito a criar um *site* desenvolvido profissionalmente, que seja tanto agradável esteticamente quanto esteja atualizado tecnologicamente" (Pinho, 2000, p. 130). A segunda premissa está no uso correto e atualizado da tecnologia existente.

> Com as novas tecnologias em desenvolvimento, os *"sites"* da *"web"* podem automaticamente modificar seu conteúdo e incorporar recursos avançados. Essas características e esses serviços podem tornar o *"site"* verdadeiramente interativo e, assim, fazer com que ele se sobressaia em relação aos demais. (Pinho, 2000, p. 133)

Além disso, o crescente tráfego na internet e as milhares de empresas concorrentes presentes na *web* exigem um trabalho profissional de criação. Veremos, a seguir, quais são os profissionais, as funções e os requisitos necessários para a produção de *sites* publicitários, baseados nos dados de Radfahrer, citado por Pinho (2000, p. 165-177).

- **Arquiteto de informação**: é responsável por organizar o conteúdo, preparar as estruturas de navegação, facilitar o acesso, organizar os *links* e fazer o mapa do *site*. Os requisitos para exercer essa função são organização, objetividade e concisão.
- **Diretor de criação**: é responsável por criar o projeto gráfico de um *site*, além de coordenar o trabalho dos *designers* e dos fornecedores. Os requisitos para exercer essa função são liderança, criatividade e coerência.
- **Coordenador de projeto**: é responsável por contatar fornecedores e garantir que o projeto saia no prazo e dentro do orçamento estipulado. Os requisitos para assumir essa função são dinamismo, paciência e organização.

- Atendimento e profissional de *marketing*: são responsáveis por garantir que o projeto saia de acordo com a estratégia mercadológica determinada pelo cliente. Os requisitos para exercer essas funções são criatividade, planejamento estratégico e bons conhecimentos de administração de empresas, de mídia de massa, de *marketing* digital e do funcionamento de um *site*.
- Especialistas em conteúdo e consultores: são responsáveis por garantir a integridade e a veracidade do conteúdo do *site*. Os requisitos para exercer essas funções são conhecimentos específicos na área relacionada ao conteúdo e habilidade de traduzi-los para um português simples, sem termos técnicos.
- Redatores e editores: são responsáveis por escrever os textos e garantir sua consistência, adequando-os ao público leitor. Os requisitos para exercer essas funções são criatividade, habilidade com textos, domínio de estruturas de hipertexto e de arquitetura de informação.
- *Designers* de interface (*webdesigners*, assistentes e diretores de arte): são responsáveis por criar interfaces e por garantir sua qualidade e consistência. Os requisitos para exercer essas funções são criatividade, habilidade de ilustração, conhecimento de programas gráficos e de manipulação de imagens.
- Editores e equipe de mídia (som, vídeo e animação): são responsáveis por gerar vinhetas para seções especiais de *site*s ou até para *site*s inteiros. Os requisitos para exercer essas funções são conhecimento de técnicas de som e de animação, além de *softwares* para gerar vinhetas.
- Programadores e especialistas em tecnologia: são responsáveis por programar as páginas HTML, criar rotinas JavaScritpt,

Capítulo 13

relacionar o *site* com bancos de dados e fazer um "ajuste fino" na programação. Os requisitos para exercer essas funções são pensamento lógico, raciocínio matemático e habilidade com linguagens de programação.

- *Webmaster*: é responsável por garantir que um *site* funcione sem problemas. Os requisitos para exercer essa função são conhecer a estrutura do *site* e entender de programação.
- Testadores (*beta-testers*): são responsáveis por revisar os processos para evitar erros (*bugs*). Os requisitos para exercer essa função são preocupação com detalhes, alta capacidade de concentração e conhecimento de várias plataformas.
- Relações públicas e assessores de imprensa: são responsáveis por garantir que o projeto seja conhecido e por responder a todas as dúvidas dos usuários. Os requisitos para exercer essas funções são um bom texto, boas relações com a imprensa, muita paciência e organização.

Como vimos anteriormente, a empresa, ao decidir por montar um *site*, deve ter consciência de que são necessários profissionais especializados para isso. Caso faça a opção por um *site* de tamanho médio, entre 20 e 30 páginas, pode contratar uma equipe de quatro a seis profissionais, constituída por *webmaster*, redator, coordenador de projeto, coordenador de criação e atendente.

É importante destacarmos que a operação e a manutenção de um *site* constituem outro elemento gerador de custos para a empresa, pois, dependendo da natureza dos seus negócios, as informações sobre a empresa e os seus produtos e serviços precisam ser constantemente atualizadas. Nesse caso, a organização pode contratar um produtor *web*, que será encarregado das atualizações e das eventuais modificações no *design* e na estrutura da página. Caso o *site* não requeira modificações a todo momento, as atualizações podem ser feitas por um funcionário ou por uma equipe do próprio cliente depois de um treinamento dado pelo produtor *web*.

Estudo de caso

O perfil do jovem brasileiro

As empresas brasileiras, antes de lançarem qualquer produto ou serviço no mercado, procuram conhecer seus consumidores para alinhar as estratégias organizacionais às reais necessidades e aos desejos de seu público. Dentro desse contexto, a pesquisa de *marketing* aparece como uma ferramenta fundamental, uma vez que fornece informações de grande valor para o direcionamento estratégico da empresa. Ao analisar as informações obtidas por meio de pesquisas, os gestores têm condições de avaliar a situação atual da empresa, do mercado e do seu público-alvo.

Um dos alvos mais tradicionais e cobiçados nas pesquisas é o público jovem, constituído por consumidores potenciais de uma ampla variedade de produtos. No Brasil, as instituições que desenvolvem estudos sobre o perfil do jovem encontram dificuldades para descrevê-los de forma generalizada. Isso ocorre porque, dentro desse universo, existe uma grande variedade de grupos heterogêneos. Normalmente, o que se procura conhecer são os hábitos e os comportamentos do jovem pertencente à classe média nacional, que aparecem como usuários atuantes no acesso e no uso da internet e de suas ferramentas de interação, como nas chamadas *redes sociais*.

A agência Loducca levantou alguns aspectos interessantes da cultura juvenil, observando, por exemplo, que o jovem brasileiro do século XXI, é menos contestador do que foi em gerações anteriores, apesar de ter disponível informações vindas de vários meios de comunicação (televisão, rádio, internet, jornais). O movimento dos "caras pintadas", no início da década de 1990, pode ser considerado o último no qual os jovens estiveram fortemente engajados. Outros especialistas, que também pesquisam o comportamento de jovens, enfatizam que o aparente desinteresse por

Capítulo 13

movimentos sociais é, de alguma forma, compensado pela maior disposição que eles apresentam para a realização de trabalhos voluntários.

A valorização da família foi outro aspecto característico do perfil do jovem brasileiro levantado pelos pesquisadores. Ao contrário das gerações passadas, que viam a família como um núcleo conservador com o qual deviam romper, os jovens de hoje valorizam muito essa instituição. Essa mudança foi decorrente da flexibilização na estrutura familiar, que levou a uma diminuição na autoridade dos pais e ao crescimento de relações de parceria com os filhos.

A MTV (Music Television), que atua, sobretudo, com o segmento jovem, também realiza pesquisas para acompanhar motivações, interesses, opiniões e comportamento desse público. Em 2010, durante os meses de maio a julho, a emissora coordenou uma pesquisa que envolveu 154 jovens, entre 12 e 30 anos, de oito cidades brasileiras, das classes A, B e C. Os resultados obtidos estão associados à era da informação e aos seus impactos no comportamento juvenil. O estudo enfatizou a necessidade do jovem de receber estímulos simultâneos, sejam eles visuais ou sonoros, para registrar o maior número possível de informações. Dessa forma, a pesquisa mostrou que os jovens são capazes de transitar, com extrema naturalidade, em diferentes tipos de mídia, como rádio, TV, jornais, revistas, internet e celular, utilizando, muitas vezes, mais de um tipo de mídia ao mesmo tempo (MTV, 2011). Essa habilidade de manusear, concomitantemente, diferentes meios e ferramentas de comunicação, principalmente as digitais, é uma característica do que denominamos de *Geração Y*.

Atualmente, várias empresas levam em consideração esse perfil do jovem, cada vez mais inserido em uma sociedade digital, para pensar as suas estratégias de *marketing* e de publicidade direcionadas a esse público, usuário principalmente das redes sociais como Facebook, Orkut, Twitter, entre outros. Algumas empresas, por meio de pesquisas de mercado, já conseguiram desvendar um pouco do que se passa na cabeça do jovem de hoje e, com certeza, devem continuar trabalhando para conhecê-lo cada vez melhor, a fim de atingi-los, de forma satisfatória, com suas publicidades e propagandas.

Fonte: Loducca, 2011; MTV, 2010; O Estado de S. Paulo, 2010.

Síntese

Neste capítulo, ressaltamos a importância da publicidade na internet, tanto para as empresas que anunciam quanto para os clientes que consomem os produtos e os serviços, além de se utilizarem da rede para obter informações e efetivar compras. Discutimos os tipos de publicidade na internet oferecemos orientações sobre a escolha dos melhores formatos de anúncios na rede.

Na primeira parte do capítulo, apresentamos a história da publicidade *on-line*, conceitos, definições e seus objetivos. A publicidade na internet nasceu com os *sites* das empresas que foram pioneiras na rede na década de 1995. Entretanto, ao longo do tempo, foi necessário incorporar formatos diferenciados de anúncios para chamar a atenção dos usuários/consumidores. A publicidade *on-line* é definida como uma convergência da publicidade tradicional e do *marketing* de resposta direta ou, ainda, como a convergência de *branding*, de disseminação de informações e de vendas, todos no mesmo lugar. A interatividade oferecida pela internet é uma característica da comunicação bilateral ou multilateral entre dois ou mais indivíduos, antes só possível na comunicação face a face. Com a internet, a comunicação tornou-se uma via de mão dupla, em que as pessoas têm a possibilidade de interagir diretamente com o anunciante, permitindo um aprofundamento nos relacionamentos entre as empresas e os consumidores.

Na segunda parte deste capítulo, apresentamos e discutimos os principais formatos de publicidade na internet, como *banners*, *pop-up*, *hotsites*, entre outros, bem como a necessidade de uma equipe especializada para criar e gerenciar conteúdos dos anúncios. Ressaltamos que a implantação do *site* da empresa na *web* deve obedecer a duas premissas importantes. A primeira diz respeito a criar um *site* desenvolvido profissionalmente, que seja tanto agradável esteticamente quanto atualizado tecnologicamente. A segunda premissa se refere ao uso correto e atualizado da tecnologia existente.

Capítulo 13

Questões para revisão

1) Quais são os objetivos da publicidade na internet?

2) De que forma as empresas anunciantes podem medir a audiência de suas publicidades na internet? Explique.

3) Limeira (2003) aponta algumas diretrizes que devem ser seguidas pelos profissionais ao elaborar uma propaganda *on-line*. Quais são elas? Comente-as.

4) A seguir, relacione os formatos da publicidade na *web* com as indicações de uso para cada um deles.

   1) Banner e *floater*
   2) Pop-up e *pop-under*
   3) Intersticial e supersticial
   4) Hot*sites*

   ( ) Utilizados em campanhas que exigem maior impacto do cliente.
   ( ) Ideal para o varejo divulgar promoções. Utilizado para bens que precisam ser comercializados rapidamente.
   ( ) Utilizados para bens de consumo que precisem ser lembrados a médio e a longo prazos.
   ( ) Usados para bens que precisam estar inseridos no contexto sociocultural do cliente.

   Agora, assinale a alternativa que contém a sequência correta:
   a) 2, 3, 1, 4.
   b) 3, 2, 4, 1.
   c) 1, 4, 2, 3.
   d) 3, 1, 2, 4.
   e) 1, 2, 3, 4.

5) Zeff e Aronson (2000) classificam os *banners* em três categorias:
   a) animados, parados e promocionais.
   b) interativos, institucionais e parados.
   c) estáticos, animados e interativos.
   d) interativos, congelados e animados.
   e) Nenhuma das alternativas está correta

6) Assinale com (V) as alternativas verdadeiras e com (F) as falsas.
   ( ) A publicidade na internet é definida como a convergência de *branding*, de disseminação informações e de vendas.
   ( ) Qualquer pessoa que tenha conhecimentos mínimos de elaboração de página na internet pode criar *site*s profissionais para empresas.
   ( ) O arquiteto de informação é o profissional responsável por criar o projeto gráfico de um *site*, além de coordenar o trabalho dos *designers* e dos fornecedores.
   ( ) No *target* de campanha, deve-se levantar informações e descrever os perfis socioeconômico, profissional e psicográfico dos clientes.
   ( ) A URL de referência mostra de onde vem o usuário, sendo um bom indicador da eficácia de eventuais *links* e de outras fontes de tráfego alto para a eventual exposição de *banners*.

   Agora, assinale a alternativa que corresponde à sequência correta:
   a) F, F, F, V, V.
   b) V, F, F, V, V.
   c) V, V, F, V, V.
   d) F, V, V, F, F.
   e) V, V, V, F, V.

Capítulo 13

Questões para reflexão

1) Uma das áreas que mais crescem em investimentos na internet é o uso de publicidade *on-line* em ferramentas de busca. O *Google*, um *site* só de busca, é um dos dez domínios brasileiros mais visitados, conforme a pesquisa do Ibope NetRatings. Esses dados indicam que anunciar por meio de ferramentas de busca e pesquisa pode ser uma boa opção para os anunciantes. Aponte e discuta que vantagens o uso desse tipo de publicidade pode trazer tanto para as empresas anunciantes quanto para os usuários consumidores.

2) De acordo com a pesquisa da GartnerG2, o *pop-up* é considerado o formato mais irritante da *web* por 78% do total de entrevistados, e 12% dos usuários da internet (14,9 milhões) já usam um *software* para bloqueá-los. No Brasil, alguns provedores, como o UOL, oferecem o bloqueador de *pop-ups* como serviço agregado e estratégia de captação de mais clientes. Com base nesse cenário, aponte soluções para anunciantes que pretendem fazer publicidade na internet por meio desse formato.

Para saber mais

Para os leitores que pretendem aprofundar seus conhecimentos sobre a história da publicidade na internet e formatos de anúncios para a internet, sugerimos a seguinte bibliografia:

CASTRO, Á. Propaganda e mídia digital: a web como a grande mídia do presente. Rio de Janeiro: Qualitymark, 2000.

CORREA, R. S. Propaganda digital. Curitiba: Juruá, 2006.

SALZMAN, M.; MATATHIA, I.; O'REILLY, A. Buzz: a era do marketing viral. São Paulo: Cultrix, 2003.

ZEFF. R.; ARONSON, B. Publicidade na internet. Rio de Janeiro: Campus, 2000.

Para concluir...

Se considerarmos o que foi visto e os objetivos práticos de um estudo, podemos concluir que trabalhar com os processos de mídia audiovisual consiste na aplicação de um conjunto de técnicas próprias para as atividades de criação, de produção e de veiculação de programas de TV e de rádio, bem como de filmes e vídeos. Além disso, tornou-se fator de expansão desta atividade o franco crescimento das mídias digitais direcionadas para internet, celular e TV digital.

Mas, apesar da grande área de abrangência dessa atividade, é possível que um questionamento pertinente esteja ocupando seus pensamentos: afinal, o que posso fazer nesse ambiente de comunicação?

Para você se situar nesse contexto, é importante lembrar alguns pontos básicos que levantamos neste estudo:

- A principal finalidade da produção audiovisual é comunicar algo a alguém.
- O audiovisual é o modo de expressão predominante.
- As novas mídias audiovisuais se multiplicam.
- A comunicação audiovisual dá-se por um ato intencional.
- Cada vez mais interagimos com o mundo mediado pela cultura audiovisual.

- A comunicação pressupõe mídia e tecnologia agregadas a seu conceito.
- A tecnologia traz, continuamente, novas exigências para os processos de captação e transmissão de imagens e sons.
- O surgimento de novas mídias – principalmente a internet – trouxe novos desafios e tornou essencial a comunicação audiovisual.
- Os meios de massa mais utilizados são o rádio, a televisão, o jornal, a revista e o outdoor, aos quais foi, definitivamente, incorporado o cinema e a internet.
- Hoje assistimos ao fenômeno de integração entre as tecnologias.
- Além da internet, surgiram novos e sofisticados aparelhos e sistemas de reprodução de imagens e sons, como celulares, iPods e iPads.
- Os meios de comunicação informática audiovisual que se destacam são: multimeios e internet.
- A publicidade na web diferencia-se pela possibilidade de interação.

Agora, observando esse "painel-resumo" e fazendo as conexões com o contexto em que atua, você poderá refletir sobre as possibilidades de operar os aspectos comunicativos e de propaganda das mídias com que você interage e elaborar o seu conceito compreensivo desse universo. Conjunto esse no qual o cliente e o orçamento são fatores que precisam ser considerados com muita atenção. Cuidado que também deve ser estendido à análise de mercado, aos canais comunicativos e midiáticos, ao briefing e, principalmente, ao fato de que a criação publicitária e/ou de propaganda não pode ser inserida em uma fórmula; embora, além da criatividade, o planejamento seja imprescindível

Glossário

A capella: música para vozes em solo ou em coro, sem acompanhamento instrumental.

Ação emocional: é o que se passa com o(s) personagem(ns); envolve sentimentos.

Ação física: diz respeito a um fato ou evento.

Acorde: duas ou três notas combinadas, tocadas simultaneamente.

Afiliada: emissora de rádio ou TV que retransmite alguns programas ou a totalidade da programação de outra emissora, sendo, porém, empresarialmente independente.

Andamento: velocidade com que uma música, ou um trecho dela, deve ser executada.

Archie: serviço de busca de arquivos armazenados em um FTP anônimo. Pouco disseminado no Brasil, pode ser usado para procurar determinado arquivo por assunto, título ou palavra-chave.

Arpanet (Advanced Research Projects Agency Network): rede de longa distância criada em 1969 pela Agência de Pesquisas e Projetos Avançados – Arpa (Defense Advanced Research Projects Agency – Darpa), em consórcio com universidades e centros de pesquisa dos Estados Unidos, com o objetivo de desenvolver a comunicação de dados em alta velocidade para fins militares.

Audiência de massa: envolve centenas ou milhares de receptores, recebendo ao mesmo tempo informações de uma única fonte.

BG: do inglês *background*, significa, na linguagem de produção de áudio, os sons que ficam em segundo plano em relação ao som principal.

***Boom*:** suporte telescópico em forma de bastão, que pode ter seu comprimento diminuído ou aumentado, utilizado para sustentar o microfone no momento da gravação do som.

Branding: processo em que se usam estratégias e técnicas para incorporar ou associar valores positivos, tanto objetivos quanto subjetivos, a determinada marca.

Break comercial: intervalo da programação.

Briefing: documento que contém todas as informações relevantes para a criação de uma peça e/ou campanha publicitária, como informações sobre o cliente, o produto, o mercado etc.

Broadcasting: termo em inglês que significa "transmissão ampla".

Canais de gênero: passam programas apenas de certo tipo, como filmes ou esportes.

Canal inteligente: canal digital com alta capacidade de armazenagem de informações digitais para acesso de acordo com a vontade e/ou a necessidade do usuário.

Canto: voz cantada, voz entoando melodia com ou sem letra. A voz cantada sem letra, ou seja, apoiada apenas em vogais, é chamada de *vocalise*.

Ciberespaço: mundo virtual no qual transitam as mais diferentes formas de informação e as pessoas se relacionam virtualmente, por meios eletrônicos.

Cinema falado: tipo de cinema com diálogos, trilhas (música instrumental e canções) e efeitos sonoros, os quais são sincronizados.

Cinema mudo: tipo de cinema em que se usam gestos e expressões faciais, música e legendas para contar a história.

Cine-vt: técnica que consiste em captar as imagens em filme (película), que pode ser de 35 mm ou

16 mm, e finalizar o material em vídeo.

Close-up: termo usado para definir um enquadramento muito próximo de uma imagem, mostrando-a em detalhes.

Comunicação: processo de troca de informação.

Comunicação de massa: tem como base o princípio de que a mensagem é comunicada de uma única fonte para centenas ou milhares de receptores, com limitadas possibilidades de retorno da audiência.

Comunicação interativa: ocorre em tempo real, usando opções de respostas para apresentar a mensagem. A fonte pode alterar continuamente a mensagem, conforme o receptor que interage com ela.

Curta-metragem: filme com pouco tempo de duração, podendo chegar até 15/20 minutos no máximo. O gênero que mais utilizou o formato de curta-metragem foram as animações. Ainda hoje é comum a produção em curta-metragem de filmes com ação ao vivo (*live-action*) e de animação. Existe até mesmo um prêmio do Oscar para cada uma dessas categorias.

Designer da linguagem: aquele capaz de perceber e criar novas relações e estruturas de signos.

Dinâmica: intensidade dos sons, ou seja, mais fortes ou mais fracos.

Edição: processo de selecionar e unir trechos sonoros ou de imagens gravadas.

Edição linear: processo de finalização de imagens em sequência contínua. Se houver a necessidade de alterar um ponto, todo o resto sofrerá alteração.

Edição não linear: processo de finalização de imagens que permite alterar qualquer ponto do material, sem prejudicar o todo.

Enunciado: cada enunciado concreto é uma singularidade que se apresenta de forma única, produzido em determinada esfera de intencionalidades, com objetivo de corresponder a certo campo do conhecimento e atingir determinado segmento de telespectadores.

Estrutura: é o que sustenta o todo em um roteiro, o que determina o relacionamento entre as partes.

Estruturalismo: nas ciências humanas, designação genérica das diversas correntes que se baseiam no conceito teórico de estrutura e no pressuposto metodológico de que a análise das estruturas é mais importante do que a descrição ou interpretação dos fenômenos em termos funcionais.

Fade in: no áudio, é o aumento gradativo de um sinal sonoro; no vídeo, representa o aumento gradual da imagem até preencher a tela por completo.

Fade out: no áudio, é a diminuição gradativa de um sinal sonoro; no vídeo, representa a diminuição gradual da imagem até desaparecer por completo.

Fonograma: fixação sonora em qualquer suporte material (mídia); são exemplos de fonogramas as músicas, os *jingles*, as vinhetas, os *spots*, as poesias declamadas, os textos institucionais e educativos, entre outros.

Formação de rede: ajuste da programação simultânea em todas as emissoras integradas.

Formato de rádio: denominação para uma temática de programação, que pode estar ligada a gêneros musicais, a notícias ou à fala e é dirigida a uma audiência em particular.

Fotograma: cada quadro individual da imagem no material filmado.

Frame: o mesmo que quadro ou fotograma, mas aplicado ao vídeo, no qual equivale a 1/30 de segundo.

Geradora: emissora de rádio ou televisão que transmite programação própria ou de terceiros dentro de determinada região, podendo, por outorga oficial, explorar o sinal comercialmente.

GIF (*Graphic Interchanger Format*): formato gráfico bastante usado na internet por sua capacidade de compressão. A maioria das imagens na internet é um arquivo GIF. Possibilita a visualização de 256 cores e tem a capacidade de compressão embutida.

Grua: equipamento com estrutura semelhante à de um guindaste, no qual o operador de câmera fica posicionado em uma ponta do braço, enquanto o maquinista realiza os movimentos na ponta oposta. Em geral, é usado para tomadas em plano geral, visto de cima.

Hardware: designa qualquer tipo de equipamento eletrônico associado às tecnologias de informação e de comunicação, como os computadores, os roteadores, os *modens*, as placas de rede, os processadores, os telefones celulares etc. Para funcionar, o *hardware* necessita de um *software*.

Harmonia: sons tocados ou cantados simultaneamente.

Hipermídia: é a forma de comunicação que combina as qualidades do hipertexto e da multimídia, conciliando conteúdos estáticos (textos, imagens e gráficos) e dinâmicos (sons, vídeos e animações).

Hipertexto: escrita de texto não sequencial que permite ao usuário fazer a conexão de informações por meio de palavras que representam ligações (*hyperlinks*) com outros textos, documentos ou páginas da internet.

Holdie: auxiliar de produção que ajuda a transportar equipamentos, afinar instrumentos, arrumar o palco para os artistas, entre outras tarefas.

Horário nobre: faixa horária nas emissoras de televisão em que há a maior incidência de sintonia, geralmente entre as 19 e as 22 horas.

HTML: é a linguagem de programação que permite criar as páginas na *web*, contendo, portanto, qualquer elemento multimídia: textos, grafismos, sons, animações etc.

HTTP (*Hyper Text Transfer Protocol*): conjunto de regras que permite a transferência de informações na *web* e possibilita que os autores de páginas de hipertextos incluam comandos para acesso a recursos e outros documentos disponíveis em sistemas remotos.

Hyperlink: é a ligação entre uma palavra, ou imagem de uma página da *web*, com outra palavra, texto ou documento de outra página ou *site*. É um importante recurso disponibilizado pela tecnologia da internet.

Informação: conteúdo da comunicação.

Internauta: pessoa que navega na internet, ou seja, que visita vários *sites*.

ISRC: é a sigla de *International Standard Recording Code*, um código de gravação internacional que, ao ser gerado, insere no CD o nome dos autores da obra e dos principais profissionais que a executaram, como produtores, diretores, músicos e cantores, possibilitando identificar as veiculações das obras em rádio, na televisão, em *shows* e em outras mídias, para que possam ser repassados os devidos valores de direitos autorais e conexos aos respectivos compositores e músicos.

Job: trabalho a ser criado.

Layout: forma plástica e visual de uma peça publicitária.

Link: conexão eletrônica entre duas páginas da *web*; é o elemento físico e lógico que interliga os computadores e os arquivos distribuídos na rede; é o componente de um documento de hipertexto que, quando clicado pelo *mouse*, transfere outro documento, página da *web* ou *website* para a tela do computador; é o ponteiro ou a palavra-chave destacados em um texto que, quando clicados, levam o usuário para o assunto desejado, mesmo que esteja em outro arquivo ou servidor.

Locução: voz falada; chama-se *locução seca* aquela que não tem qualquer som de fundo, como uma trilha ou efeitos sonoros.

Longa-metragem: filme que geralmente tem duração de uma hora e meia ou mais.

Looping: repetição seguida de determinado trecho sonoro; o mesmo som apresentado diversas vezes em sequência.

Market share: numa tradução para a linguagem popular dos meios, significa "fatia de mercado"; define a posição ocupada por uma empresa num determinado segmento de mercado.

Mass-media: termo em inglês para *comunicação de massa*.

Masterização: produção da matriz final de um CD, DVD ou outro tipo de gravação.

Meio de comunicação: todas as formas de comunicação mediadas por canais mecânicos, eletrônicos ou digitais.

Meio de massa: mídia para atingir uma grande audiência de massa.

Melodia: sucessão de sons únicos, um após o outro, podendo ser entremeados por pausas.

Mensagem: informação com significado intencional.

Mensagem veiculada: informação que, para ser levada ao receptor, é transmitida por algum meio de comunicação de massa, também chamado de *veículo*.

Mercado de massa: grande grupo de consumidores unidos pela mídia, pela urbanização e pela industrialização.

Mídia: suporte material em que são fixados os sons, como fitas cassete, fitas de rolo, discos em acetato, discos em vinil, DATs, ADATs, CDs, aparelhos de MP3 ou o próprio computador, entre outros; pode referir-se também aos próprios veículos de comunicação; em agências, o termo *mídia* também designa o profissional responsável pela programação e pelos contatos com os veículos em que os materiais publicitários serão exibidos.

Mídia básica: meio escolhido como principal num plano de mídia de uma campanha publicitária.

Mídia de apoio: meio escolhido por alguma razão intencional para complementar o meio básico num plano de mídia.

Mídia de massa: veículo de comunicação que alcança audiência de massa e/ou de campanha publicitária, cujo objetivo é atingir o maior número possível de pessoas, independentemente de sexo, idade ou classe social.

Mídia eletrônica: meios como rádio, cinema e televisão.

Mídia exterior: todas as mídias que não se enquadram nas categorias mídia eletrônica, impressa e *indoor*.

Mídia impressa: meios como jornal, revista e *outdoor*.

Mídia interativa: diz-se do meio que permite certo tipo de interação com o receptor; geralmente, as mídias interativas estão disponíveis na internet, mas programas com retorno de audiência exibidos no rádio e na televisão também podem ser chamados de *interativos*.

Mídia *mix*: refere-se ao conjunto de meios selecionados para compor o plano de mídia, com base em objetivos e estratégias, tendo como vantagem permitir que a comunicação seja simultaneamente de massa e segmentada.

Mídia segmentada: veículo ou campanha publicitária que visa atingir determinado público, definido por critérios básicos, como sexo, idade, classe social, ou uma combinação apurada deles, como fatores comportamentais ou nível cultural.

Mixagem: processo de juntar, equilibrar e ajustar as diversas fontes sonoras (canais) de uma apresentação ou gravação; o volume, a panorâmica, a aplicação de efeitos, a equalização, entre outros aspectos, são tratados separadamente para cada canal e, posteriormente, misturados.

Moviola: mesa de montagem que permite ao montador do filme ver e analisar a imagem, escolher as tomadas e as cenas para compor o copião (no caso de copião bruto, cópia de todo o material filmado e, no caso de copião montado, cópia do material referente apenas às cenas selecionadas para compor o comercial), determinar a ordem das cenas e seu tempo de duração e sincronizar as imagens com a trilha/locução/BG.

Música: existem muitas definições para música, mas nos limitaremos a duas que acreditamos ser suficientes para a compreensão do assunto: 1. Música é a arte de combinar sons. 2. Música é a sucessão de sons e pausas organizados ao longo do tempo. Os sons aqui mencionados referem-se às notas musicais com timbre, altura e duração definidos, excluindo-se os sons aleatórios.

Naipe: subdivisão dos grupos de vozes em um coral ou dos instrumentos em uma orquestra. A classificação dos naipes é feita pela tessitura (graves e agudos) e também pelas qualidades sonoras (timbre).

Off: indica locução, ou seja, a pessoa que está falando não aparece;

geralmente, os textos em *off* são escritos em itálico no roteiro.

Page-view: página da *web* solicitada por ordem do usuário, por meio de um clique ou comando. A mesma coisa que *page requested*. É um indicador do número total de vezes que as páginas são visualizadas pelos internautas. Para ser contabilizada, a página precisa ser totalmente aberta.

Pay-per-view: assinatura feita para um programa específico, por meio de uma taxa paga à parte para receber o programa.

Peça publicitária: termo genérico para todos os tipos de materiais criados e produzidos para publicidade, como comerciais, vinhetas, *spots* de rádio, anúncios, *outdoors* e *banners*.

Pixel: sistema de medida usado na internet; equivale a 0,010 mm, sendo o menor ponto de uma imagem no monitor do computador.

Playback: parte instrumental de uma gravação; alguns cantores utilizam *playbacks* em suas apresentações em função da economia e da praticidade em termos de execução e produção.

Press kit: é um conjunto de materiais distribuído para a imprensa antes de uma entrevista coletiva ou da divulgação de uma notícia, como o lançamento de um *site* na rede.

Processo de agregação: ocorre quando a mídia atinge audiências menores e específicas por meio de programas e formatos especializados.

Programação segmentada: tipo de programação que atinge segmentos específicos de audiência.

Prospect: pessoa que tem potencial para se tornar consumidora de um produto ou serviço, se devidamente motivada.

Público-alvo: audiência restrita, especificamente definida, que um anunciante ou mídia de comunicações quer atingir.

Recall: significa "retorno", em inglês; termo muito usado para se referir aos resultados alcançados na mídia em termos de audiência.

Reclame: termo antigo para se referir a anúncios.

Ritmo: pulsação da música.

Segmentação: divisão de um mercado em submercados menores, de acordo com as prioridades estratégicas de *marketing* e/ou de comunicação de uma empresa ou produto, visando criar, segundo critérios previamente estabelecidos, padrões de homogeneidade que facilitem a concepção e o tráfego de mensagens e favoreçam o *feedback*.

Segmento de mercado: grupo de consumidores relativamente homogêneos que reagirão a um composto de *marketing* de maneira semelhante.

Set: espaço físico onde ocorre a filmagem ou a gravação de cenas, tanto externas quanto internas.

Sinopse: vem do grego *synopsis* e significa "vista de conjunto"; consiste em uma narração breve, um resumo, uma síntese da história.

Slogans: palavra ou frase usada com frequência, em geral associada à propaganda comercial, política etc.

Sociedade da informação: espaço social no qual a troca de informação é a atividade predominante.

Software: lista de instruções para que o computador saiba como proceder.

Spam: nome dado aos *e-mails* enviados pelas empresas para divulgar um produto ou serviço sem a autorização do destinatário; essa prática não é recomendada e pode provocar atitudes negativas, prejudicando a imagem da empresa remetente.

Story-board: técnica gráfica realizada por meio de desenhos (manuais ou virtuais), para apresentar o roteiro em telas que representem uma sequência – normalmente, cada tela representa uma cena, dando uma ideia geral de como será o filme ou vídeo; o modelo também pode ser usado como recurso de apresentação de um material audiovisual finalizado, mas, nesse caso, no lugar do desenho, são usados *frames* (se for vídeo) ou fotogramas (se for filme) para compor as telas.

Takes: cada plano da cena.

Teaser: propaganda, em geral, de pequena duração, com o intuito de aguçar a curiosidade do consumidor sobre o lançamento de um produto.

Tecnologias da informação: armazenam, processam e transmitem informações lidas por computadores.

Timbre: qualidade do som, característica particular de cada som, instrumento, voz ou ruído.

Travelling: sequência de imagens em movimento; existe um tipo de equipamento periférico específico para a obtenção delas, uma espécie de plataforma na qual a câmera e o seu operador são posicionados, enquanto um ou mais maquinistas a deslocam; alguns equipamentos mais modernos são conduzidos por controle remoto.

TV de alta definição: padrão de 1.125 linhas distribuídas de forma digital por meio de compressão de sinal e que apresenta uma resolução melhor da imagem.

Zapping: designa a troca contínua e frequente entre os canais de televisão, por meio do controle remoto do televisor.

Referências

ADLER, R. P.; FIRESTONE, C. M. A conquista da atenção: a publicidade e as novas formas de comunicação. São Paulo: Nobel, 2002.

ALENCAR, F. et al. História da sociedade brasileira. 3. ed. Rio de Janeiro: Ao Livro Técnico, 1985.

ANCINE. Agência Nacional do Cinema. Instrução Normativa n. 22, de 30 de dezembro de 2003. Disponível em: <http://www.ancine.gov.br/media/in_22_consolidada.pdf>. Acesso em: 12 ago. 2011.

BAKHTIN, M. Problemas da poética de Dostoiévski. Rio de Janeiro: Forense, 1981.

BARBERO, J. M.; REY, G. Os exercícios do ver: hegemonia audiovisual e ficção televisiva. 2. ed. São Paulo: Senac, 1999.

BARELLI, S. Os novos telespectadores. Folha de S. Paulo, 12 abr. 1998. Mais!

BARRETO, R. M. Criatividade em propaganda. Rio de Janeiro: Documentário, 1978.

BARRETO, T. Vende-se em 30 segundos: manual do roteiro para filme publicitário. São Paulo: Senac, 2004.

BARTHES, R. O rumor da língua. São Paulo: Brasiliense, 1988.

BARTUCCI, G. (Org.). Psicanálise, cinema e estéticas de subjetivação. Rio de Janeiro: Imago, 2000.

BERTOMEU, J. V. C. Criação na propaganda impressa. 3. ed. São Paulo: Cengage Learning, 2006.

BITTAR, C. A. Direito de autor na obra publicitária. São Paulo: Revista dos Tribunais, 1981.

BLANCHOT, M. Le livre à venir. Paris: Gallimard, 1959.

BLANCO, C. L. A relação texto-imagem na publicidade on-line. Cadernos de Pós-graduação em Letras Mackenzie, São Paulo, v. 2, n. 1, p. 23-34, 2003. Disponível em: <http://www.mackenzie.br/fileadmin/Pos_Graduacao/Doutorado/Letras/Cadernos/Volume_3/A_relacao_texto_imagem.pdf>. Acesso em: 25 nov. 2011.

BOLAÑO, C. Mercado brasileiro de televisão. 2. ed. Aracaju: UFS, 2004.

BORGES NETO, J. Ensaios de filosofia da linguística. São Paulo: Parábola Editorial, 2004.

BOX OFFICE MOJO. Worldwide Grosses. Disponível em: <http://www.boxofficemojo.com/alltime/world/>. Acesso em: 5 out. 2011.

BRADESCO. Bradesco notícias. 15 anos de lançamento do primeiro site pontocom Brasil. Maio 2010. Disponível em: <http://www.bradesco.com.br/indexpf.phtml?pag=/html/content/noticias/noticias_9.shtm>. Acesso em: 7 nov. 2011.

_____. Institucional. Tecnologia. Bradesco é líder em tecnologia. Disponível em: <http://www.bradesco.com.br/indexpf.phtml?pag=/html/content/institucional/tecnologia.shtm>. Acesso em: 7 nov. 2011.

BRASIL. Indicador Brasil. Brasil é o sétimo maior mercado de publicidade do mundo em 2010. 13 abr. 2011. Disponível em: <http://www.indicadorbrasil.com.br/2011/04/brasil-e-o-setimo-maior-mercado-de-publicidade-do-mundo-em-2010/>. Acesso em: 6 out. 2011.

BRASIL. Lei n. 8.977, de 6 de janeiro de 1995. Diário Oficial da União, Poder Executivo, Brasília, DF, 9 jan. 1995. Disponível em: <http://www.planalto.gov.br/CCIVIL_03/leis/L8977.htm>. Acesso em: 12 ago. 2011.

_____. Lei n. 6.281, de 9 de dezembro de 1975. Diário Oficial da União, Poder Executivo, Brasília, DF, 10 jan. 1975. Disponível em: <http://www2.camara.gov.br/legin/fed/lei/1970-1979/lei-6281-9-dezembro-1975-366389-publicacaooriginal-1-pl.html>. Acesso em: 12 ago. 2011.

BRITO, G. da S.; PURIFICAÇÃO, I. Educação e novas tecnologias: um repensar. Curitiba: Ibpex, 2006.

BROWN, J. A. C. Técnicas de persuasão: da propaganda à lavagem cerebral. 3. ed. Rio de Janeiro: Zahar, 1976.

BUCCI, E. Brasil em tempo de TV. São Paulo: Boitempo Editorial, 2005.

BUSH, V. As We May Think. The Atlantic Monthly, Boston, v. 176, n. 1, p. 101-108, July 1945. Disponível em: <http://www.theatlantic.com/unbound/flashbks/computer/bushf.htm>. Acesso em: 25 nov. 2011.

CABRERA, J. O cinema pensa: uma introdução à filosofia através dos filmes. Rio de Janeiro: Rocco, 2006.

CAIXEIRO, R. Números da internet e redes sociais - Ibope e comScore (abril 2011). E-dialog comunicação digital. 5 maio 2011. Disponível em: <http://www.edialog.com.br/midia-social/numeros-da-internet-e-redes-sociais-ibope-e-comscore-abril-2011/>. Acesso em: 15 set. 2011.

CAPPARELLI, S.; LIMA, V. A. de. Comunicação e televisão: desafios da pós-globalização. São Paulo: Hacker Editores, 2004.

CARMONA, E.; LEITE, G. Rádio, povo e poder: subserviência e paternalismo. In: MELO, J. M. de (Org.). Populismo e comunicação. São Paulo: Cortez, 1981.

CARPANEZ, J. Região Sudeste concentra metade dos internautas do Brasil, diz Pnad. UOL Tecnologia. São Paulo, 8 set. 2010. Disponível em: <http://noticias.uol.com.br/especiais/pnad/2010/ultimas-noticias/2010/09/08/regiao-sudeste-concentra-metade-dos-internautas-do-brasil-diz-pnad.jhtm>. Acesso em: 15 set. 2011.

CARRASCOZA, J. A. Razão e sensibilidade no texto publicitário. 2. ed. São Paulo: Futura, 2004.

CARVALHO, N. de. Publicidade: a linguagem da sedução. 3. ed. São Paulo: Ática, 2001.

CARVALHO, R. I. B. de. Universidade midiatizada: o uso da televisão e do cinema na educação superior. São Paulo: Senac, 2007.

CASTRO, Á. de. Propaganda e mídia digital: a web como a grande mídia do presente. Rio de Janeiro: Qualitymark, 2000.

CERBASI, G.; BARBOSA, C. Mais tempo, mais dinheiro: estratégias para uma vida mais equilibrada. Rio de Janeiro: Thomas Nelson, 2009.

CETIC.BR – Centro de Estudos sobre as Tecnologias da Informação e da Comunicação. Painel IBOPE/NetRatings: histórico. Pesquisas e Indicadores. Disponível em: <http://www.cetic.br/usuarios/ibope/tab02-06.htm>. Acesso em: 25 nov. 2011a.

_____._____. Disponível em: <http://www.cetic.br/usuarios/ibope/tab02-08.htm>. Acesso em: 25 nov. 2011b.

_____._____. Disponível em: <http://www.cetic.br/usuarios/ibope/tab02-04.htm>. Acesso em: 25 nov. 2011c.

_____._____. Disponível em: <http://www.cetic.br/usuarios/ibope/tab02-07.htm>. Acesso em: 25 nov. 2011d.

_____._____. Disponível em: <http://www.cetic.br/usuarios/ibope/tab02-09.htm>. Acesso em: 25 nov. 2011e.

_____._____. Disponível em: <http://www.cetic.br/usuarios/ibope/tab02-05.htm>. Acesso em: 25 nov. 2011f.

CETIC.BR – Centro de Estudos sobre as Tecnologias da Informação e da Comunicação Indicadores mensais. Pesquisas e Indicadores. Disponível em: <http://www.cetic.br/usuarios/ibope/tab02-01-2007.htm>. Acesso em: 25 nov. 2011g.

_____._____. Disponível em: <http://www.cetic.br/usuarios/ibope/tab02-03.htm>. Acesso em: 25 nov. 2011h.

CGI.BR. Comitê Gestor da Internet no Brasil. 15 anos do CGI.BR: A evolução da internet no Brasil. Edição comemorativa ano 2, 3. ed, 2010. Disponível em: <http://www.cgi.br/publicacoes/revista/edicao03/txt.htm>. Acesso em: 7 nov. 2011.

COMUNICAÇÃO. In: FERREIRA, A. B. de H. Novo dicionário da língua portuguesa. 4. ed. Rio de Janeiro: Nova Fronteira, 1998.

DANTAS, M. M. B. Marketing na internet e comportamento do consumidor: um estudo de caso nas transações bancárias pela internet. Fortaleza, 2010. 26 f. Artigo (Administração) – Curso de administração de Empresas, Faculdade 7 de Setembro. Disponível em: <http://www.fa7.edu.br/recursos/imagens/File/administracao/ic/vi_encontro/MIRELLA_MAPURUNGA_BENEVIDES_DANTAS_MARKETING_NA_INTERNET_E_COMPORTAMENTO_DO_CONSUMIDOR.pdf>. Acesso em: 13 out. 2011.

DEBRAY, R. Vida y muerte de la imagen. Barcelona: Paidós, 1992.

DEMO, P. O porvir. Curitiba: Ibpex, 2007.

DERRIDA, J. The Law of Genre. Critical Inquiry, v. 7, n. 1, May/June, 1980.

DUALIBI, R. Criatividade & marketing. São Paulo: Makron Books, 2000.

EURO RSCG Worldwide nomeada a maior agência de publicidade global pelo segundo ano consecutivo. Portal Fator Brasil, 23 nov. 2007. Disponível em: <http://www.revistafatorbrasil.com.br/ver_noticia.php?not=24769>. Acesso em: 25 nov. 2011.

FEBRABAN – Federação Brasileira de Bancos. Relatório Anual 2010. Disponível em: <http://www.febraban.org.br/p5a_52gt34++5c v8_4466+ff145afbb52ffrtg33fe36455li5411pp+e/sitefebraban/ Relat%F3rio%20Anual%202010.pdf>. Acesso em: 7 nov. 2011.

FERRARI, P. Jornalismo digital. São Paulo: Contexto, 2003.

FERREIRA, I. G.; FURGLER, N. B. M. Dicionário brasileiro de mídia. 2. ed. São Paulo: Mercado Global, 1996.

FIELD, S. Manual do roteiro: os fundamentos do texto cinematográfico. São Paulo: Objetiva, 2001.

FONSECA, G. da. Biografia do jornalismo carioca. Rio de Janeiro: Quaresma, 1941.

FREDERICO, M. E. B. História da comunicação: rádio e TV no Brasil. Petrópolis: Vozes, 1982.

FREITAS, C. Da memória ao cinema. Logos, v. 4, n. 7, p. 16, 1997.

G1. Classe C chega a 101 milhões de brasileiros, diz pesquisa. São Paulo, 22 mar. 2011. Disponível em: <http://g1.globo.com/economia/noticia/2011/03/classe-c-chega-101-milhoes-de-brasileiros-diz-pesquisa.html>. Acesso em: 21 set. 2011.

GAGE, L. D.; MEYER, C. O filme publicitário. 2. ed. São Paulo: Atlas, 1991.

GOMES, B. L. A história da Rede Globo. Posterous. 7 jan. 2010. Disponível em: <http://brunogomes.posterous.com/a-historia-da--rede-globo>. Acesso em: 24 nov. 2011.

GOMES, H. S. Brasil é o quinto em acessos a redes sociais no mundo. Band.com, 25 ago. 2010. Disponível em: <http://www.band.com.br/noticias/tecnologia/noticia/?d=100000338543>. Acesso em: 13 out. 2011.

GOMES, N. D. Publicidade: comunicação persuasiva. Porto Alegre: Sulina, 2003.

GUARESCHI, P. (Coord.). Comunicação e controle social. 4. ed. Petrópolis: Vozes, 2001.

HARRIS, T. O que faz um banner eficaz? How Stuff Works – como tudo funciona. Disponível em: <http://empresasefinancas.hsw.uol.com.br/banners9.htm>. Acesso em: 25 nov. 2011.

HENRIK, R. Digital Markketing Infográfico: o crescimento do acesso às redes sociais no mundo. Disponível em: <http://www.digitalmarkketing.com/2010/11/29/infografico-o-crescimento-do-acesso--as-redes-sociais-no-mundo>. Acesso em: 15 set. 2011.

HOUAISS, A.; VILLAR, M. de S.; FRANCO, F. M. de M. Dicionário Houaiss da língua portuguesa. Rio de Janeiro: Objetiva, 2009.

IBGE – Instituto Brasileiro de Geografia e Estatística. Anuário estatístico do Brasil: 1987/88. Rio de Janeiro: IBGE, 1988.

IBOPE – Instituto Brasileiro de Opinião Pública e Estatística. Brasil está entre os dez países que mais acessam redes sociais. Ibope Inteligência, São Paulo, 23 jul. 2010. Disponível em: <http://www.ibope.com.br/calandraWeb/servlet/CalandraRedirect?db=caldb&docid=3BF88551B2BA150183257769004BACA9&nome=home_materia&proj=PortalIBOPE&pub=T&temp=6>. Acesso em: 24 nov. 2011.

JOHNSON, P. Os criadores. Rio de Janeiro: Elsevier, 2006.

KNELLER, G. F. Arte e ciência da criatividade. São Paulo: Ibrasa, 1978.

KOTLER, P.; ARMSTRONG, G. Princípios de marketing. Rio de Janeiro: Prentice-Hall, 1998.

LEDUC, R. Propaganda: uma força a serviço da empresa. 3. ed. São Paulo: Atlas, 1980.

LESSA, O. São Paulo de 1868: retrato de uma cidade através de anúncios de jornal. Anhembi, São Paulo, v. 10, n. 28, p. 1-29, mar. 1953.

LÉVY, P. As tecnologias da inteligência: o futuro do pensamento na era da informática. Rio de Janeiro: Ed. 34, 1993.

_____. O que é o virtual? São Paulo: Ed. 34, 1996.

LIMEIRA, T. M. V. E-marketing: o marketing na internet com casos brasileiros. São Paulo: Saraiva, 2003.

LODUCCA. Disponível em: <http://www.loducca.com.br/pt-br/works.html>. Acesso em: 13 out. 2011.

MACHADO, A. A televisão levada a sério. 4. ed. São Paulo: Senac, 2000.

MALANGA, E. Publicidade: uma introdução. São Paulo: Atlas, 1976.

MARTINO, L. M. S. Estética da comunicação: da consciência comunicativa ao "eu" digital. Petrópolis: Vozes, 2007.

MATTELART, A. A globalização da comunicação. Bauru: Edusc, 2000.

MCCARTHY, J. E.; PERREAULT, W. D. Marketing essencial: uma abordagem gerencial e global. São Paulo: Atlas, 1997.

MCKEE, R. Story: substância, estrutura, estilo e os princípios da escrita de roteiro. Curitiba: Arte & Letra, 2006.

MELO, L. Ipea: 19% dos internautas fazem compras on-line. Exame.com, 2 jun. 2011. Disponível em: <http://exame.abril.com.br/tecnologia/noticias/ipea-19-dos-internautas-fazem-compras-online>. Acesso em: 25 nov. 2011.

MELO, M. Caso de sucesso: Bradesco. Disponível em: <http://www.casodesucesso.com/?conteudoId=73>. Acesso em: 7 nov. 2011.

MORAES, D. de. O planeta mídia: tendências da comunicação na era global. Campo Grande: Letra Livre, 1998.

MORENO, C. A. de C. Suvenir de Lévy: comunicação, memória e hipermídia. Logos, v. 4, n. 7, p. 25, 1997.

MTV. Resumo Dossiê Universo Jovem MTV 5 : Screen Generation. 9 dez. 2010. Disponível em: <http://mtv.uol.com.br/dossie/highlights>. Acesso em: 6 out. 2011.

NEGROPONTE, N. A vida digital. São Paulo: Companhia das Letras, 1995.

O ESTADO DE S. PAULO. Como o jovem vê TV no Brasil. A cabeça dos jovens. 29 out. 2010.

PEREIRA, E. Identificação e cinema. Disponível em: <http://assuntosdefamilia.com.br/PDF/15.pdf>. Acesso em: 12 set. 2011.

PEREZ, C.; BAIRON, S. Comunicação e marketing. São Paulo: Futura, 2002.

PIGNATARI, D. Informação, linguagem, comunicação. São Paulo: Cultrix, 1991.

PINHO, J. B. Publicidade e vendas na internet: técnicas e estratégias. São Paulo: Summus, 2000.

PRODUÇÃO. In: FERREIRA, A. B. de H. Novo dicionário da língua portuguesa. 4. ed. Rio de Janeiro: Nova Fronteira, 1998.

QUEIROGA, T. Tecnologia: comunicação, memória e máquina. Logos, v. 4, n. 7, p. 28, 1997.

RAMOS, F. (Org.). História do cinema brasileiro. São Paulo: Art Editora, 1987.

RAMOS, R. Do reclame à comunicação. São Paulo: Anuário Brasileiro de Propaganda, 1970/1971.

RAMOS, R.; MARCONDES, P. 200 anos de propaganda no Brasil: do reclame ao cyber-anúncio. São Paulo: Meio e Imagem, 1995.

RATTON, M. Dicionário de áudio e tecnologia musical. Rio de Janeiro: Música e Tecnologia, 2004.

RAWLINGS, F. Música para filmes. Lisboa: Prelo, [19--].

REVISTA PLATÔ. Disponível em: <http://www.revistaplato.wordpress.com>. Acesso em: 14 set. 2011.

RIBEIRO, J. Tudo que você queria saber sobre propaganda e ninguém teve paciência para explicar. 3. ed. São Paulo: Atlas, 1989.

RODRÍGUEZ, A. A dimensão sonora da linguagem audiovisual. São Paulo: Senac, 2006.

RODRIGUES, E. Modelo de rádio digital ainda está indefinido, diz Bernardo. Economia. Estadão, 23 ago. 2011. Disponível em: <http://economia.estadao.com.br/noticias/economia+geral,modelo-de--radio-digital-ainda-esta-indefinido-diz-bernardo,81304,0.htm>. Acesso em: 5 out. 2011.

SAAD, B. Estratégias para a mídia digital: internet, informação e comunicação. São Paulo: Senac, 2003.

SAMPAIO, R. Propaganda de A a Z: como usar a propaganda para construir marcas e empresas de sucesso. Rio de Janeiro: Campus, 1999.

SAMPSON, H. A History of Advertising From the Earliest Times: Illustrated by Anecdotes, Curious Specimens and Biographical Notes. Londres: Chatto and Windus, 1874.

SANT'ANNA, A. Propaganda: teoria, técnica e prática. 2. ed. São Paulo: Pioneira, 1977.

SANTORO, L. F. Tendências populistas na TV brasileira ou as escassas possibilidades de acesso às antenas. In: MELO, J. M. de (Org.). Populismo e comunicação. São Paulo: Cortez, 1981.

SAROLDI, L. C.; MOREIRA, S. V. A Rádio Nacional: o Brasil em sintonia. 2. ed. Rio de Janeiro: Funarte; M. Fontes, 1988.

SAUSSURE, F. de. Curso de linguística geral. São Paulo: Cultrix, 1969.

SBT – Sistema Brasileiro de Televisão. Disponível em: <http://www.sbt.com.br/institucional>. Acesso em: 24 nov. 2011.

SCHOPENHAUER, A. A arte de escrever. Porto Alegre: L&PM, 2007.

SILVA, L. de A. Redação: qualidade na comunicação escrita. Curitiba: Ibpex, 2007.

SILVA, M. A. F. da. Métodos e técnicas de pesquisa. 2. ed. Curitiba: Ibpex, 2005.

SIMIS, A. Estado e cinema no Brasil. São Paulo: Annablume, 1996.

SIQUEIRA, D. da C. O. Memória, história e poder: a implantação dos meios de comunicação no Brasil. Logos, v. 4, n. 7, p. 5, 1997.

SMITH, W. R. Product Differentiation and Marketing Segmentation as Alternative Marketing Strategies. Journal of Marketing, v. 21, p. 3-8, july, 1956.

SOARES, I. de O. Para uma leitura crítica de publicidade. São Paulo: Paulinas, 1988.

SODRÉ, N. W. História da imprensa no Brasil. 3. ed. São Paulo: M. Fontes, 1983.

SOUZA, C. R. de. A fascinante aventura do cinema brasileiro. São Paulo: Fundação Cinemateca Brasileira, 1981.

STRAUBHAAR, J.; LAROSE, R. Comunicação, mídia e tecnologia. São Paulo: Pioneira; Thomson Learning, 2004.

WARD, M. Jornalismo on-line. São Paulo: Roca, 2006.

WECHSLER, S. M. Criatividade: descobrindo e encorajando. Campinas: Psy, 1993.

ZEFF, R.; ARONSON, B. Publicidade na internet. Rio de Janeiro: Campus, 2000.

anexos

Anexo 1
Roteiro de cinema

Roteiro: O sotaquE
Autores: Marilize Donini* e Luiz Rogério Lucena**

---

* Marilize Donini cursou a escola de cinema PCFE Film School, em Praga, e é bacharel em Comunicação Social pela UFPR. Foi integrante do Projeto Olho Vivo, no Núcleo de Pesquisa e Produção em Audiovisual. Trabalhou como assistente de direção, assistente de produção, continuísta e montadora em diversos curtas ficcionais e documentários em vídeo, como *Um dia só*, *Papel de catador* e *Visita íntima* (vencedor do festival É Tudo Verdade), além dos curtas em 16 mm *Tap me* e *Tell and show*. Escreveu o roteiro *O sotaquE* e trabalha como roteirista de material educativo audiovisual.

** Luiz Lucena é mestre em Artes do Espetáculo pela Universidade Sorbonne Nouvelle e bacharel em Artes Cênicas pela PUCPR. Tem uma produção artística abrangente, com obras literárias (livro de contos *Dito* e ensaio biográfico *La dramaturgie du métissage chez Antonio Nóbrega*), roteiro de cinema (curta-metragem *O sotaquE*) e textos teatrais (*Trompettes d'anges* e *Putain de langue*). Seu currículo evidencia uma vasta experiência teatral, com trabalhos como diretor, ator e produtor (destaque para os espetáculos *Relato*, de Franz Kafka, e *Sem Ana, blues*, de Caio Fernando Abreu), além de experiências como pesquisador, professor e administrador de espaço cultural. Paralelamente ao campo artístico, escreve para diversos veículos de comunicação e desenvolve linguagens e metodologias de ensino para educação a distância, por meio da *web* e de vídeo.

O sotaquE

Sinopse

Onofre, um publicitário curitibano, entra em conflito existencial após ouvir no rádio uma entrevista da qual participou: o forte sotaque presente em sua fala vira motivo de deboche por parte dos amigos e até mesmo de Ivete, sua namorada. Após esse evento, Onofre passa a enfrentar diversos problemas de comunicação. A vergonha que sente o faz deixar de falar e temer um prêmio publicitário, apenas por imaginar a repercussão de um discurso com sotaque. Para resolver o problema, passa a consultar uma fonoaudióloga para "perder o sotaque". Ao perceber que nunca se livrará desse peso, procura um linguista, que o ajuda a compreender as relações de sotaque com a sua regionalidade. Onofre resolve enfrentar os seus medos e restabelecer suas relações sociais.

Roteiro

O sotaquE
De Marilize Donini e Luiz Rogério Lucena
Duração: 15' (quinze minutos)

01. Int. sala de estar – dia

Uma secretária eletrônica reproduz uma mensagem.
Secretária Eletrônica (V.O.)
Mensagem 12) Só pra dizer que a entrevista foi ótima. O pessoal achou excelente!
Mensagem 13) Ivete, não se preocupe que eu pego o pessoal no aeroporto.
Mensagem 14) Só pra lembrar, do aeroporto a gente vai direto pra casa pra ouvir a minha entrevista.

Mensagem 15) *Você não esqueceu que amanhã é dia de mercado, né?*
Já vai preparando a lista. Tá faltando sabonete esfoliante, desodorante, aguardente, pasta de dente...
Bip... fim da fita.

02. Int. Sala de estar – dia

Dois casais petiscam na sala.

Gaúcho
Aí o comandante fez uma aterrissagem, mas tri-complicada, com pouquíssimo espaço. Foi uma freada tri-forte, parece até que segurou o avião no muque.

Onofre
Tá na hora, gente. Ivete, largue essas coisas, venha ouvir.
Onofre liga o rádio.

Apresentador (*off*)
Para falar sobre as novas tecnologias e a comunicação, temos conosco o talentoso publicitário Onofre Mantovani. Boa noite, Onofre.

Onofre (*off*)
Boa noite.

Gaúcho (sarrista, imitando o sotaque de Onofre)
Boa noite.
Ivete acha graça na imitação. Corta para estúdio da rádio.

Apresentador
Então, na comunicação, tecnologia não é tudo.

Onofre
Exatamente. Tudo depende do uso.
A cada palavra terminada em E, onde se revela o sotaque curitibano, o quadro fecha mais em Onofre, terminando em um big close-up da sua boca.

Onofre
Não existe comunicador independente...

> *Comunicar é transmitir o que está dentro da mente...*
> *Porque, lembre, ...*
> *Isso está patente!*
> *Corta para Onofre, na sala, abalado com o próprio sotaque, boquiaberto, inerte.*

Apresentador (*off*)
> *Muito obrigado, Onofre Mantovani, pela entrevista. Boa noite.*

Onofre (*off*)
> *Boa noite.*
> *Onofre reage à palavra como se recebesse um soco. Ivete desliga o rádio.*

Ivete
> *Muito bom, amor.*

Gaúcha
> *Arrasou, Onofre.*

Gaúcho
> *Surpreendente.*
> *Onofre se levanta atônito, ensaia dizer boa noite, se interrompe, sai.*

Ivete
> *Onofre?*

03. Int. quarto – noite

> *De madrugada, Onofre tem pesadelos com trechos da entrevista. A cada palavra terminada em E, risos, claque, apresentador repete as palavras, tirando sarro. Onofre acorda assustado.*

04. Int. cozinha – dia

> *O casal de gaúchos e Ivete estão à mesa e tomam o café da manhã. Onofre entra na cozinha, ainda sonolento.*

Gaúcho
> *Mas bah, caiu da cama?*

Onofre (Bocejando)
>Demorei pra pegar no sono.

Gaúcha
>Mas sabe que eu dormi tri-bem.

Gaúcho (Para Ivete)
>Passa a manteiga, por favor.

Onofre (tentando imitar o sotaque gaúcho)
>Mas bah, aproveita e passa o coador pra ele também, mulher.

O gaúcho e Onofre riem discretamente.

Gaúcho
>E tu, aproveita pra tomar um leite bem quente pra ver se cura essa insônia e o mau humor também.
>
>Ivete ri e se afoga com o suco que toma. Onofre faz cara feia para ela. Ele senta, serve-se de leite e fica emburrado. Silêncio na cozinha.

05. Ext. carro – dia

Onofre dirige ao trabalho.

Onofre (resmungando)
>E se acha muito inteligente. Tri-inteligente. E a dona Ivete, hein, meu amor (fala imitando o R brasiliense)? Se divertindo com o sotaque alheio!

Quase bate o carro.

Onofre (xingando)
>Sai da frente, demente!
>[...]

21. Ext. frente da casa de Onofre – dia

Um carro muito colorido, revestido de adesivos e com um alto-falante estaciona em frente à casa.

Locutor (V.O.) Ao fundo música brega

Ivete, Ivete. Venha até a porta de sua casa para ver o que te espera.
Ivete coloca a cabeça para fora da porta e fica uns segundos espiando o que acontece em volta. As pessoas da vizinhança e os transeuntes param e ficam olhando a cena.
Onofre pula de dentro do carro com um grande buquê de rosas vermelhas. Ivete aparece por completo e fica na porta de casa olhando para Onofre. As pessoas em volta aplaudem, suspiram, incentivam Onofre. Um menino que acompanha a cena começa a gritar.

Menino

Diz que ama ela! Diz que ama ela!

O locutor do carro passa o microfone para Onofre. Ele começa a discursar.

Onofre

Ivete. Estou triste e contente. Triste porque não ganhei aquele prêmio decadente. Feliz porque entendi que não importa realmente se falo ou não falo diferente. Porque meu verdadeiro prêmio já conquistei: estar com você a todo instante. Hoje sei como você é importante, que só você me compreende.
Ivete se aproxima do marido, pega o buquê de flores e os dois se beijam.

Créditos finais

22. Cena pós-créditos finais

Onofre

Ivete, diz que me ama.

Ivete
Ti amo.

Onofre
De novo.

Ivete
Ti amo.

Onofre
De novo.

Ivete
Ti amo.

Onofre
De novo.

Ivete
Chega.

Onofre
Ah, finalmente você fala um E.

Anexo 2
Briefing e roteiro publicitário

Briefing para campanha publicitária: *Fashion Bazar* PolloShop

Conceito do *Fashion Bazar* PolloShop

No final de março, será realizado, no PolloShop, o VII *Fashion Bazar*. Como sabemos, esse é um evento em que todas as lojas estarão com ótimas promoções de produtos da coleção verão. É o maior e mais importante evento do PolloShop. O conceito do *Fashion Bazar* PolloShop é tanto lançar moda com desconto quanto reduzir os preços da coleção passada. Temos de nos lembrar sempre disso: no Bazar, temos o passado (coleção antiga) e o futuro (coleção inverno) sendo comercializados ao mesmo tempo.

Objetivos do *Fashion Bazar* PolloShop

Os objetivos do *Fashion Bazar* PolloShop são:

- Criar um diferencial nos meses que não possuem datas promocionais do varejo (Ex.: Dia das Mães, Dia dos Pais e Natal).
- Agregar valor para a marca PolloShop, uma vez que esse evento visa ser percebido como um conceito de moda.
- Realizar *marketing* de relacionamento com os frequentadores do *shopping*, bem como gerar fidelização dos clientes.
- Aumentar as vendas.

Por esses objetivos, devemos concluir que a campanha do Bazar, além de trazer o cliente ao shopping para consumir, deve reforçar o conceito definido para o ano de 2008: "Uma escolha sua". Devemos unir o fashion e o requinte com o varejo e a liquidação.

VII *Fashion Bazar* PolloShop

Durante cinco dias, entre o final do mês de março e começo de abril, o PolloShop realizará o VII *Fashion Bazar*. Trata-se de um evento no qual todas as lojas estarão com promoções imperdíveis, tanto nos produtos da última estação quanto nos lançamentos.

A principal diferença entre esse evento e as liquidações feitas pelos demais shoppings é o fato de que os produtos da última tendência (próxima estação) também estarão com preços promocionais.

Criação

Para a divulgação do bazar, iremos utilizar os seguintes meios:

a) TV – Filme de 30"

       Criar um roteiro mais refinado, bem diferente dos filmes criados para as liquidações dos demais *shoppings*. Sem esquecer, no entanto, o fator promocional.

b) TV

       Temos que criar um roteiro de 30", no qual serão inseridas 3 ofertas.

       Iremos produzir 3 blocos distintos, sendo cada um com 3 ofertas diferentes.

       Utilizar a cabeça do vídeo institucional para introduzir as ofertas.

c) *Outdoor*

       Ações Promo para divulgação. Vamos pensar em maneiras diferentes de divulgar o evento (como a ação da Enox no último Bazar).

d) Demais materiais

       Assim que a linha for aprovada pelo cliente, iremos desenvolver as demais peças da campanha.

Roteiro publicitário

PolloShop *Fashion Bazar*
Filme 30" – Poderosas

O filme começa com uma mulher, dentro de uma loja.

Ela está distante de uma roupa que está em uma arara.

Ela então aponta para a roupa e vemos que a roupa sai flutuando na direção dela.

Corta para uma outra garota.

Ela está experimentando um par de tênis.

Depois que ela está com o tênis no pé, ela faz um gesto e vemos que o cadarço do tênis se amarra sozinho.

Corta para uma outra garota tentando alcançar uma roupa que está na parte mais alta de uma prateleira. Ela então faz um gesto e começa a flutuar em direção à roupa.

Corta para uma outra garota analisando um lindo vestido em frente a um espelho. O zíper de trás da mulher está aberto. Ela apenas dá uma olhadinha e o zíper fecha sozinho. Ela então abre as mãos e duas sacolas de compras que estavam no chão flutuam até as mãos dela.

É passada uma locução.

Loc.: *No Fashion Bazar PolloShop*

seu poder de escolha te dá muito mais poder.

De três a seis de abril.

Lettering: Fashion Bazar – de 03 a 06 de abril.

Entra a logo do PolloShop.

É passada uma locução.

Loc.: *PolloShop.*

Uma escolha sua.

Ficha técnica:

Cliente: PolloShop
Redação: Alexandre Silveira e Fábio Duarte
Direção de arte: Keith Lauer
Atendimento: Fernando Gonçalves e Renata Mendes
Áudio: Udog
Produção: Easy Films
Direção de cena: Kauhe Rozzi
Aprovação: Ivo Petris

Anexo 3 – *Story-board*

TAKE AÉREO EM TODOS OS QUADROS:
SOM AMBIENTE DO CENTRO
(buzina, gente conversando etc.)
pessoas caminhando normalmente.

Pessoas caminhando normalmente.
Senhor senta no banco e começa a folhear o jornal.

Passa grupo de estudantes.
Com mochila, pasta, bolsa.....

formação do mosaico. As pessoas se assustam,
e olham atentamente ao centro, uma olhando para outra.

COMEÇA A MUTAÇÃO:
Barulho de trinca (terremoto)
O piso começa a se mexer, a mudar,
formação do mosaico. As pessoas se assustam
e olham atentamente ao centro, uma olhando para outra.

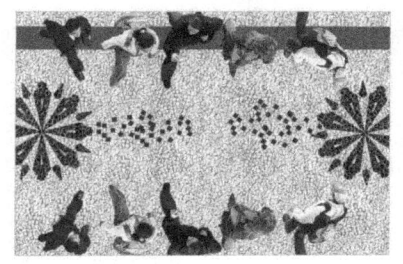

Take nas pedras se mexendo
MUTAÇÃO! As pessoas olham atentamente ao centro,
olhando umas para as outras... pedras se encaixando dando
o formato dos campi.

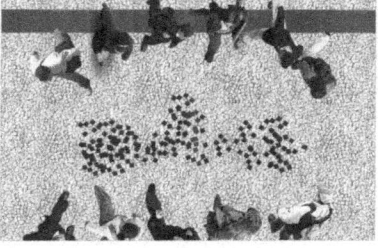

O desenho do pinhão vai se desmanchando....
aos poucos forma-se a imagem de três elementos
gráficos não identificados.

MUTAÇÃO COMPLETA! O mosaico se transforma nos três campi.

Venha para onde a formação de qualidade é o centro das atenções.

Lettering Vestibular 25 de novembro
Impacto do selo metálico na tela
O Grupo Educacional Uninter, através da Facinter, oferece o curso superior que você procura bem no centro de Curitiba, com mensalidades a partir de 318,00 reais

Lettering Vestibular 25 de novembro
Impacto do selo metálico na tela
Faça parte deste grupo

Lettering Vestibular...
Impacto do selo Novo Curso...
Vestibular 25 de novembro

Assinatura Uninter
www
Inscreva-se já
0800 704 1234
www.grupouninter.com.br

Ficha técnica

Agência: House Agency Uninter
Anunciantes: Facinter e Fatec Internacional
Campanha: "Petit Pavé"
Direção de Criação: Adriano Albano e Carlos Eduardo
Redação: Ana Costa e Patricia Melo
Direção de Arte: Igor Pacheco
Criação: Eliel Cordeiro
Produção Gráfica: Milena Buzzetti
Fotografias: Clickcenter
Tratamento de Imagens: Clickcenter
Mídia: Michelle Guiducce
Aprovação: Alfredo Pires

Respostas

Capítulo 1

Questões para revisão

1) Podemos dizer que a escrita foi a primeira tecnologia de pensamento e inteligência, um método, uma técnica ou uma ferramenta que revolucionou o processo de comunicação na época, permitindo registrar e propagar o conhecimento.

2) O jornal, como veículo tradicional de comunicação, conserva características similares às encontradas em sua origem em relação ao formato e ao conteúdo: o uso do papel de imprensa, o que possibilita cobrar um preço baixo, tornando o veículo acessível às massas, além do emprego de uma linguagem própria. No entanto, sua vida útil é curta. Na transposição do jornal impresso para a mídia digital, a principal mudança é em relação à experiência do leitor, pois o conteúdo é o mesmo. A versão digital permite interações – como o acesso a *links* diretos –, além de ser uma fonte com maior durabilidade, pois pode ser consultada inúmeras vezes.

3) Na sua época, os pasquins escandalizavam pelo seu sensacionalismo e sua linguagem de baixo calão. Na atualidade, em que a comunicação é permissiva e o público em geral se utiliza de meios diversos para expressar suas ideias, os *blogs* e os *sites* que atendem a essas características se expandiram; chamam cada vez mais a atenção para a forma como tratam de assuntos sérios ou banais e utilizam-se do humor e da ironia como forma de crítica.

4) a

5) d

6) c

7) d

Capítulo 2

Questões para revisão

1) O cinema é, acima de tudo, uma experiência sensorial. Essa experiência só pode ser vivida em sua totalidade quando estamos dentro de uma sala de cinema, onde o espectador tem condições de vivenciar a realidade paralela vista na tela como se fosse real. Assistir a um filme em qualquer outro meio ou dispositivo móvel não possibilita o mesmo tipo de experiência, embora permita outras facilidades em relação ao tempo e ao lugar.

2) Está mais do que comprovado que o surgimento de uma nova tecnologia não descarta outra. Somado ao avanço tecnológico e à ampliação da capacidade de interações, o rádio continua sendo o meio de comunicação mais democrático e acessível, com uma capacidade incrível de atingir as grandes massas.

3) Todo o conceito de criação e produção audiovisual precisou ser revisto e adaptado para atender à nova demanda. O formato digital ampliou as possibilidades fazendo com que as estruturas, do roteiro ao produto final, deixassem de ser lineares e passassem a ser multifacetadas, afetando profundamente desde a direção de câmera e planificação até a finalização do material.

4) e

5) b

6) a

7) d

8) c

9) b

10) a

Capítulo 3

Questões para revisão

1) Atualmente, existe um conjunto de regras que rege a atividade da propaganda o que isso muito torna mais difícil para um anunciante não agir com ética.

2) A propaganda instiga o consumo e, consequentemente, incrementa a economia. Sua capacidade de estabelecer uma comunicação direta com os consumidores, de acordo com cada perfil, facilita essa relação de troca. É o exemplo da ascensão da classe C, que se tornou

consumidora em potencial, na mesma proporção em que cresceu o volume de publicidade dirigida a esse público.

3) A internet mexeu com todas as estruturas, inclusive a forma de fazer e prover conteúdos. O maior desafio é estabelecer uma comunicação ramificada, capaz de prever diferentes expectativas do público, ao mesmo tempo que informa. Sendo considerada uma das mais criativas do mundo, a propaganda brasileira, por meio das agências *web*, tem procurado aliar a criatividade à interatividade, à flexibilidade e à agilidade.

4) c

5) e

6) b

Capítulo 4

Questões para revisão

1) Na comunicação interativa, o receptor deixa de ser passivo, assumindo a postura de um receptor ativo. Nesse contexto, o processo de comunicação deixa de acontecer num sentido único, horizontal, e envolve diferentes respostas. Sendo assim, para que o consumidor atinja seus objetivos, é necessário prever todas as possibilidades de respostas para estar preparado para atender todas as expectativas.

2) A segmentação de mercado é a subdivisão da massa qualitativamente, visando alcançar melhores resultados. A grande vantagem é que a audiência passa de uma massa indiferenciada para grupos bem definidos de receptores, com a possibilidade de a comunicação

provocar um alto impacto sobre um grupo em particular. Existe uma rede de agrupamentos possíveis, como família, amigos, trabalho, *hobby*, esporte, que influencia as opiniões e as atitudes da massa e que pode ser mais explorada se separada do todo, até mesmo por critérios sofisticados, como estilo de vida, nível cultural, entre outros.

3) A resposta a essa questão é pessoal, mas, a seguir, podemos ver possíveis possibilidades de resolução: Mercedes Benz – sofisticação, qualidade e alto valor agregado; Volkswagen – qualidade, durabilidade e confiança; FIAT – modernidade, versatilidade e acessibilidade.

4) b

5) b

6) e

7) c

8) b

9) c

10) c

Capítulo 5

Questões para revisão

1) Diretor da agência governamental americana, responsável pelo esforço científico durante a Segunda Guerra Mundial, Vannevar Bush foi um importante pensador da tecnologia digital e autor do artigo intitulado *As we may think*, publicado na revista *The Atlantic Monthly*,

em 1945. O texto tentava mobilizar a comunidade científica a redirecionar suas pesquisas – focadas até então no esforço bélico – para encontrar formas de possibilitar um maior acesso a todo o conhecimento humano acumulado. O estudioso alegava que, até aquele momento, o homem havia inventado somente máquinas capazes de transformar a natureza, mas nenhuma relacionada à capacidade de pensar e ao conhecimento. As máquinas ampliavam o poder físico do homem, mas não o seu poder mental.

2) *Baby boomers* (nascidos entre 1946 e 1964): empreendedores, hierárquicos e burocratas, enxergam na vida profissional e no plano de carreira o valor fundamental de crescimento e sucesso. Geração X (nascidos entre 1965 e 1980): contestadores das regras e valores impostos pela geração anterior, com vida profissional e pessoal relativizadas em meio à evolução tecnológica da época. Geração Y (nascidos entre 1979 e 2000): desenvolvida em meio aos conceitos de integração, interatividade e simultaneidade; eficientes em comunicação, membros independentes e autônomos. Geração Z (nascidos após o ano 2000): familiarizados com a tecnologia, as redes sociais e a informação ilimitada.

3) Sim, pois cada nova geração de equipamentos agrega novos recursos e competências. A convergência das tecnologias faz com que sejam projetados itens cada vez mais ágeis e eficientes, otimizando processos e *performances* e economizando tempo. Além disso, a comunicação digital permitiu a conversão de sons, imagens e textos em formatos legíveis por computador, possibilitando a integração *on-line* cada vez maior entre telefone, computador, rádio e televisão.

4) a

5) c

6) c

Capítulo 6

Questões para revisão

1) De acordo com o fenômeno da visão persistente, quando nossos olhos enxergam um objeto iluminado por uma luz brilhante, a imagem do objeto permanece em nossa retina por décimos de segundo antes de desaparecer. Pelo fato de cada imagem não desaparecer até a próxima surgir, podemos concluir que nosso cérebro, na realidade, realiza leituras de imagens projetadas, e não de imagens reais. Esse é o princípio da técnica do cinema.

2) Realmente, vivemos em um mundo onde os signos permeiam a realidade coletiva através das imagens. Se observarmos ao nosso redor, desde as placas de sinalização, as mensagens nos painéis e *outdoors* nas ruas, tudo é representado a partir de uma imagem ou signo que, nas suas interpretações, permitem um conjunto muito maior de conceitos e significados.

3) Uma qualidade intrínseca das novas tecnologias são as relações estabelecidas com a comunicação, ou seja, a linguagem audiovisual tem permeado todos os processos.

4) c

5) c

6) d

7) e

8) b

9) b

10) a

Capítulo 7

Questões para revisão

1) As questões relacionadas a direitos autorais são muito específicas e ainda questionáveis. Com a internet, tornou-se ainda mais difícil o controle por parte do autor, qualquer que seja o meio, literário, musical, artístico, etc. As licenças *Creative Commons* foram uma forma de legalizar essa permissividade que a internet propõe. Isso pode ser uma forma de, a longo prazo, estabelecer uma relação mais confortável para os autores acerca de suas obras.

2) Com certeza a criatividade possibilita que o surgimento de novos gêneros e formatos seja uma fonte inesgotável, pois uma das características humanas é justamente a sua capacidade de sempre se superar. No entanto, a saturação de um gênero cinematográfico é possível de acontecer e pode ser até um estímulo para o surgimento de outro.

3) A resposta a essa questão é pessoal, mas, a seguir, podemos ver um exemplo/modelo de resolução:
Produto fictício: Vida Leve – água mineral/linha aromatizada.
Técnica: associação de ideias.
Pitanga => fruta tropical => vermelha => verão => intenso => provocante => sentidos => sabor = > doce, mas levemente azedo => refrescante.
Título: "A azedinha mais doce que você já provou".
Texto: "Conheça a nova água mineral *Vida Leve* sabor pitanga. O sabor delicado, somado ao azedinho suave da fruta, causa uma verdadeira provocação dos sentidos. Experimente. Será uma experiência inesquecível!"

4) b

5) b

6) c

7) b

8) c

9) a, b, d

Capítulo 8

Questões para revisão

1) Os protagonistas da produção audiovisual são: o cliente, a agência, os fornecedores e o veículo. O cliente é responsável por solicitar o trabalho e determinar a verba. Pode ser uma empresa, uma entidade, uma organização, entre outros. A agência é a responsável por administrar a verba do anunciante e sugerir os investimentos em publicidade. Ela propõe as estratégias de comunicação, alinhadas com o plano de *marketing* do cliente. O fornecedor, nesse caso, corresponde à produtora de vídeo e/ou cine-TV. Por fim, o veículo corresponde à emissora de televisão e/ou a sala de cinema, à emissora de rádio ou, até mesmo, a internet.

2) As três etapas que envolvem a produção são: pré-produção, produção e pós-produção. A primeira é responsável por fazer uma série de reuniões que envolvem os profissionais da agência e da equipe de produção, com o intuito de discutir detalhes do filme/vídeo com base no roteiro já aprovado. A segunda cuida da ação, da realização do filme. A terceira faz o fechamento do *job*, acompanhado da edição do material coletado durante as filmagens.

3) Diante de tudo o que foi visto acerca da convergência das tecnologias integradas com a comunicação, fica mais do que clara a necessidade de uma atualização e reciclagem constante, mesmo para aqueles profissionais mais experientes. Percebemos, ainda, pelo extenso elenco que compõe o quadro da produção audiovisual, que as competências são muito especializadas. Embora a criatividade seja um ingrediente indispensável para esses profissionais, o domínio técnico é fundamental. E, somado a isso, o profissional precisa também ser generalista, ou seja, ter um vasto conhecimento geral, uma vez que, ao longo da sua carreira, irá relacionar-se com clientes das mais diversas áreas, o que exigirá dele entender as especificidades de cada área para adequar as informações à linguagem audiovisual.

4) b

5) e

6) c

7) a

8) b

9) c

10) b

11) d

Capítulo 9

Questões para revisão

1) É a produção intencional de sons feita por um produtor sonoro, visando a um objetivo específico, como a gravação de um CD ou a realização de um espetáculo, voltada para um público alvo específico, utilizando-se de técnicas e locais apropriados, em certo período cronológico.

2) Com o advento do rádio, surgiu a necessidade da produção de programas, inicialmente ao vivo, posteriormente também gravados, bem como de peças comerciais. Também a produção de discos foi impulsionada, pois, tendo um veículo de maior alcance para divulgação, recebeu maior apoio dos empresários para gravações e reproduções.

3) b

4) a, c, e, f, h, i, l.

5) b

6) c

7) a

8) c

9) b

Capítulo 10

Questões para revisão

1) São eventos musicais ao vivo ou gravados, realizados em teatros, igrejas, praças e ginásios de esporte, entre outros espaços. Quando as apresentações têm caráter erudito e são feitas por grupos grandes, são chamadas de *concertos*. Se forem de um grupo pequeno ou de um solista, dá-se o nome de *recital*. As apresentações de natureza mais popular são chamadas de *shows*.

2) Denomina-se *trilha especial* aquela que é especialmente criada e executada para a finalidade a que se destina. Já a chamada *trilha pesquisada* é um recurso paliativo usado quando não há tempo ou verba disponível para uma trilha especial. Refere-se à pesquisa de trilhas já existentes e à sua respectiva inserção no material.

3) d

4) a, d, e, f, h, l, m.

5) b

6) c

7) b

8) c

9) a

Capítulo 11

Questões para revisão

1) Como o próprio nome indica, o diretor é quem dirige ou orienta os músicos durante os ensaios e as apresentações, verificando a *performance* dos músicos e/ou cantores envolvidos. Entre outras tarefas, ele cuida da afinação, do sincronismo, do andamento, das entradas e finais das músicas, da dinâmica, da execução correta das partituras. Essa função existe em grupos de MPB, *rock*, *pop*, *jazz* e afins.

2) Esse profissional coordena e acompanha todas as etapas, desde a pré-produção das gravações até a mixagem e a masterização. No caso da gravação de um CD, ele pode participar da escolha do repertório, juntamente com o intérprete e/ou arranjador, decidir a estrutura e a instrumentação a ser usada, arregimentar músicos e cantores, além de cuidar de outros aspectos referentes à produção musical. No caso da gravação de um comercial, o produtor recebe o *briefing* e, de acordo com a necessidade, escolhe a mão de obra a ser usada.

3) c

4) a, b, d, f, g, j, l, m

5) a

6) c

7) b

8) a

9) b

Capítulo 12

Questões para revisão

1) A internet é um mundo novo, colorido, quase sem limites. Simplificadamente, ela pode ser definida como uma "rede mundial de redes de computadores", que interliga todos os continentes, alcançando mais ou menos 150 países. Isso significa dizer que a internet tornou-se uma biblioteca cibernética universal, com vários bibliotecários, em que cada um utiliza um determinado serviço de pesquisa para encontrar o que deseja na rede. Entre os serviços oferecidos pela internet estão:
   - *E-mail*: é um serviço de correspondência (nacional e internacional) que, por meio de uma conta ou uma caixa de entrada que você possui na internet, pode enviar ou receber documentos, gráficos, vídeos, áudios, entre outros, de maneira simples e rápida. É também um endereço eletrônico que serve para enviar ou receber correio de qualquer parte do mundo.
   - WWW (*world wide web*): esse serviço permite ao usuário enviar ou receber muitos tipos de documentos, como texto, imagens, vídeos, áudio, todos de maneira simples, permitindo *links* entre diferentes páginas *web*.
   - Colaboração: é um serviço barato de compartilhamento de ideias. Como exemplo, podemos citar os *chats*, as redes sociais e os sistemas de mensagens instantâneas, como o MSN. Outra aplicação de colaboração na internet são os sistemas *wiki*, fornecendo ferramentas como sistema de controle de versão e autenticação de utilizadores para a edição *on-line* de documentos.
   - Compartilhamento de arquivos: um arquivo de computador pode ser compartilhado por diversas pessoas por meio da internet. Pode ser carregado num servidor *web* ou disponibilizado num

servidor FTP (*File Transfer Protocol*), caracterizando um único local de fonte para o conteúdo. Também pode ser compartilhado numa rede P2P. Nesse caso, o acesso é controlado por autenticação e, uma vez disponibilizado, o arquivo é distribuído por várias máquinas, constituindo várias fontes para um mesmo arquivo. Mesmo que o autor original do arquivo já não o disponibilize, outras pessoas da rede que já obtiveram o arquivo podem disponibilizá-lo. É importante salientar que, a partir do momento que a mídia é publicada, perde-se o controle sobre ela.

■ Transmissão de mídia: são as possibilidades de transmissão de áudio e vídeo via internet. O *podcasting* é uma variação desse tema, em que o material – normalmente áudio – é descarregado e tocado num computador, ou passado para um tocador de mídia portátil. Essas técnicas que se utilizam de equipamentos simples permitem a qualquer um, com pouco controle de censura ou de licença, difundir material audiovisual numa escala mundial. As *webcams* podem ser vistas como uma extensão menor da transmissão de mídia em tempo real.

■ Telefonia na internet (Voz sobre IP): *VoIP* significa "Voice-over-Internet Protocol" (Voz sobre protocolo de internet), referindo-se ao protocolo que acompanha toda a comunicação na internet. O VoIP está se constituindo como uma alternativa competitiva ao serviço tradicional de telefonia. Além de substituir o uso do telefone convencional, em diversas situações, o VoIP está se popularizando cada vez mais para aplicações de jogos, como forma de comunicação entre jogadores. Serviços populares para jogos incluem o Ventrilo, o *Teamspeak* e outros. O PlayStation 3 e o Xbox 360 também podem oferecer bate papo por meio dessa tecnologia.

2) Os padrões e as normas da internet são estabelecidos pela comunidade. As organizações pagam para instalar e manter a sua própria rede. Portanto, a internet é centrada nas pessoas, e não em governos.

Para muitos estudiosos da área, a melhor forma de entendê-la é não pensá-la como uma rede de computadores, mas como uma "rede de redes". A internet não tem dono ou uma empresa encarregada de administrá-la. Cada rede individual conectada a ela pode ser administrada por uma entidade governamental, uma empresa ou uma instituição educacional. Mas a internet, como um todo, não tem um poder central.

3) b

4) d

5) e

Capítulo 13

Questões para revisão

1) A publicidade na internet tem como objetivos apresentar ou promover produtos, serviços e marcas de uma empresa, além de informar, convencer e animar os consumidores ou motivar determinadas atitudes e comportamentos.

2) O principal modo de mensurar o impacto das campanhas de publicidade *on-line* era por meio do *pageview*, que mede o número de exposições do anúncio para compor a cobrança do CPM. Castro (2000) observa que a escolha do método mais adequado de medição da audiência deve ter por base os objetivos determinados para a campanha. De acordo com o autor, caso o anunciante tenha interesse em divulgar a sua marca, o mais relevante é o número de *pageviews*, que corresponde à quantidade de pessoas que estarão expostas à

marca. Contudo, ainda de acordo com o autor, se a intenção do anunciante é promover produtos e serviços, o método mais adequado é o *click through*. Esse método representa o número de internautas que foi levado efetivamente até o *site* do anunciante. É importante destacarmos que a base de medição está na informação capturada pelo computador que hospeda o *site*, ou seja, pelo servidor.

3) As diretrizes que devem ser seguidas ao elaborar-se uma propaganda *on-line* são:

- Todo anúncio deve estar de acordo com as leis do país e ser honesto e verdadeiro.
- Todo anúncio dever ser de responsabilidade do anunciante, da agência de publicidade e do veículo de divulgação.
- Todo anúncio deve respeitar os princípios da leal concorrência geralmente aceitos no mundo dos negócios.
- Nenhum anúncio deve fornecer ou estimular qualquer espécie de ofensa ou discriminação racial, social, política, religiosa ou referente à nacionalidade.
- Os anúncios devem ser realizados de forma a não abusar da confiança do consumidor, a não explorar sua falta de experiência ou de conhecimento e a não se beneficiar de sua credulidade.
- Os anúncios devem conter uma apresentação verdadeira do produto oferecido.
- No anúncio, todas as descrições, alegações e comparações que se relacionam com fatos ou dados objetivos devem ser comprobatórias, cabendo aos anunciantes e às agências fornecê-las quando solicitadas.

4) d

5) c

6) b

Sobre as autoras

Marcia Nogueira Alves é consultora de criação e produção de novos formatos para televisão, publicitária, roteirista e escritora de literatura infantil. É formada em Comunicação Social – Publicidade e Propaganda pela Universidade Federal do Paraná (UFPR) e possui especialização em *Marketing* pela Universidade de Fortaleza (Unifor). Foi professora de cursos de graduação e diretora de criação de agência de propaganda, atendendo a clientes de grande porte das iniciativas pública e privada, além de gerente de conteúdo e de produção audiovisual de empresas ligadas à área de educomunicação. É coautora do livro *Grandes temas de marketing* (2001) e, atualmente, é consultora de criação e desenvolvimento de projetos audiovisuais para educação, com ênfase em educação a distância (EaD). Empresária, atualmente é diretora artítica e de conteúdo da Farol Multimídia, empresa especializada no segmento de produção audivisual, com ênfase em conteúdos educacionais.

Mara Fontoura é cantora, compositora, produtora cultural, professora, pesquisadora de cultura popular e escritora. É formada em Psicologia pela Pontifícia Universidade Católica do Paraná (PUCPR) e em Música pela Escola de Música e Belas Artes do Paraná (Embap). Compôs mais de 600 músicas, 200 delas gravadas em CDs por intérpretes e grupos diversos. Participou de projetos especiais relacionados à arte-educação e à pesquisa de cultura popular e ministra palestras e cursos na área de produção de áudio. Sócia-gerente e produtora da Gramofone Produtora Cultural, conta com um *portfolio* de mais de 1.500 peças produzidas, principalmente *jingles, spots* e músicas. Como escritora, é coautora das obras *Como é bom festa junina* (volumes 1, 2 e 3), *Datas especiais, Hinos oficiais, Jogo de palavras, Como diz o ditado, Cancioneiro folclórico infantil* (volumes 1 e 2) e *Dicionário de expressões populares*.

Cleide Luciane Antoniutti é mestre em Sociologia Política pela Universidade Federal do Paraná (UFPR), especialista em Administração de *Marketing* pela Fundação de Estudos Sociais do Paraná (Fesp) e graduada em Comunicação Social, na área de Jornalismo, pela Universidade Estadual de Ponta Grossa (UEPG). É professora de Novas Tecnologias em Jornalismo na Universidade Positivo (UP), Criação e Análise de Páginas na *Web*, de Comunicação Pública e Assessoria de Imprensa nos cursos de pós-graduação do Instituto Brasileiro de Pós-Graduação e Extensão (Ibpex), além de ter sido convidada a ministrar aulas no curso de pós-graduação em Mídia, Política e Atores Sociais, na disciplina de Assessoria de Imprensa Institucional e Política, e no curso de Economia de Empresas, na disciplina de *Marketing*.

Os papéis utilizados neste livro, certificados por instituições ambientais competentes, são recicláveis, provenientes de fontes renováveis e, portanto, um meio responsável e natural de informação e conhecimento.

Impressão: Reproset
Abril/2023